최고의 주식에
이르는 작은책

The Little Book of Investing Like the Pros
Copyright © 2020 Joshua Pearl, Joshua Rosenbaum
All rights reserved.

Korean translation copyright © 2020 by Water Bear Press
This Korean edition is a complete translation of the U.S. edition, especially authorized by the original publisher, John Wiley & Sons, Inc.
through EYA(Eric Yang Agency)

이 책의 한국어판 저작권은 EYA(Eric Yang Agency)를 통해
John Wiley & Sons, Inc.와 독점 계약한 워터베이프레스가 소유합니다.
저작권법에 의하여 한국 내에서 보호를 받는 저작물이므로 무단 전재 및 복제를 금합니다.

The Little Book of Investing Like the Pros

—— 5 Steps for Picking Stocks ——

최고의 주식에 이르는 작은책

스크리닝에서 포트폴리오 관리까지
종목 선정을 위한 5단계 투자 기술

조슈아 펄·조슈아 로젠바움 지음
이상원·이윤정 옮김

WATER BEAR PRESS

최고의 주식에 이르는 작은책

초판 1쇄 인쇄 2022년 4월 11일
초판 1쇄 발행 2022년 4월 18일

지은이   조슈아 펄, 조슈아 로젠바움
옮긴이   이상원 이윤정

기획   장동원 이상욱
책임편집 오윤근
디자인   김재은
제작   제이오엘앤피

펴낸곳   워터베어프레스
등록   2017년 3월 3일 제2017-000028호
주소   서울시 마포구 성미산로 29안길 7 3층 워터베어프레스
홈페이지 www.waterbearpress.com
이메일   book@waterbearpress.com
ISBN   979-11-91484-09-0 03320

* 책값은 뒤표지에 있습니다. 잘못 만들어진 책은 구입하신 곳에서 바꿔드립니다.

인내하고 성공하여 제 삶의 모범이 되어준,
홀로코스트의 생존자이신 할아버지 조셉 펄을 기리며
— 조슈아 펄 —

강인함과 이타심으로 영감을 주시는
로니 로젠바움을 추억하며
— 조슈아 로젠바움 —

차례

하워드 막스 서문	10
머리말	13

1단계
투자 아이디어 개발   31
: 투자 기회는 어떻게 찾아내는가?

스크리닝	34
상향식 투자법	36
하향식 투자법	73
요점 정리	85

2단계
최고의 아이디어 선별   86
: 템플릿으로 투자 아이디어를 검토하는 법

아이디어 검토 분석틀	88

I. 투자 가설	95
II. 사업 개요	100
III. 경영진	110
IV. 리스크와 고려 사항	116
V. 재무 지표와 가치평가	118

요점 정리 — 138

3단계
사업과 재무 실사
: 투자 아이디어를 깊게 파고들 시간

139

사업 실사 — 141
I. 하는 일은 무엇인가?	142
II. 어떻게 수익을 창출하는가?	146
III. 경제적 해자와 경쟁 포지션은 어떤가?	151
IV. 고객과 공급자 간 관계는 얼마나 굳건한가?	154
V. 사업 관련 주요 리스크는 무엇인가?	159

재무 실사 — 166
I. 과거 상황은 어떠했는가?	168
II. 현재 어디로 향하고 있는가?	172
III. 재무제표는 건전한가?	179
IV. 강력한 잉여현금흐름을 창출하고 있는가?	183
V. 경영진이 자본을 배분하는 방식은 어떠한가?	186

요점 정리 — 190

4단계
밸류에이션과 촉매   191
: 주식의 가치는 얼마인가?

기업 가치평가	193
I. 시장과 내재 가치평가	193
II. 바이아웃 밸류에이션	216
촉매	228
목표 주가 산출	252
요점 정리	256

5단계
투자 결정과 포트폴리오 관리   257
: 방아쇠를 당길 시간

투자 결정 내리기	260
투자 모니터링	268
포트폴리오 구성	276
포트폴리오와 위험 관리	290
요점 정리	306

후기_델파이 오토모티브는 어떻게 되었는가?	**307**
감사의 말	**317**
더 읽으면 좋은 책들	**324**
디스클레이머	**332**

하워드 막스 서문

2011년 나는 《가장 중요한 사항The Most Important Thing》(한국어 번역본: 《투자에 대한 생각》)라는 제목의 책을 집필했다. 이는 의도적으로 다소 역설적으로 지어진 제목인데, 사실 투자에 있어 가장 중요한 사항을 하나만 꼽을 수는 없기 때문이다. 모든 투자 의사 결정은 엄청나게 많은 요소를 고려해야 하고, 그 과정은 광범위하면서도 상세하며, 체계적이면서 동시에 독창적이어야 한다.

어떻게 하면 주식 투자에 입문하려는 혹은 투자 실력을 키우려는 투자자가 이런 모든 고려 사항을 배워 자신의 투자 방법론에 적용할 수 있을까? 조슈아 펄Joshua Pearl과 조슈아 로젠바움Joshua Rosenbaum이 공동 저술한 《최고의 주식에 이르는 작은책The Little Book of Investing Like the Pros》은 그 일에 엄청난 도움을 준다. 이 책을 읽는 투자자는 주식 투자를 빠르게 학습할 수 있을 것이다.

간단히 말하자면, 나는 이제껏 이토록 사려 깊은 내용을 이토록 완성도 높게 담은 주식 투자 입문서를 본 적이 없다. 투자자가 알아야 할 사항을 명확하고 논리적이고 체계적으로 구성한 완벽한 개론 수업이다. 이 책은 투자 대상 후보를 선정하고 그 잠재력을 심사하는 것에서 시작한다. 그런 다음 대상 기업의 재무 사항을 분석하고 비즈니스 잠재력을 측정하는 법을 다룬다. 다음으로 이런 정보를 바탕으로 해당 주식이 고평가 혹은 저평가되었는지를 평가하는 과정을 다룬다. 그리고 투자자의 포트폴리오에서 그 주식의 역할을 어떻게 결정하는지에 대한 고민들로 끝을 맺는다. 책 전반에 걸쳐 나오는 기업 예시들을 통해 독자는 이 모든 것을 배울 수 있다.

결론적으로 내가 본 《최고의 주식에 이르는 작은책》은 간단한 것과는 거리가 먼 주식 투자 분야를 간단하게 소개하고 있다. 투자라는 경쟁 세계에서 월등한 성과를 거두려면 노련한 투자자들이 대부분 잘 알고 있는 기본 사항을 숙지하고 있어야 할 뿐 아니라, 미세한 디테일까지도 경쟁자들보다 잘 이해하고 있어야만 한다.

기본기를 배우고 익히다보면, 후자인 미세한 디테일에까지 눈을 돌릴 여유가 생길 것이다. 나는 독자를 빠르게 성장시켜 주는 《최고의 주식에 이르는 작은책》이 우리 가까이 있다는 사실에 기쁘다. 이 책은 투자할 때 결정해야 할 사항을 훌륭하게 소개하고 있다. 이 책을 통해 올바른 투자 결정을 내리는 법을 배우는 일이 인생에 걸쳐 해야 하는 매력적인 일임을 깨닫게 될 것이다.

- 하워드 막스, 오크트리 캐피털 공동 창립자 및 공동 회장

머리말

시중에는 투자 책이 꽤 많이 나와 있다. 그중 세계적으로 유명한 투자자가 쓴 책도 여럿이다. 그렇다면 이 책은 대체 무슨 소용인가?

위탁 계좌, 상장지수펀드exchange-traded fund, ETF, 뮤추얼펀드mutual fund, 퇴직 연금 등 직접/간접적인 방식의 주식 투자는 그 어느 때보다 대중화되어 있다. 그에 비해, 대다수의 개인 투자자는 기본적인 재무 지식은 고사하고 주식 종목 선정을 어떻게 하는지조차 제대로 교육받기 힘든 실정이다. 투자 전문가가 아닌 일반인이 구하기 쉽고 이해하기 쉬운 체계적인 투자 콘텐츠가 별로 없다. 《최고의 주식에 이르는 작은책》은 이런 필요를 채우기 위해 탄생했다.

이 책이 제공하는 주식 선택 전략은 이해하기 쉽고 간명하다. 실제 투자 사례와 전문가가 사용하는 월가 금융 모델을 이용하여, 주식을 고르는 방법을 아주 논리적이고 단계적으로 가르쳐준다. 목적은 간단하다. 리스크 관리의 모범을 보여주어 포트폴리오를 보호하면서도 우량 주식을 찾을 수 있는 기술을 전수하는 것이다.

전문가의 투자 방법론을 겁먹지 않고 사용할 수 있도록 투자 과정을 가능한 쉽고 이해하기 쉽게 설명하기 위해 노력했다. 이 책의 내용을 참고해 훈련한다면 감에 의존해 투자하는 대다수의 사람들과 차별화될 것이다.

조종사 면허를 취득하기 위해서는 폭넓은 훈련을 받아야 한다. 의사들도 의대 졸업 후 수년간 레지던트 기간을 거친다. 심지어 투자 자문을 전문으로 제공하는 직업을 가지려면 자격증이 필요하다. 하지만 주식 매매는 아무런 훈련을 받지 않아도 누구나 할 수 있다. 직감과 기도에 의존해 주식을 한다고 생명이 위험에 처하진 않는다. 재정이 큰 위험에 처할 가능성은 높지만 말이다.

이 책보다 앞서 출간해서 베스트셀러가 된 《인베스트먼트 뱅킹Inverstment Banking》에서는 가치평가와 기업 재무에 관한 굉장히 구체적이고 실용적인 가이드를 제공했다. 책에 담긴 단계적인 방법론은 폭넓은 독자들에게 반향을 일으켜 20만 부 이상 판매되었으며, 지금도 여전히 찾는 사람이 많다. 이 책은 기본적으로 투자 은행가를 위해 쓰였지만, 투자 전문가도 관심을 가진다.

그뿐만 아니라, 월가의 가치평가 기술을 배우고 싶어하는 초보 투자자에게도 좋은 평가를 받았다. 거의 매일 같이 가족과 지인으로부터 인기 종목(FAANG로 알려진 페이스북Facebook, 아마존Amazon, 애플Apple, 넷플릭스Netflix, 구글Google)에 관한 질문을 받았다. 가장 많이 받은 질문 중 하나는 주당 1,848달러에 거래되는 아마존과 주당 205달러에 거래되는 페이스북을 비교했을 때, 더 저렴한 페이스북을 사는 것이 더 좋지 않냐는 것이다.

일례일 뿐이지만, 이런 생각을 가진 사람이 많다는 것이 이 책을 쓰게 된 계기 중 하나다. 아마존과 페이스북을 이익, 사업 모델, 실적 추세, 기타 핵심 지표가 아닌 단순히 주가만 가지고 비교하는 것이 왜 근본적으로 잘못되었지 잘 모르겠다면, 반드시 《인베스트먼트 뱅킹》을 읽어야 한다. 이를 대충 또는 정확히 알고 있는 사람도 이 책의 방법론을 참고하면 한 단계 도약할 수 있을 것이다.

《최고의 주식에 이르는 작은책》은 좀 더 많은 사람에게 도움이 되기 위해 썼다. 투자 고수 수십 명의 도움을 받아 집약한 주식 종목을 고르는 5단계 방법론을 소개한다. 5단계란 투자 아이디어 개발, 최고의 기회 파악, 실사 수행, 가치평가 결정, 최종 매매 결정이다. 또한, 주요 포트폴리오 구성과 리스크 관리 기술을 그 안에 잘 녹여넣었다.

5단계 방법론은 다양한 펀더멘털 기반 투자 스타일에 맞춰 반복적으로 유연하게 사용할 수 있게 설계되었다. 여기에는 가치 투자, 성장, 합리적인 가격 성장Growth At A Reasonable Price, GARP[1], 롱온리, 롱/숏, 이벤트 기반/특수 상황, 어려운 상황에서의 전략이 포함된다. 이런 모든 투자 전략의 공통 목표는 시장에서 잘못 이해하거나, 간과하거나, 저평가하고 있지만 유의미한 가격 상승 잠재력이 있는 종목을 발굴하는 것이다.

주식 시장이 그 어느 때보다 공정해졌기에 투자 과정을 단순화할 수 있었다. 과거에는 개인과 기관 투자자 사이에 정보 접근성 차이로 인한 거대한 장벽이 있었다. 개인 투자자는 일반적으로 어디서 어떻게 필요한 정보에 접근할 수 있는지 알지 못했다.

오늘날에는 좀 더 엄격해진 공시 요구 사항과 기술 발전에 힘입어 모든 투자자가 전례 없는 수준으로 정보 및 자원에 접근할 수 있게 되었다. 투자 대상을 조사하고 선별한 후 의사결정을 할 수 있는 강력한 도구는 누구나 사용할 수 있다. 그

---

1. 성장률이 꾸준히 시장 수익률을 상회하는 매력적인 밸류에이션 수준의 기업을 의미한다.

러나 이 도구를 잘 사용하려면 적절한 훈련을 받는 것이 매우 중요하다. 그래서 이 책이 만들어졌다. 즉, 주식 시장에 상장되어 거래되는 수천 개의 기업 중에서 좋은 투자 기회가 어느 것인지 식별할 수 있는 분석틀을 소개하기 위함이다.

이 책의 내용을 성공적으로 활용하기 위해서는 실제로 투자 의사 결정을 내릴 때 미세한 조정을 해야 한다. 시간이 지나면서 각자의 직업과 일상 생활을 반영한 자신만의 고유한 스타일과 방법론이 생길 것이다. 위대한 주식 투자 아이디어는 종종 일상의 관찰과 열정에서 영감을 받아 탄생한다. 최종적인 포트폴리오는 개개인의 교육 수준, 특정 산업 관련 지식, 주식 이외의 관심사, 취미 등이 반영되기 쉽다. 특정 산업에 대한 경력이 있는가? 혹은 매력적인 특정 주제, 산업, 트렌드가 있는가?

물론, 이것은 앞으로 계속될 과정의 시작에 불과하다. 성공적인 투자자가 되는 여정은 결코 쉽지 않다. 다음 단계로 도약하는 일은 경험, 근면함, 판단, 분석 능력에 달려 있다. 또한, 초기에 하는 실수에 익숙해져야 한다. 결과보다 투자 과정의 개선에 초점을 맞춰야 한다. 전문 투자가들조차도 종종 성공한 종목보다 실패한 종목에서 귀중한 교훈을 얻는다.

패시브 투자가 성행하고 있는 이 시대에 액티브 투자의 미덕을 다시 한번 재조명해 볼 가치가 있다. 패시브 투자란, 말 그대로 좋은 쪽이던 나쁜 쪽이던 시장이나 산업과 같은 방향으로 투자 결과가 나오는 것이다. 이런 투자 목표는 많은 사람들에게 효과가 있다. 그래서 패시브 투자가 어느덧 굳건한 입지를 다지게 되었다. 하지만 많은 투자자들이 월등한 투자 수익을 추구하기 때문에 이를 위해서는 좀 더 액티브한 접근 방식이 필요하다.

패시브한 접근 방식은 인덱스펀드나 산업 ETF에 투자를 하는 경우 좋은 주식과 나쁜 주식을 똑같이 취급한다. 상식적으로 생각해보면, 시장 수익률을 상회하는 높은 수익을 얻기 위해서는 오를 종목을 타깃으로 하고 내릴 종목은 피해야 한다. 예를 들어, 인터넷 상거래 시대가 도래하여 오프라인 상점들이 사라지는 추세임에도 불구하고 S&P 500에 연동된 ETF 상품에 투자했다면 실적이 저조한 산업에도 계속 투자를 하고 있는 셈이다. 그렇다면 호기심과 지적 능력 그리고 이 책에 나와 있는 도구들을 활용하면 더 나은 수익을 추구할 수 있지 않을까?

들어가기에 앞서 미리 말해 둘 것이 있다. 이 책이 매우 복잡한 투자 세계의 핵심을 뽑아내려 하다 보니 꽤 단순화된 측면이 있다. 책을 읽다 보면 스스로 기본 용어나 개념을 조사하거나 복습해야 한다. 기본적인 회계나 재무 계산도 알아야 한다. 투자를 제대로 하려면 상당한 시간과 노력을 들여야 한다. 우리는 얻게 될 보상을 생각하면 충분히 그럴 만한 가치가 있다고 생각한다.

책의 구성

이 책은 주식 투자를 할 때 거쳐야 하는 5가지 단계에 맞춰 5개의 장으로 구성되어 있다.

> I. 투자 아이디어 개발
> II. 최고의 아이디어 선별
> III. 비즈니스와 재무 실사
> IV. 밸류에이션과 촉매
> V. 투자 결정과 포트폴리오 관리

그리고 이 책에서 소개하는 개념들을 잘 이해할 수 있도록 실제 사례들을 제공했다. 중점적으로 살펴본 사례는 델파이 오토모티브Delphi Automotive라는 글로벌 자동차 공급업체다. 지금은 2017년 12월 비과세 기업 분할 후 앱티브Aptiv와 델파이 테크놀로지스Delphi Technologies라는 2개의 별도 법인으로 나뉘어 시장에서 거래되고 있다.

이 책 전반에 걸쳐 2011년 11월 델파이 오토모티브가 최초로 기업공개를 했던 시점에 투자자에게 어떤 기회가 주어졌는지를 중점적으로 살펴보려 한다. 당시 이 주식에 투자한 사람은 2017년 회사가 분할할 당시 기준으로 거의 5배의 수익을 올렸다. 이 책에서는 투자의 단계를 이해하기 위한 예시로 이 주식을 발견하고 분석하고 가치평가한 후 주가가 오르기를 기대하는 과정을 구체적으로 소개할 것이다.

델파이는 구조조정과 턴어라운드 기회라는 측면에서 교과서적인 종목이었다. 2005년 파산 신청을 하기 전까지 경쟁력 없는 비용 구조와 과한 부채를 앉고 있었으며, 사업 모델이 편향되어 있었다. 그런데 파산 과정에서 상품 라인을 합리적으로 바꾸고, 경쟁력이 낮은 사업부를 매각했으며, 제조 부문을 최적비용국Best Cost Country으로 옮겼다.

델파이의 대주주인 실버포인트 캐피털Silver Point Capital과 앨리엇 매니지먼트Elliott Management는 CEO 로드니 오닐Rod O'Neal이 이끄는 경영진과 협력하여 회사를 탈바꿈해 턴어라운드를 이루는 데 핵심적인 역할을 했다. 새로운 델파이를 만들기 위한 개혁 전략의 중심은 기술 그리고 '안전, 친환경, 연결성'이라는 3가지 핵심 테마였다.

델파이는 개혁 전략을 시행한 후 제품 중심 포트폴리오를 선보이고, 비용 경쟁력을 갖추고 대차대조표를 개선했다. 또한, 주주 중 주가 부양에 매우 적극적인 주주가 많았다. 시간이 지날수록 이 핵심 주주들은 델파이 주가 수익률에 따라 자연스러운 매도자가 될 것이다.

가치 창출의 일환으로 주주들은 앞장서서 상장 기업 CEO, 자동차업계 베테랑, 경험이 풍부한 도메인 전문가(예: 기술, 인적 자원, 자본 시장, M&A)로 구성된 세계적 수준의 이사회를 구성했다. 전 듀퐁DuPont 회장 겸 CEO인 잭 크롤Jack Krol은 이사회 의장으로 임명되어 핵심적 역할을 수행했다. 타이코 인터내셔널Tyco International의 수석 이사로 기업 개편을 성공적으로 총괄했던 그의 경력이 주요 주주들이 그를 이사회에 합류시키기로 결정한 주된 이유였다. 잭 크롤과 그의 동료 이사들은 경영진과 협력해 자본 배분, 기업공개 준비 및 투자자 메시지 전달과 관련한 전략을 개발하는 데 중요한 역할을 했다.

델파이는 또한 당시 영국 납세자 지위를 이용해서 경쟁력 있는 세금 계획을 내놓았다. 여기에 구조적인 추세와 경기적 측면의 호재가 있었고, 시장 진입 장벽은 강화되었으며, 재무제표 개선과 매력적인 기업 밸류에이션이 추가되었다. 결국 델파이에 투자하면 수익을 얻게 될 것이라 생각할 만한 이유가 여럿 있었다. 물론 고려해야할 위험 요인들도 많았다. 결국 무엇을 어떻게 볼지가 관건이었다.

2011년 후반, 델파이는 22달러에 상장되었다. 그리고 기업의 새로운 전략은 2015년 CFO 케빈 클라크Kevin Clark가 오닐의 자리를 뒤이은 후에도 몇 년간 지속되었다. 그 기간 동안 주주에게 상당한 수익을 가져다 준 수많은 전략적 이니셔티브가 쏟아져 나왔고, 이는 2017년 델파이의 파워트레인 시스템 부문의 비과세 분할로 절정에 이르렀다.

2017년 말 델파이가 2개 기업으로 분할되기 직전, 주가는 100달러를 넘었다. 델파이가 처음 상장할 때 주식을 매수하여 기회를 잡은 투자자의 누적 수익률은 약 375%였다. 이는 연간 수익률 30%로, 당시 S&P 500의 수익률은 13%였다.

주식을 고르는 5단계 투자법은 델파이 오토모티브 같은 종목을 발견하도록 돕고자 만들어졌다. 또한, 주식 포지션을 관리하는 법도 포함되어 있다. 예를 들어, 2018년 자동차 시장에 경기 침체의 조짐이 나타나기 시작했다. 게다가 분할 신설된 파워트레인 사업부인 델파이 테크놀로지스도 글로벌 시장 진출(지리적 노출)로 인해 피해와 손실도 입었다(이와 관련한 자세한 내용은 후기에서 확인할 수 있다). 우리가 제시하는 조기 경보 및 능동적 모니터링 시스템은 이런 함정을 피할 수 있도록 설계했다. 언제 주식 포지션을 축소하거나 청산할지를 아는 것은 포지션에 진입하거나 확대하는 시기를 결정하는 것만큼이나 중요하다.

1단계: 투자 아이디어 개발

1단계에서는 전문 투자가가 투자 아이디어를 어떻게 얻는지를 다룬다. 이 과정은 엄청난 인내심과 훈련이 필요하다. 좋은 투자 기회를 포착하기 위해 수십, 수백 개의 기업을 검토하는 경우가 허다하다.

이 책은 매력적인 종목을 발굴하기 위해 기업에 초점을 맞추는 상향식 투자법에 중점을 둔다. 개별 기업에서 시작해 비즈니스 동인, 재무 실적, 가치평가 및 미래 전망에 대한 심층 분석을 수행한다. 그리고 거시 경제(일명 매크로) 및 대중적 테마에 근거해 기회를 모색하는 하향식 투자법 또한 설명한다. 주된 하향식 전략들은 글로벌 또는 국내 시장 및 비즈니스 트렌드/사이클을 식별하여 그 수혜를 보는 주식을 매매하는 데 중점을 둔다. 반대로 비수혜주는 피하거나 매도한다.

경험이 풍부한 투자자는 상향식과 하향식을 접목시키는 경향이 있다. 상향식 투자자가 중요한 거시 경제 및 구조적 트렌드에 충분한 주의를 기울이지 않으면 위험하다. 마찬가지로 성공적인 하향식 투자자도 개별 기업의 펀더멘털 분석을 무시할 수 없다.

1단계에서는 전문적인 투자가들이 어떻게 처음 투자 아이디어를 개발하는지를 다룬다. 먼저, 재무 실적이 개선되거나 높은 밸류에이션을 받을 가능성이 있는 저평가된 기업에서 출발한다. 다음으로 M&A, 기업분할 및 사업부 매각, 구조조정 및 턴어라운드, 자사주 매입과 배당, 기업공개, 내부자 매수와 같이 기업 가치를 향상시키는 기업 활동이 있는 종목들을 다룬다. 마지막으로, 검증된 투자자들을 추적하여 새로운 아이디어를 얻는 방법을 설명할 것이다.

2단계: 최고의 아이디어 선별

처음 아이디어를 찾을 때, 수십 개의 투자 기회가 눈에 들어오기 마련이다. 2단계에서는 이런 광범위한 종목 리스트에서 가장 좋은 주식을 골라 내는 방법을 설명한다. 여기에는 핵심 포지션으로 삼을 종목을 골라 집중할 수 있도록 각 종목을 심층적으로 조사하는 방법도 포함된다. 강력한 포트폴리오로 시작하기 위해서는 몇 개의 우량 주식만 있으면 된다.

종목 후보를 좁혀 나가려면 신속하고 체계적인 방식으로 각 후보 종목을 심층적으로 리서치해야 한다. 여기서는 이 과정을 도울 수 있는 분석틀을 제시하는데, 이는 투자 가설, 사업 모델, 경영진, 위험 및 고려 사항, 재무제표와 기업 밸류에이션에 중점을 둔다. 이러한 예비 분석은 빛 좋은 개살구와 진짜배기를 구분하기 위해 필요하다.

또한 각 주식 아이디어에 대한 리서치를 검토하고 정리하는 데 도움을 줄 투자 기록 템플릿을 제공한다. 이 템플릿은 2단계 분석틀의 내용과 연결되어 있어, 여러 종목들을 쉽게 비교할 수 있도록 해준다.

1단계에서 고른 투자 후보 종목이 많을수록, 이들을 걸러 내는 작업은 더 어렵다. 때로는 포트폴리오의 판도를 바꿀 만한 아이디어가 저절로 눈에 띄기도 한다. 하지만 대부분의 경우 상승 가능성이 가장 높은 아이디어는 간단하게 드러나지 않는다. 먼저 명백하게 아닌 종목들을 탈락시키고 난 뒤, 남은 종목들에 대한 심층 분석을 시작한다.

3단계: 비즈니스와 재무 실사

3단계에서는 전 단계에서 살아남은 기회들을 훨씬 심층적으로 분석한다. 초기 단계 조사 후에는 좀 더 철저하게 기업의 사업과 재무제표 조사를 수행해야 한다. 즉, 3단계는 실사 단계라고 할 수 있다.

사업 측면에서는 기업이 우량주인지 혹은 우량주가 될 수 있는지를 판단하는 방법을 보여준다. 여기서는 기존에 만든 투자 가설을 바꿀 만한 핵심 장점이나 위험 요인이 있는지에 대한 조사가 포함된다. 이 작업은 대체로 질적 분석이며, 건전한 판단력과 통찰력이 필요하다. 특정 사업 모델과 산업에 익숙하거나 해당 분야에 몸을 담아보았다면 큰 도움이 된다. 개인적 관심이나 주관도 유용할 수 있다.

재무 측면에서는 기업의 주요 재무제표를 철저히 파헤쳐 실적, 건전성 그리고 전망을 판단해야 한다. 이 분석은 대부분 핵심 재무 요소를 관찰하고 설명 가능한 답변을 찾는 것이다. 성장, 마진, 잉여현금흐름 또는 대차대조표와 관련된 기업들의 모든 주요 약점을 정확히 파악해야 한다. 또한 4단계에서는 기업 가치평가의 근거가 되는 이익 추정 모델을 만드는 방법을 보여준다.

만약 투자 대상 기업의 비즈니스와 재무 지표에 확신을 가지기 힘들다면, 아마 투자를 하고 싶지 않을 것이다. 그래도 괜찮다. 잘 알지 못하고 믿을 수 없는 사업에 투자하고 싶은 사람은 없을 것이다. 또한 재무제표가 불안전하고, 극적으로 호전될 가능성도 낮은 기업에 투자하려는 사람도 없을 것이기 때문이다.

4단계: 밸류에이션과 촉매

4단계에서는 명실상부 투자 프로세스의 핵심이라 할 수 있는 기업 가치평가를 중점적으로 다룬다. 이 단계는 기업의 가치를 평가하고, 주가가 저렴한지 비싼지, 그리고 기업 가치가 재평가될 어떤 '촉매'가 있는지를 판단해야 한다. 앞서 사업과 재무제표 테스트를 수월하게 통과한 종목이더라도, 밸류에이션 테스트에서 탈락할 수 있다. 즉, 매력적인 수익을 내기에 현재 주가 수준이 너무 비싼 경우도 있다. 이는 '좋은 기업, 나쁜 주식'의 함정이다.

이 장에서는 종목 분석의 핵심인 기업 가치평가(밸류에이션)의 주요 방법론을 설명한다. 여기에는 비교 가능 기업 및 할인된 현금흐름 분석과 같은 시장 및 내재 가치평가법이 포함된다. 또한, M&A시 가치평가 방법도 다루는데, 여기에는 과거 거래 분석법, 레버리지 자사주 매입 분석법, 증가/희석 분석법 등이 포함된다. 여기에 사업별 가치 합산sum-of-the-parts, SOTP, 순자산가치Net asset value, NAV 같은 절묘한 방법들까지 소개해 가치평가의 완성도를 높여줄 것이다.

이런 방법들을 조합하면 주어진 주식의 목표 주가를 정할 수 있고, 이는 궁극적으로 그 주식에 투자할지를 결정하는 데 중요한 역할을 한다. 더 나아가 주식의 숨겨진 가치를 드러내 시장에서 재평가받게 하는 촉매들을 검토한다. 이러한 촉매들은 진화하는 경영 전략 같은 기업 내부 요인이거나, 행동주의 주주들이나 규제 환경 변화와 같이 외부 요인일 수도 있다. 주요한 촉매들로는 어닝 비트earning beats(시장 컨센서스에 부합하는 실적 결과), M&A, 주주 환원, 리파이낸싱refinancing(재융자로 기존 대출금을 갚는 것), CEO 변경, 신제품 출시 등이 있다.

5단계: 투자 결정과 포트폴리오 관리

지금까지 매력적인 투자 아이디어를 선별했고, 실사를 수행했으며, 기업 가치를 평가했다. 이 모든 과정을 통해 가장 중요한 목표 주가까지 설정했다. 이제 최종적인 투자 결정을 내릴 때다. 해당 주식을 매입할 것인가 매도할 것인가? 좀 더 지켜볼 것인가 아니면 그냥 버릴 것인가?

주식을 매수 또는 매도할지 결정한다고 거기서 끝이 아니다. 추후 해당 포지션을 계속 모니터링해야만 한다. 새로운 이벤트가 생겨 처음 투자할 때 세웠던 가설이 크게 바뀔 수도 있다. 효과적인 모니터링은 해당 기업의 주요 비즈니스에 영향을 끼칠 수 있는 사건들을 지속적으로 포지션에 반영하고 분석하며 종합하는 것을 뜻한다.

균형적인 포트폴리오를 구축하려면 단순한 종목 선택을 넘어선 기술이 요구된다. 성공적인 포트폴리오를 만드는 일은 자신만의 투자 목표, 전략, 리스크 허용치에 맞는 여러 주식 종목을 고르는 것이다. 이는 포지션의 적정한 크기를 고르고 우선 순위를 정하는 것을 뜻한다. 각 종목의 전반적인 수준, 상승 여력(가능한 촉매 포함), 종목에 대한 확신 정도에 따라 순위가 높은 종목들은 포트폴리오에서 다른 종목 대비 차지하는 비중이 높아진다.

훈련이 된 투자자는 리스크 관리 기법을 활용하여 최적의 포트폴리오를 구성하고 하방 리스크를 방어한다. 핵심 기법으로는 노출 수준 상한을 두는 것과 익절 및 손절에 대한 가이드라인을 정해두는 것이 있다. 노출 수준이란 다른 종목 대비 개별 포지션의 크기, 산업 집중도, 지역적 집중도를 뜻한다. 또한 이 장에서는 헷징과 기본적인 포트폴리오 스트레스 테스트 기법도 설명할 것이다.

1단계
투자 아이디어 개발
투자 기회는 어떻게 찾아내는가?

전 세계 다양한 증권 거래소에는 수만 개의 기업이 상장되어 있다. 그렇다면 어디서부터 시작해야 할까? 투자 아이디어를 찾는 방법은 여러 가지다. 출발점으로 삼아야 할 기본 중의 기본은 '많이 읽는 것'이다. 《배런Barron's》, 《블룸버그Bloomberg》, 《그랜트Grant's》, 《파이낸셜타임스The Financial Times》, 《월스트리트 저널The Wall Street Journal》과 같은 주요 경제 경제지와 주간지를 읽고 최신 정보를 익히는 것이다. 그리고 거기서에서 확장해 나가야 한다. 성공한 투자자는 지금 세계에서 어떤 일이 벌어지고 있는지에 주목한다.

또한 자신의 일상생활과 주변에 있는 상품 및 서비스로 대상을 넓혀 투자 아이디어를 찾는 방법도 있다. 일상생활 속 관찰을 통해 위대한 주식 아이디어를 발견한 사례는 수없이 많다. 사람들이 무엇을 사고 있나? 어디에서 쇼핑을 하는가? 무슨 대화를 나누는가? 어떤 웹사이트를 방문하고 있는가?

많은 투자자가 개별 기업의 펀더멘털에 초점을 맞추는 상향식 투자법을 사용한다. 이 방식에서 투자 아이디어를 어떻게 얻는지는 많이 알려져 있다. 저평가주, 실적 급성장주, 영업 활동 개선 및 실적 턴어라운드, 인수합병M&A, 기업 분할, 구조조정, 자본 배당 등. 이런 기회들을 평가하려면 비즈니스 동인business drivers, 재무 분석, 기업 가치평가에 대한 기본적인 이해가 필요하다. 경영대학원을 안 다녔다고? 걱정할 필요 없다. 상향식 투자법이 가장 기본이라 생각해 집중적으로 다루기에 이후의 장들을 읽어 간다면 문제없을 것이다.

어떤 투자자는 하향식top-down 투자법을 선택하는데, 이는 거시적 또는 대중적인 테마를 근거로 투자 기회를 살피는 방식이다. 이러한 테마로 인해 특정 산업의 실적이 가속 성장해서, 결국에는 시장에서 재평가되리라 기대하는 것이다. 대표적인 거시적 하향식 투자 전략은 금리, 통화, 원자재 가격 변동, 글로벌 시장 추세와 비즈니스 사이클에 주목한다. 대중적인 테마에는 첨단 기술, 구조적인 경쟁 구도 변화, 규제 환경 변화에서부터 소비자의 소비 패턴 변화, 제품 보급률, 인구통계적 변화까지도 포함된다.

숙련된 투자자는 상향식과 하향식 접근법을 모두 활용하는 경향이 있다. 심지어 오로지 기업 펀더멘털에만 집중하는 투자자조차 거시적 환경의 변화에 민감하게 대응한다. 특정한 거시적 시나리오가 개별 주식에 어떤 영향을 미칠 수 있는지를 반드시 이해하고 있어야 한다. 그래서 이런 말도 있지 않은가. "거시 경제를 모르면, 거시 경제에 당할 수 있다."

투자 아이디어를 얻으려면 엄청난 인내와 훈련이 필요하다. 수백 개의 기업을 검토하고 나서야 비로소 양질의 투자 기회가 눈에 들어온다. 따라서 어디서 무엇을 찾아야 하는지를 아는 것이 매우 중요하다.

이런저런 투자 기술들이 널리 퍼져 있지만, 각 투자자는 자기만의 색깔을 입힌 고유의 투자 스타일을 발전시키기 마련이다. 경험에 기초한 투자의 특징은 투자 전문가가 시간이 흐를수록 자신의 투자 아이디어 개발 방식을 미세하게 다듬어 간다는 것이다. 아무리 노련한 투자자일지라도 역동적인 시장 환경에 맞춰 적응하고 진화해야만 하며, 그 과정에서 자신만의 노하우를 만들어 나간다.

스크리닝

스크리닝은 투자 아이디어 개발에 효과적이다. 스크리닝 과정을 거치면 방대한 양의 기업 데이터베이스에 자신의 기준을 적용하여 투자하기 좋은 주식을 선별할 수 있다. 투자 고수는 끊임없는 투자 아이디어 발굴을 위해 정기적으로 이런 스크리닝을 수행한다.

상향식 접근법을 택한 투자자라면 특정 밸류에이션 수준 이하 가격에 거래되는 종목이나, 성장률이 일정 수준을 초과하는 종목을 타깃으로 스크리닝할 수 있다. 최근 M&A가 있었거나, 기업공개Initial Public Offering, IPO를 앞두고 있는 주식, 최근 자사주 매입 허가를 받은 주식 등에 주목할 수 있을 것이다(표 1.1 참조).

하향식 투자법을 사용하는 사람이 유가가 상승할 것이라 믿는다면 에너지 부문에서 재무 지표 기준을 적용해 투자 기회를 추려낼 것이다. 광대역 사용 증가나 모바일 기기 확산이라는 대중적인 추세에 초점을 맞출 수도 있다. 그 경우 스크리닝은 기술주와 미디어 그리고 텔레콤주 안에서 종목을 고르되, 특정 재무 지표를 기준으로 필터링하는 과정을 거칠 것이다.

표 1.1 스크리닝 결과(자사주 매입 승인 금액 시가총액의 5%초과, 시가총액 10억 달러 초과 기업 대상)

(단위: 백만$, 주당 데이터 제외)

날짜	회사명	산업	새로운 자사주 매입 금액	시가총액 대비 비중	현재 주가	시가총액	기업가치	예상EV/EBITDA	예상 P/E
2012-12-19	제너럴 모터스	자동차	$5,500	11%	$28.83	$47,944	$57,252	3.7x	8.2x
2012-12-14	MSCI	비즈니스 서비스	$300	8%	$30.99	$3,826	$4,257	10.2x	18.2x
2012-12-13	코어로직	테크널리지	$250	9%	$26.92	$2,776	$3,396	7.3x	16.0x
2012-10-12	그레픽패키징	패키징	$300	12%	$6.46	$2,572	$4,511	7.1x	14.4x
2012-07-12	레녹스 인터내셔널	산업재	$300	11%	$52.52	$2,705	$3,137	9.1x	14.7x
2012-06-12	시리우스 XM 홀딩스	위성 라디오	$2,000	11%	$2.89	$19,009	$20,888	16.1x	19.9x
2012-09-12	스카이웍스솔루션	반도체	$200	5%	$20.30	$3,907	$3,579	7.0x	9.5x
2012-11-07	바브콕힐콕스	전기장치	$250	8%	$26.20	$3,107	$2,772	6.1x	11.4x
2012-11-05	도버 코퍼레이션	기계	$1,000	8%	$65.71	$12,086	$13,487	7.8x	12.6x
2012-10-23	대기기계	화학	$600	8%	$91.29	$7,202	$9,245	10.0x	19.8x
2012-09-26	알레스카항공	항공	$250	8%	$43.09	$3,097	$2,978	3.4x	8.5x
2012-08-13	자일링스	반도체	$750	8%	$35.86	$9,692	$8,901	11.3x	16.9x

수많은 종목 스크리닝 도구는 인터넷에서 무료로 또는 비교적 저렴한 가격에 이용할 수 있다(예: 야후 파이낸스Yahoo! Finance). 최소한 금융 뉴스 매체(예: 구글 얼럿Google Alerts, 《월스트리트저널》)가 제공하는 최신 기업 이벤트 뉴스 자동 알림 기능은 설정해 놓아야 한다. 좀 더 고객 맞춤의 고급 도구는 블룸버그 등을 구독하여 얻을 수 있다.

상향식 투자법

상향식 투자는 기업을 우선하는 접근법을 통해 매력적인 종목을 찾아낸다. 개별 기업을 골라 그 기업의 비즈니스 동인, 재무 실적, 밸류에이션, 미래 전망 등을 심도 있게 분석한다. 이런 작업은 종목 선별 과정의 기본이라 할 수 있다.

잘 알려진 상향식 투자 전략으로는 롱온리long-only, 롱/숏long/short, 이벤트 드리븐event-driven/특수 상황special situations 등이 있다. 특정 산업이나 지역에 집중하기도 한다. 롱온리 전략의 핵심은 장기적 투자 관점에서 양질의 종목 포트폴리오를 매수하여 보유하는 것이다. 롱숏이란, 종목 매수와 공매도를 복합적으로 사용해 특정 종목이나 산업, 또는 시장 전반의 리스크를 헤지하거나, 포트폴리오 자체적으로 수익을 산출하도록 하는 전략이다(5단계 참조). 이벤트 중심/특수 상황 전략은 기업의 M&A, 기업 분할, 자사주 매입buyback과 같은 기업의 행동에 초점을 맞춘다.

- **가치평가**
- **재무 성과**
- **M&A**
- **기업 분할과 사업 부문 매각**
- **구조조정과 턴어라운드**
- **자사주 매입과 배당**
- **기업공개**
- **내부자 매수와 소유**
- **성공적인 투자자와 행동주의 주주 추적**

 위의 목록은 양질의 투자 아이디어를 얻는데 효과적이라는 것이 입증된 분야들이다. 예를 들어, '가치 투자자'는 시장이 잘못 이해하고 있는 저평가 종목에 주목하는 경향이 있다. 또한, 종목 사냥꾼은 자사주 매입, M&A, 경영 개선management upgrades과 같은 주주 친화적인 행동을 하는 기업을 찾는다.

- 가치평가: 전통적인 가치평가 스크리닝은 주로 가치평가 배수를 기준으로 '저렴한' 종목을 찾는다. 이때 시장이 가치를 잘못 이해하고 있는 종목과 원래 그 정도 가치인 종목을 구분하는 것이 중요하다.
- 재무 성과: 재무 지표와 트렌드는 잠재적인 승자와 패자를 가려내는 데 있어 매우 중요하다. 기업 펀더멘털이 개선되는 것은 투자 기회라는 설득력 높은 신호일 수 있다 (예: 성장률 가속화, 이익 확대, 부채 비중 감소(디레버리징), 투자 수익률 개선 등). 동종업체 대비 이익률이 낮은 기업은 그 격차를 줄일 수 있는지를 분석해 볼 만하다.
- M&A: M&A는 장기적으로 주주에게 막대한 가치를 가져다 줄 수 있다. 인수 기업이 혁신적 인수나 볼트온bolt-on, 즉 유사 업체와 M&A를 해서 기업 가치가 오르고 포트폴리오가 강화되는 경우에는 특히나 그렇다. 이런 이벤트가 '현재 진행 중'인 업계를 찾는다면 인수 기업과 인수 대상 기업 모두에서 기회를 발견할 수 있을 것이다.
- 기업분할과 사업 부문 매각: 기업이 '분할', 즉 기존 주주에게 주식 배분하거나 기업공개를 하거나 하나 이상의 사업 부문을 매각하는 거래를 뜻한다. 분할 및 매각은 현재 한 지붕 아래에 뭉뚱그려 있는 개별 사업부의 온전한 가

치를 드러내거나 부각시키는 것을 목표로 한다.

- 구조조정과 턴어라운드: 구조조정은 한 기업이 주식 상장과 더불어 파산 또는 조직 개편reorganization에서 벗어난 상황을 뜻하며, 일반적으로 대차대조표가 개선된다. 턴어라운드는 공식적인 파산과 구조조정 이외의 상황에 발생한다. 기업이 어려움에 처했다면 극적 개선 가능성을 탐색해 볼 기회가 있다는 뜻이다.

- 자사주 매입과 배당: 주주에게 현금을 돌려주는 두 가지 주요 방법이다. 자사주 매입의 경우, 처음 시행하는 기업이거나, 상당량의 주식을 체계적으로 재매입하는 경우(예: 연간 유통 주식 수의 5% 이상을 재매입)에 특히 흥미롭다. 배당금의 경우, 최초 배당이거나, 배당 수익률이 상당하거나, 배당 성향dividend payout ratio(순이익 대비 배당금의 비율)이 증가하는 기업은 살펴볼 만하다.

- 기업공개: 기업의 최초 공개 상장을 뜻하며, 사모Private Equity, PE나 벤처캐피털Venture Capital, VC이 소유한 주식의 공개 상장도 포함된다. 기업공개를 하는 기업은 종종 동종 업계 주가 대비 할인된 가격으로 상장되며 아직 공식적인 이력이나 전년도 비교 수치가 없으므로 시장에서 제대로 이해하기 어려울 수 있다.

- 내부자 매수와 소유: 기업의 고위 경영진이 상당량의 자사주 지분을 갖고 있다면, 현재 그 기업 주식 가치가 저평가되어 있거나, 앞으로 엄청나게 가격이 상승할 것이라는 암시일 수 있다. 따라서 성과급이 회사의 실적 향상과 연동되어 있는 CEO들은 눈여겨볼 만하다.
- 성공적 투자자와 행동주의 주주 추적: 투자 실적이 우수한 엄선된 투자 그룹이 공개한 문서를 검토하여 매수 기회를 포착할 수 있다. 미국 증권거래위원회Securities and Exchange Commission, SEC는 운용 자산 규모가 1억 달러 이상인 모든 투자 펀드로 하여금 보유 지분 현황을 분기마다 스케줄 13-F 양식[1]을 통해 공시하도록 의무화하고 있다.

가치평가

가치평가를 기준으로 종목을 스크리닝할 때는 단순히 저렴한 주식을 찾는 것 이상의 노력이 필요하다. P/E 15배 미만에 거래되는 종목을 찾아보면 그 수는 분명 어마어마할 것이다. 그중에서 저평가된 주식을 찾기란 쉽지 않다. 대부분의 종목은 그럴 만한 이유가 있어서 가격이 저렴하기 때문이다.

---

1. 13-F 양식에는 펀드가 보유한 주식 수를 포함한 보유 주식 현황이 나와 있다. 신고 기한은 매 분기말일로부터 45일 이내이다.

중요한 것은 시장의 오해로 인해 가격이 저렴한 주식을 찾는 것이다. 즉, 앞으로 이익이 고속 성장하여 시장에서 더 높은 가격으로 '재평가'되리라 믿기에 더 높은 배수를 적용할 수 있는 주식들을 찾아야 한다. 이때, 소위 '가치 함정value traps'에 빠지지 않아야 한다. 가격이 저렴해 보이지만 그럴 만한 이유가 있어 할인되는 주식들이 있다. 이런 종목들은 미래 수익을 위협하는 근본적이거나 구조적인 문제로 인해 심지어 가격이 비싸게 책정된 것일지도 모른다.

그 대안으로 배수 기준이나 동종업계 대비로는 저렴한 가격은 아닐지라도 높은 수익률을 얻을 것이 확실해 보이는 주식을 찾아볼 수 있다. 예를 들어, 고속 성장 중이며 P/E 20배에 거래되고 있는 기업은 P/E 17.5배에 거래되지만 성장률이 낮은 유사 기업보다 더 매력적일 수 있다. 20배에 거래되는 기업이 연간 25%로 수익이 성장한다고 가정하면, 3년 후에는 내재된 P/E가 10배밖에 되지 않는다. 한편, 17.5배에 거래되는 기업이 연간 10%로 수익이 성장한다면, 3년 뒤에는 P/E 13배가 되어 더 비싼 주식이 된다.

효과적인 가치평가 스크리닝을 위해 종종 상향식 접근법에 하향식 접근법을 접목시키기도 한다. 예를 들어, 현재 중대한 대중적 변화를 겪고 있거나 반등 주기에 있는 산업군에서 저렴한 주식을 찾아볼 수 있다.

일반적인 가치평가 스크리닝 사항은 다음과 같다.

- 절대적 또는 상대적 가격이 저렴한 종목: 기업의 비즈니스 펀더멘털과 전망을 고려했을 때 밸류에이션이 매력적인 주식이다. 이는 유사 종목이나 그 종목의 과거 이력과 비교하는 상대적인 기준에 기초한다. 예를 들어, 52주 평균 가격이나 최고가 대비 현재 가격이 상당히 할인된 수준일 때를 생각하면 된다. 밸류에이션은 전형적으로 거래배수trading multiples에 기초해 측정하고 비교한다. 핵심적인 배수들로는 주가수익배수Price-to-Earnings Ratio, P/E, 주가잉여현금흐름배수P/FCF, 주가순자산배수Price Book-value Ratio, P/B, 주가EBITDA배수P/EBITDA[2] 등이 혼합되어 사용된다.
- 성장률 대비 밸류에이션이 매력적인 종목: 여기서 핵심은 주가수익성비율Price Earning to Growth ratio, PEG이다. 주가수익비율P/E ratio을 주당순이익성장율earnings growth rate로 나눈 것으로, 해당 종목이 성장 전망에 비해 어느 정도 가치평가되었는지 측정하기 위해 고안되었다. PEG 비율이 낮으

---

2. EBITDA(이자, 세금, 감가상각 및 상각 전 이익)은 기업이 제품 및 서비스를 생산하는데 드는 총 현금영업비용을 반영하므로, 영업현금흐름을 나타내는 널리 쓰이는 대용치이다.

면 저평가된 주식이라는 뜻이다. 앞서 논의한 바와 같이, P/E 20배, 주당순이익 성장률이 25%인 주식은 PEG가 0.8배로 산출되어 P/E 17.5배, 주당순이익 성장률 10%인 주식에 비해(PEG 1.75배) 더 매력적이다.

- 밸류에이션은 낮지만 수익률이 높은 종목: 투하자본수익률Return On Invested Capital, ROIC[3]로 대표되는 자본 이익률들은 양질의 종목을 나타내는 핵심 지표다. 이상적인 종목은 수익률이 높고 개선되고 있는데 현재 밸류에이션은 낮은 종목이다. 자본수익률이 높으면 성장 프로젝트에 투자하거나 주주에게 자본을 돌려주는 데 사용될 수 있다.

재무 성과

기업의 재무 성과는 좋던지 나쁘던지 주가에 반영되어야 한다. 매출 및 순이익 성장률 증가는 주가 상승으로 이어져야 한다. 성장률이 감소하는 반대의 경우에도 마찬가지다.

이익 마진, 잉여현금흐름 창출, 자본수익률 같은 다른 주요 재무 지표에도 동일한 규칙이 적용된다. 그러나 때로는 재무

---

3. 종종 세후 이자 및 세금전이익(EBIT) 또는 세후 영업이익(EBIAT)을 순유형자산(토지,건물, 기계장치)와 운전자본의 합으로 나눈 값으로 정의된다. 세후 EBIT와 EBIAT는 또한 세후순영업이익(NOPAT)을 뜻하기도 한다.

실적이 개선되는 것을 시장이 적절히 반영하지 못할 때도 있다. 마찬가지로 마진이나 수익률이 동종업계 대비 하락하는 등 상대적으로 부진한 실적을 보이는 기업은 잠재적인 턴어라운드 기회를 탐색해야 한다.

자본 구조는 일반적으로 재무 실적과 같이 움직인다. 여기서 보통 기업 부채 규모와 부채 비용, 만기 도래일, 이자 지급 능력에 주목한다. 기업의 영업 실적과 마찬가지로 재무 건전성이 강화되는 것도 주가를 부양시킬 수 있다.

위에서 언급한 지표들은 동종업계 대비 절대적인 기준과 상대적인 기준 모두를 살펴봐야 한다. 기업의 재무 성과 추이를 파악하기 위해서는 수많은 스크리닝 방법이 있다.

일반적인 재무 성과 스크리닝은 다음과 같다.

- 성장: 기업 가치평가에서 명실공히 가장 중요한 동인이다. 매출과 이익이 지속적으로 성장하는 것은 우량주들의 전형적인 지표이다. 해마다 나오는 소위 성장주들은 투자자들이 전형적으로 즐겨 찾는 종목들이며, 시장에서 밸류에이션 프리미엄을 받기 마련이다. 모든 종류의 성장이 시장에서 환영받지만, 투자자들은 기업 자체적인 유기적 성장을 M&A로 인한 성장보다 더 선호한다.

- 마진: 이익 마진의 확대 또는 감소는 기업 성과에 대한 명백한 신호다. 마진 확대는 가격 결정력, 비용 통제력 및 공급업체 통제력을 나타내는 경향이 있다. 마진 감소는 비즈니스에 중대한 문제가 있다는 경고 신호일 수 있다. 투자자들은 매출 총이익, EBITDA, 영업이익EBIT[4], 순이익 마진에 주목한다.
- 잉여현금흐름 창출: 전문 투자자들은 기업의 현금 창출 능력에 주목하는데, 이는 현금이 유기적 성장 프로젝트에 필요한 자금을 조달하고, M&A, 주주 자본 반환(주주 환원) 또는 부채 상환에 사용될 수 있기 때문이다. 순이익의 의미 있는 비율을 잉여현금흐름으로 전환하는 기업들은 시장에서 높은 평가를 받는다. 관련 핵심 지표로는 잉여현금전환율(잉여현금흐름 대비 순이익 또는 EBITDA)과 잉여현금마진율(잉여현금흐름 대비 매출)이 있다.
- 수익률 지표: 기업이 주주에게 수익을 돌려줄 수 있는 능력을 측정하는 지표다. 이 비율들은 수익성 지표(예: 세후 이자 비용 차감전 이익EBIAT, 세후 순영업이익NOPAT, 순이익)를

---

4. EBIT(이자 및 세전이익)은 종종 기업의 보고 손익계산서상 영업 손익이나 영업 활동으로 인한 이익 금액과 동일하다. EBIT는 EBITDA와 비슷하지만, 감가상각비와 무형자산 상각비를 차감함으로써 기업의 자본집약도를 더 잘 반영한다.

분자에 넣고, 자본(예: 투자 자본, 총자산, 주주 지분)을 분모에 넣어 계산한다. 수익성 지표들은 기업 경영진이 얼마나 효율적으로 자본을 활용하는지를 측정한다. 이상적으로, 기업의 투하자본수익률은 자본 비용보다 커야 하며(4단계 참고), 이는 기업이 주주에게 초과 수익을 제공할 수 있음을 나타낸다.

- 자본 구조: 자본 구조는 다양한 방식으로 주가를 견인한다. 대차대조표 역량은 성장 프로젝트, M&A, 주주 환원에 사용될 수 있다. 또한 2008~2009년 금융 위기(일명 '대침체')에서 투자자들이 배운 바 있듯 어려운 시기에 자금 지원과 유동성을 제공할 수 있다. 주요 지표로는 부채 대비 EBITDA(레버리지), EBITDA 대비 이자 비용(커버리지)이 있다.

M&A

M&A는 일반적으로 기업을 인수하거나 매각하는 활동을 의미한다. 다른 기업의 전체 또는 일부를 인수하는 결정은 다양한 요인의 영향을 받는다. 신제품, 고객, 최종 시장 또는 지역을 통해 기존 플랫폼을 개선하고 성장시키는 것이 M&A의 주 목적이다. M&A를 통해 완전히 새로운 사업 라인으로 확

장하는 경우도 있다. M&A를 통해 기업을 키우는 것은 종종 아무 기초 없이 새로운 사업을 시작하는 것에 비해 비용이 적게 들고, 빠르며, 안전한 옵션으로 여겨진다.

M&A를 중심으로 투자 기회를 모색하는 방식은 설득력이 있다. 규모가 있는 신규 거래를 찾아보는 게 좋은 출발점이다. 이를 통해 현재 M&A가 진행되고 있는 사업 부문을 찾으면, 잠재적인 인수 기업이나 피인수 기업 모두 흥미로운 투자 기회가 될 수 있다. 잠재적인 인수 기업 투자 기회를 찾는다면, 특히 52주 신저가에 거래되고 있거나, 동종업계 대비 배수가 낮은 가격에 거래되는 피인수 가능성이 높은 기업에 주목한다. 인수 기업에 투자하려는 경우, 과거 M&A를 잘 진행한 경력이 있는 검증된 경영팀을 가진 기업들이 돋보일 것이고, 특히 현금이 풍부하거나 레버리지가 낮은 경우 더욱 그렇다.

다만, 반드시 기억할 것이 있다. M&A는 실적이 뒤죽박죽이다. 전형적인 함정으로는 과다 지불, 잘못된 전략적 배팅, 양립할 수 없는 두 기업 문화, 대차대조표의 레버리지 과다, 기업 통합 과정의 실패 등이 있다. 이런 M&A의 함정들은 각 기업의 가치를 하락시킬 수 있으며, 여러 함정에 동시에 빠지는 경우 더욱 파괴적이기에 각별히 주의해야 한다.

M&A 중심의 투자를 할 때 구체적 전략은 다음과 같다.

- 혁신적 거래: 인수 기업이 규모가 크고 전략적으로 시너지를 낼 수 있는 거래.
  - 주요 스크리닝 사항: 최근 발표되었거나 완료된 M&A 중 구매 가격이 인수 기업의 거래 전 기업 가치의 최소 10% 이상.
- 산업 통합: 잠재적으로 피인수 기업과 인수 기업의 주가 모두의 상승이 기대되는 산업 부문.
  - 주요 스크리닝 사항: 산업 거래의 규모, 건수와 딜의 규모 모두로 찾아볼 것.
- 인수당할 수밖에 없는 기업: 논리적이고 전략적인 바이어나 PE가 참여하는 기업.
  - 주요 스크리닝 사항: 밸류에이션 배수가 낮거나 52주 신저가에 근접하게 거래되는 단일 사업 기업인지 확인.
- 검증된 인수 기업: 기업 가치를 증가시키는 성공적인 거래 기록을 가진 경영팀.
  - 주요 스크리닝 사항: 거래 규모나 금액을 봤을 때 적극적인 인수 기업인지 여부. 종종 대규모 현금 보유량 또는 낮은 부채 비율과 같은 주요 대차대조표 매트릭스를 갖고 있다.

혁신적 거래

혁신적 거래는 거래 규모나 전략 혹은 둘 모두에 의해 정의될 수 있다. 혁신적 거래는 인수 기업의 전략적 방향뿐 아니라 매출과 이익 측면에서 큰 변화를 가져온다. 또한 비용 절감과 성장 기회를 가져오기 때문에 높은 시너지를 창출하는 경향이 있다. 때로는 혁신적 거래를 통해 인수 기업의 밸류에이션 적용 배수가 높아져 시장에서 기업 가치 재평가가 일어나기도 한다.

투자자는 발표된 혹은 완료된 거래 중 특정 기준을 넘는 M&A 거래를 스크리닝해야 한다. 다음으로 각 인수 기업의 언론 보도와 IR 행사를 검토해야 한다. 이런 자료들은 일반적으로 해당 M&A 거래의 내용, 시너지 금액, 이익 증가치(계산의 근거가 된 가정들), 그리고 거래로 인한 전략적 이점이 무엇인지 정보를 제공한다.

기업의 공시 범위와 무관하게, 결국 해당 M&A 거래의 재무적, 전략적 이점에 대한 자신만의 가정과 평가를 해야 한다. 그리고 이를 거래의 양적 효과를 분석하는 이익증가(희석) 모델에 반영해야 한다(4단계 참고). 투자자들은 이상적으로 견적 기준에서 10% 이상 EPS나 FCF/S가 증가하는 M&A 거래에 환호한다.

2016년 8월, 스키 리조트 운영 기업 베일 리조트Vail Resorts는 경쟁사인 휘슬러 블랙콤Whistler Blackcomb을 12억 달러에 인수했다(EV/EBITDA 13배 혹은 시너지를 반영한 기준으로 9배). 이 거래는 베일 리조트의 당시 기업 가치 58억 달러에 비하면 상당한 규모의 거래였다. 해당 M&A 이후 시너지 창출로 인해 자연스럽게 EPS가 증가했다.

휘슬러는 북미 지역에서 가장 상징적인 리조트 기업이었고, 오랜 기간 재무 성과가 건전했다. M&A 거래로 인해 베일은 기존의 강력한 산악 지대 네트워크를 캐나다 시장까지 확장시킬 수 있었고, 이를 통해 연중 운영되는 비즈니스 전반의 계절적 요인을 일부 완화시킬 수 있었다.

즉각적인 수익과 비용 시너지, 시즌권 사용 증가, 모범 사례 공유의 조합은 시장에서 박수를 받았다. 베일의 주가는 M&A 소식 발표에 8%가 뛰었다. 2년 후, 베일 주주의 부는 배로 늘었다. 엄청난 수익을 가져다 준 것이다.

산업 통합

통합이 일어나고 있는 산업 부문은 M&A 테마에 비옥한 터전이 된다. 잠재적인 인수 기업과 피인수 기업 모두 기업 가치 상승에 대한 기대감으로 주가가 오를 수 있다. 이로 인해 잠재적인 윈-윈 상황이 발생한다. 수익 극대화를 위해서는 통합 과정 초기에 투자를 시작하는 것이 이상적이다.

새로 발표된 혹은 마감된 거래를 스크리닝한 뒤, 산업 별로 정렬하는 것이 좋다. 거래 활동이 활발한 산업이라면 실제로 M&A가 일어날 가능성이 높다. 다음 분석 절차는 해당 산업 내에서 가장 거래 가능성이 높은 기업을 찾는 것이다. 이를 위해서는 인수될 가능성이 높은 기업과 인수 기업에 대한 깊은 이해가 필요하다.

대표적으로 M&A 어젠다를 명시하고 현금 보유량이 넉넉한 검증된 인수 기업이 있을 수 있다. 또한, 최근 인수 대상을 놓쳐서 다른 인수 대상을 찾고 있는 기업을 찾아볼 수 있겠다. 다음으로 이 기업들이 목표로 하는 피인수 대상 기업의 적정성과 시너지에 대한 심층 분석을 수행할 수 있다.

명확한 타깃 기업들은 잠재적인 합병 대상 후보로서 매력적인 밸류에이션과 전략적 적합성을 갖추고 있다. 사회적 및 거버넌스 이슈들 또한 중요하다. 이 인수 대상 기업에 행동주의 주주가 있는가? 기업 이사회와 경영진이 기업 매각을 지지할 것인가?

글로벌 양조 산업은 흥미로운 사례이다. 2000년 초반, 글로벌 양조 시장에는 많은 기업들이 있었고, 상위 5개 기업의 시장 점유율 합이 25%에 불과했다. 10년 뒤, 십여 건의 상당한 규모의 M&A를 겪은 후, 상위 5개 기업의 시장 점유율은 50%를 훌쩍 넘기게 되었다. 이 과정에서 인수 기업과 피인수 기업들 모두 엄청난 수익을 올렸다. 대표적인 M&A 사례로는 인베브InBev가 2008년 앤호이저-부쉬Anheuser-Busch를 610억 달러에 인수한 건과 SAB밀러SABMiller가 2011년 포스터Foster를 미화 120억 달러에 인수한 건이 있다. 이 두 개의 글로벌 거대 양조 기업들은 2016년에 서로 합병하여 시가총액 2,000억 달러의 기업이 되었다.

인수당할 수밖에 없는 기업

전통적인 M&A 투자 전략은 인수당할 수밖에 없는 후보자를 찾는데 중점을 둔다. 규모를 키우려는 대기업 경쟁자가 있는 기업들이 최우선 후보다. 업계 내에서 다른 기업에 손쉽게 통합될 수 있는 고유 자산 또는 기술을 보유한 기업도 마찬가지이다.

단일 사업을 영위하는 소규모 기업인데도 보통 기업들의 밸류에이션이거나 52주 신저가 근처에서 거래되고 있는 경우 분명한 타깃이 된다. CEO가 은퇴를 앞두고 있으며 후한 퇴직금을 받는 경우 더 타당성이 있다.[5] 또는, 주가가 충분히 저렴하거나, 사모펀드의 관심을 끌기에 충분한 잉여현금흐름을 창출하는 기업이 있겠다.

하지만 손뼉도 마주쳐야 소리가 나듯, 인수 기업에 대한 이해도 필요하다. 현재 타당한 매수자 후보들이 인수 준비가 되어 있는가? 규모 있는 M&A가 가능할 정도로 해당 기업의 대차대조표가 건전한가? PE가 관심을 가질 만한 기업인가?

검증된 인수 기업에 투자하는 것도 효과적인 전략일 수 있겠지만, 인수 대상 기업을 사는 것이 더 안전하다. 역사적으로 볼 때, 상장 기업이 인수되는 경우 프리미엄은 평균 30~40%였다. 입찰 전쟁이나 적대적 인수 같은 경우에는 프리미엄이 훨씬 높다. 인수 대상 후보를 제대로 고른다면 단기에 큰 수익을 얻을 수 있다.

전직 투자 은행가들은 M&A의 메커니즘과 역학, 동기를 잘 이해하기 때문에 이 방면에서 유리하다.

2016년 3월, 셔윈 윌리엄즈Sherwin-Williams가 발스타Valspar를 주당 113달러에 전액 현금 거래로 인수하여 글로벌 페인트 코팅 시장에서 가장 규모가 큰 기업이 되었다. 이는 발스타의 주가에 41% 프리미엄이 붙은 가격이었으며, 사상 최고가 기

---

5. 시니어 경영진의 나이와 연봉 패키지는 SEC에 기업이 매년 제출하는 참고서류proxy statement
에 나와 있다.

준으로도 28%나 높은 가격이었다. 부채 가정을 포함하여, 총 인수가액은 113억 달러였다(EV/EBITDA 15배 또는 시너지 조정 기준 11배).

규모가 중요한 산업 특성상 업계 5위 글로벌 코팅 생산 업체인 발스타를 인수할 수 있는 적당한 후보들이 여럿 있었다. 브랜드 포트폴리오, 강력한 아태 지역 노출, 혁신과 기술 전문 지식의 역사를 보유한 발스타는 굉장히 매력적인 인수 대상이었다. 즉, 투자자가 지지할 만한 자연스런 인수 대상 후보를 찾는 데 필요한 조건은 모두 갖춰져 있었다.

셔윈 윌리엄즈의 경우, 이 거래로 제품 라인을 보완하고 기업의 능력을 배가시키는 동시에 고객 기반과 지리적 노출 또한 다양화시켰다. 재무적 관점에서 보면, M&A의 시너지 효과가 높았고 EPS가 20% 증가했다. 셔윈 윌리엄즈 주주들은 M&A 발표일부터 2019년 말까지 115%의 수익을 얻었고, 이는 같은 기간 S&P 500 수익률의 2배 이상이었다.

검증된 인수 기업

검증된 인수 기업이란 기업 가치를 증가시키는 거래에 성공한 이력이 있는 기업을 뜻한다. 좋은 시기에는 M&A로 인해 기업의 탄탄한 성과가 배가 될 수 있다. 어려운 시기를 겪고 있었다면, M&A가 매출과 이익 역풍을 상쇄하는 데 도움이 될 수 있다.

검증된 인수 기업들은 종종 M&A를 발표할 때 거래가 이루어진다. 이 기업들은 내부에 유능한 CEO와 어떤 경우는 전직 투자 은행가 출신인 M&A 전문가들을 보유하고 있다. 전형적인 방식은 현재 마진이 낮지만 경영 방식 변화를 통해 개선 가능성이 있는 동종업계 다른 기업을 인수하는 것이다. 검증된 인수 기업들은 이미 시간을 들여 검증한 타사 통합 계획을 자산으로 갖고 있다. 이 계획을 가지고 타사를 성공적으로 인수·통합시키고, 구매 원가 이상의 부가가치를 창출한다.

멕시코 시티에 본사를 둔 글로벌 화학 기업인 멕시켐 SAB(Mexichem SAB)가 전신인 오르비아어드밴스 코퍼레이션 SAB(Orbia Advance Corporation SAB)는 2007년 초 일련의 전략적 인수 절차를 시작했다. 다운스트림 비즈니스를 키우고 지리적 다각화를 꾀하려는 이니셔티브의 일환으로, 멕시켐은 그루포 아만코(Grupo Amanco), 알파개리(AlphaGary ltd), 와빈(Wavin), 듀라라인(Dura-Line ltd)을 몇 년에 걸쳐 인수했다. 이 M&A 중심의 전략은 주주에게 큰 이익을 안겨준다는 것이 입증되었다. 2014년 가을쯤, 멕시켐의 주가는 7달러에서 56달러로 급등하여 8년만에 약 8배의 수익을 올렸다.

그렇다면 여기서 문제점은 무엇일까? 기업을 연속으로 인수하는 기업에 투자하는 것이 그저 좋기만 한 것일까? 여기에도 몇 가지 위험이 있다. 먼저, 이 전략은 실행 가능한 인수 대상 기업들이 많이 있어야 한다. 또한, 우호적인 차입 금융 시장을 사용할 수 있느냐가 관건이다. 거기에다, 이렇게 연속적인 인수를 하는 기업의 근본적인 재무 성과를 신뢰할 수 있을 정도로 분석하는 것은 다양한 변수가 있는 상황에서 어려울 수 있다. 마지막으로, (M&A 이벤트가) 검증된 인수 기업의 주가에 이미 완벽하게 반영되었을 수도 있다. 어쩌면 연속적으로 성공적인 M&A에 대한 투자자들의 기대치가 너무 높아서 실망할 가능성도 있다.

기업 분할과 사업부 매각

기업 분할은 모회사가 기업공개를 하거나 한 사업 부문의 주식(분할 신설 회사)을 기존 주주들에게 배분할 때 발생한다. 분할 후 신설된 회사는 모회사와는 독립적으로 독자적인 경영팀, 이사회, 주주를 갖게 된다. 기업 분할은 경제 신문(금융 언론 매체)의 헤드라인 뉴스감이므로 쉽게 검색할 수 있다.

기업 분할은 주식 투자자에게 수익을 가져다 줄 수 있다. 결국 사업 부문을 분리한다는 전제는 주주 가치를 올리겠다는 것이다. 개별 사업 부분의 내재 가치의 합은 분할 전 통합된 기업의 가치보다 더 커야만 한다. 그렇지 않다면, 왜 굳이 번거롭게 비용을 들여 분할을 하겠는가? 비핵심 사업 부문의 매각 또는 분리 역시 같은 논리가 적용된다.

기업 분할을 하게 되면, 모회사와 신설 분할 회사 모두 의미 있는 주가 상승 잠재력이 생기며, 각기 다른 기업으로 평가되어야 한다. 모회사의 경우 주력 사업이 아닌 소외되었던 사업 부문을 털어냄으로써 재평가받을 수 있다. 분할 신설 회사의 경우, 종종 펀더멘털이 약하거나 자본이 부족하면 분할이 더 큰 기회가 될 수 있다. 일반적으로, 분할 회사 주식은 주주 기반이 뒤집어 지면서 즉각적인 매도 압력을 받는다. 자산 규모가 큰 매니저들은 규모가 작은 비유동성 주식을 피하는 경향이 있으므로, 분할 회사 주식을 포기한다.

더군다나, 새로 독립한 분할 신설 회사의 밸류에이션은 전반적인 정보와 관심 부족으로 낮게 평가되는 경향이 있다. 새로 상장된 기업들은 자체적인 과거 데이터가 없어 검증되지 않았다는 이유로 할인된 가격에 거래되곤 한다. 분할 신설 회사가 스몰캡인 경우에, 초기에 리서치 범위가 제한되는 경향이 있다. 이러한 근거 없는 매도 압력, 밸류에이션 할인, 정보 비대칭 같은 요소가 설득력 있는 시나리오가 될 수 있다.

사업부 매각의 경우, 투자 기회는 모회사에 있다. 결국 비주력 사업이나 실적이 저조한 사업부를 매각하는 주된 동기는 가치 창출을 위함이다. 이것은 고전적인 '빼기로 더하기' 수법이다. 덜 중요한 사업부를 매각함으로서 제품 믹스가 개선되어 시장에서 적정 배수로 재평가될 수 있다. 사업부 매각 대금을 더 높은 가치의 이니셔티브나 부채 상환을 위해 쓰는 것 또한 주가에 긍정적 영향을 미친다.

2010년 7월, 노스롭 그루만Northrop Grumman은 현재 헌팅턴 잉걸스Huntington Ingalls로 거래되고 있는 해군 조선 사업부의 매각 또는 분할을 추진 중이라고 발표했다. 당시 업계는 국방비 삭감이 예상되어 상황이 좋지 않았다. 또한, 노스롭 그루만은 동종업계 대비 크게 할인된 가격에 거래되고 있었다.

다행히 노스롭 그루만과 헌팅턴 잉걸스 모두 정부가 예산을 삭감하기 어려운 '중대한 미션mission critical' 플랫폼 분야에 강점이 있었다. 노스롭 그루만 주가는 당시 50달러였다. 2019년 말에 주가는 344달러에 도달했다. 배분받은 헌팅턴 잉걸스 주식을 보유하고 있었던 노스롭 그루만 주주들은 40달러 이상의 부가가치를 실현했다. 이는 주당 내재 가치가 400달러에 가깝게 실현된 것이며, 거의 600% 수익률 또는 연간 기준 20% 이상의 수익률을 의미한다.

구조조정과 턴어라운드

구조조정이란 기업이 파산이나 이와 유사한 조직 변동을 겪은 상황을 뜻한다. 이런 기업들의 소유주는 보통 기업의 채권자나 주주, 혹은 새로운 신용 및 부실 펀드 투자자다. 이들 중 다수는 기업이 재정난을 겪을 당시 회사채를 구입했다가 주식으로 전환하면서 주주가 된 경우다. 그렇기에 이들은 낮은 가격에 매입하여 보유하고 있는 지분을 결국 매도하거나 상장 및 재상장을 통해 수익 실현할 의도를 가진 사람들이다.

재상장, 즉 파산했거나 상장 폐지되었던 상장 기업이 공식 기업공개 없이 다시 거래소에 올라왔을 때, 이 주식들은 과거 문제 때문에 시장에서 소외되거나 오해를 받는 경향이 있다. 그런 의미에서 파란만장한 과거를 가진 것만 제외하고는 기업 분할과 성격이 비슷하다. 그리고 기업 분할과 마찬가지로, 스크리닝이 쉬우며 종종 흥미로운 투자 기회를 제공한다.

이들 기업 중 다수는 탄탄한 사업 기반을 갖고 있다. 구조조정은 과도한 부채 수준, 일회성 쇼크/이벤트 또는 경영 실패로 야기될 수 있다. 이런 문제의 해결책은 원인에 따라 다르다. 과도하게 공격적인 자본 구조는 대차대조표 정리를 통해 해결 가능하다. 경쟁력이 낮은 비용 구조는 전사적인 비용 절감 프로그램으로 해결할 수 있다. 잘못된 경영은 새로운 경영 방식으로 바로잡을 수 있다. 그러나 사업 모델의 근본적인 결함은 아주 조심스럽게 다루어야 한다.

공식적인 파산 및 구조조정 이외에도 턴어라운드 상황이 존재한다. 넓은 의미에서 문제 기업에게는 극적으로 개선될 수 있는 가능성을 파헤치고 탐색할 기회가 있다. 턴어라운드는 대부분 새로운 CEO나 행동주의 주주들이 주도하게 된다. 기업 외부자는 종종 신선한 아이디어와 대담한 리더쉽을 통해 변화를 일으킨다.

카지노 운영업체인 트로피카나 엔터테인먼트Tropicana Entertainment는 구조조정과 턴어라운드의 모범 사례다. 2007년 1월 콜롬비아 서섹스Columbia Sussex는 트로피카나를 28억 달러에 매수했고, 이후 부채 비율이 높아진 상태로 대침체를 맞게 되었다. 1년이 채 지나지 않아, 트로피카나는 과감한 비용 삭감과 정리 해고를 시도했고, 이를 과하다 여긴 뉴저지 주 규제 당국은 애틀란틱 시티에서 트로피카나의 사업 자격을 박탈시켰다. 악화되는 시장 여건, 높은 부채 비율, 운영상 실수로 인해 2008년 5월 트로피카나는 파산 신청을 하기에 이르렀다.

그러나 트로피카나라는 상징적인 브랜드와 카지노 자산은 결코 죽지 않았다. 여러 방면에서 트로피카나는 '좋은 기업,

나쁜 대차대조표'의 전형적인 사례였다. 챕터 일레븐 기간 동안 회사는 거의 25억달러의 부채를 털어내고, 게임 라이센스를 성공적으로 갱신했다. 2010년 3월, 트로피카나는 칼 아이칸Carl Icahn으로부터 2억 달러의 지원을 받아 파산에서 벗어났다. 2010년 11월, 트로피카나는 주당 14달러에 장외 시장에 재상장되었다.

그로부터 몇 년간 트로피카나는 리노베이션, 업그레이드, 호텔 객실 개선과 리조트 편의시설 추가 등 신규 및 기존 자산에 대대적 투자를 감행했다. 또한 2014년 중요한 M&A 거래를 성사시켜, 미주리주 세인트루이스의 루미에르 카지노를 2억 6,000만 달러에 인수했다. 2018년 EBITDA는 파산 신청 당시 약 4,500만 달러에서 거의 2억 달러까지 개선되었다.

이 이야기는 2018년 4월 트로피카나의 보유 부동산을 게이밍 앤드 레저 프로퍼티스Gaming and Leisure Properties에 매각하고, 게임 및 호텔 운영 사업부를 엘도라도 리조트Eldorado Resorts와 합병시켜 총 18억 5,000만 달러를 벌어들이며 끝이 났다. 이로 인해 트로피카나의 주가는 73.50달러가 되었고, 재상장 이후 425% 수익률 또는 연간 기준으로는 23% 수익률을 기록했다.

또 다른 주목할 만한 턴어라운드 사례는 차터 커뮤니케이션Charter Communications이 있다. 2011년 12월, 경쟁 압력에 직면하고 있으며, 최근 파산하여 자본 부족에 시달리는 케이블 회사였던 차터 커뮤니케이션은 톰 러틀리지Tom Rutledge를 새로운 CEO로 영입했다고 발표했다. 러틀리지는 동종업계인 케이블비전Cablevision 출신으로 그곳에서 업계 최고 수준의 운영 실적을 내고, 잉여현금흐름을 약 -3억 7,500만 달러에서 +6억 8,500만 달러로 끌어 올렸으며, 10%대 후반의 연간 수익률을 기록한 전력이 있었다. 차터 커뮤니케이션 주가는 새로운 CEO 소식이 호재로 작용해 발표 당일 5% 상승했다.

러틀리지의 지휘하에 차터는 즉시 네트워크 개선을 위한 자본 투자 프로그램에 착수했다. 또한 가격 책정 계획을 단순화하고 고객 서비스 개선에 집중했다. 1년 만에, 차터는 높은 가치 증가가 예상되는 볼트온 인수를 발표했고, 그로부터 약 2년 뒤 타임 워너 케이블Time Warner Cable과 브라이트 하우스 네트웍스Bright House Networks을 동시에 인수했다. 러틀리지의 채용 소식이 발표된 날 차터 커뮤니케이션에서 투자 기회를 발견한 투자자들은 거의 675%의 수익을 얻었으며, 2019년 한 해 연간 수익률은 약 30%였다.

구조조정 및 파산과 마찬가지로 잠재적인 턴어라운드도 각별한 주의가 필요하다. 트로피카나와 차터의 성공 스토리는 극히 예외적인 사례다. 어려운 기업의 상당수는 턴어라운드에 실패한다. 사실 어려움을 겪는 기업들은 종종 악화되어 만성적인 실적 저하에 시달리거나 파산까지 이르기도 한다.

자사주 매입과 배당

효율적인 자본 배분을 하는 기업은 시간이 지날수록 동종업계 대비 성과가 좋은 경향이 있으며, 이런 기업이 규모 있는 자사주 매입을 승인하거나, 큰 배당 발표를 하게 되면 주가 상승의 촉매제로 작용하게 된다. 경쟁력 있는 내부적인 성장 프로젝트가 딱히 없는 부진한 기업이라면 현금을 그냥 쌓아두거나 원칙 없는 M&A를 추진할지도 모른다.

흥미로운 자사주 매입 상황이 일어날 기업을 찾으려면, 먼저 대규모 자사주 매입을 승인한 기업을 스크리닝해야 한다(예: 시가총액 5% 이상). 이는 경영진이 해당 기업 주가가 저평가되었다고 생각함을 암시하는 것일 수도 있기 때문이다. 적어도 그 기업의 전망을 밝게 본다는 메시지를 시장에 전달한다. 물론, 단순히 자사주 매입을 발표하는 기업이라고 해서 당장 투자해도 된다는 뜻은 아니다.

먼저, 경영진의 과거 자사주 매입 사례를 검토해야 한다. 해당 기업이 과거에 매력적인 가격으로 자사주를 매입한 적이 있는가? 이를 통해 의미 있는 가치 창출이 있었는가? 실적 기대나 가이던스를 충족하는 매커니즘이었는가? 임직원에게 제공한 주식 보상 관련 희석 효과를 상쇄하려는 목적이었나?

최초로 자사주 매입을 하는 경우는 면밀한 조사가 필요하다. 기업이 실제로 승인된 그대로 진행할 것인가? 경영진이 해당 기업의 주가가 저평가되었다고 생각하는 것인가, 자사주 매입이 매력적인 성장 프로젝트를 찾기 어렵다는 신호인가? 만약 후자라면 향후 수익 둔화나 여러 가지 압박 상황을 맞을 수 있으므로 주의해야 한다.

또한 자사주 매입 스크리닝을 할 때는 일정한 기간(예를 들어, 직전 3~5년)동안 상당한 주식 수 감소가 있었던 기업인지에 중점을 두어야 한다. 성공적으로 자사주 매입을 한 기업은 주가가 오르는 경향이 있다.

위성 라디오 기업인 시리우스Sirius XM는 체계적인 자사주 매입을 통해 일정 기간 후 상당한 주주 가치를 창출했다. 2013년부터 2018년까지 시리우스는 1,080억 달러의 주식을 재매입했으며, 연평균 18억 달러어치씩 자사주를 사들였다. 시리우스의 시가총액은 2012년 12월 최초로 자사주 매입을 발표했을 당시 150억 달러에 불과했다. 이러한 공격적인 자본 반환을 통해 시리우스의 FCF/S는 연평균 성장률 20% 이상 증가했다. 이에 따라 시리우스 주가는 2012년말 2.79달러에서 2018년 중반 7달러를 넘어섰다.

배당금의 경우, 통상적으로 목표 수준(예: 2.5%) 이상의 배당 수익률을 가진 주식을 스크리닝한다. 배당 수익률이란 기업의 주당 연간 배당금을 주가로 나눈 값이다. 주가가 50달러이고 주당 배당금이 1.25달러라면 기업의 배당 수익률은 2.5%이다. 기업의 배당 수익률이 낮은 편이며(예: 1% 이하) 앞으로 배당이 크게 증가할 가능성이 높지 않은 기업은 매력이 없다. 반면에, 꾸준하게 배당이 늘어나는 주식들은 칭송을 받는다. 최소 25년 연속 배당금을 증가시킨 기업들은 '배당 귀족'이라고 불린다.

검증된 배당 챔피언을 타깃으로 정하는 것이 일반적인 전략이지만, 그 반대라도 기회는 있다. 즉, 지금껏 배당을 아껴서 현금이 풍부하거나, 차입이 적은 기업들을 보는 것이다. 이런 기업들이 앞으로 배당을 시작하거나, 배당 수익률을 크게 늘릴 가능성도 주목할 만하다. 그러나 연간 배당금이 연속적으로 잉여현금흐름을 초과하거나, 특히 추가 차입으로 이 공백을 메우는 기업들은 조심해야 한다.

기업공개

기업공개란 주식 시장 투자자에게 기업을 처음 소개하는 것을 뜻한다. 기업공개 예정 기업들은 상대적으로 비즈니스 모델의 강점과 재무 성과가 아직 베일에 쌓여 있는 경향이 있다. 더욱이 처음 주식 시장에 소개된 기업은 10일간의 '침묵 기간(IR 중단 기간)'[6]이 끝날 때까지는 증권사의 리서치 대상이 되지 못한다. 이러한 정보와 시간 차이를 잘 이용하면 다른 투자자들과 차별된 기회를 잡을 수 있다.

또한, 신규 상장된 기업들은 종종 동종업계의 기업 내재 가치 대비 상당히 할인된 가격에 거래가 된다(일반적으로 15%이상 할인율이 적용된다). 할인된 주가는 투자자들이 '실제 그 기업을 제대로 이해'할 수 있을 때까지 완충 역할을 한다.

기업공개 시점에서의 정보 불일치는 시장에 명확한 비교 대상이 없는 후보 종목들의 경우 가장 심하다. 이 경우 조금만 추가적인 노력을 들인다면 보상을 받을 수 있는데, 일반 투자자들은 시장에 명확한 밸류에이션 비교 대상이 없는 기업에 투자하길 꺼리기 때문이다. 물론, 시장에서 이 기업이 향

---

6. SEC에서 규정한 침묵 기간은 10일이지만, 대부분 은행들은 여전히 직전 25일을 고수한다. 채권 발행액이 10.7억 이하인 기업들, 또는 신흥 성장 기업들은 대상에서 제외된다. 침묵 기간은 상장에 참여하지 않은 은행들에게는 적용되지 않는다.

후 어떻게 평가될지 모른다는 점에서 분명히 리스크는 있다.

앞서 소개했던 델파이 사례로 돌아가보면, 2011년 11월 기업공개 당시 주가가 22달러라는 것은 2013E[7] EV/EBITDA가 3.5배, P/E가 5배, FCF 수익률이 거의 15%임을 의미한다. 이는 당시 자동차 부품업계의 구조적 성장주들이 EV/EBITDA 6배, P/E 11배 및 7.5% FCF 수익률로 거래되고 있음을 고려할 때(4단계, 표 4.3 참조), 상당히 할인된 것을 알 수 있다. 오히려 델파이 주가는 시장에서 자동차 생산량의 영향을 받는 소위 '생산 연계주'들과 유사한 수준으로 책정되었다.

델파이의 영업 활동이 진행되면서, 시장은 델파이를 신제품 채택, 차량당 콘텐츠 증가 및 수익 가속화와 연계된 강력한 구조적 조정주로 인식하기 시작했다. 이로 인해, 과거 파산기업이라는 낙인은 희미해지고, 신규 투자자들이 영입되었다. 2017년 후반 분할 이전 델파이 주가는 100달러를 넘어섰다. EV/EBITDA 및 P/E, FCF 수익률은 각각 약 12배, 18배, 4%로 개선되었다. 어떻게 이런 결과가 나타나게 되었는지는 다음 단계에서 좀 더 자세히 살펴보기로 하자.

---

7. E는 전망치를 뜻한다.

내부자 매수와 소유

기업의 고위 경영진은 어느 누구보다 기업의 사업 활동 및 전망에 관해 탁월한 통찰력을 지녀야 한다. 이는 그들의 본업이자, 말 그대로 매일 하루 종일 이것을 고민하라고 월급을 받는다. 따라서 경영진이 자기 회사 주식을 사고파는 행위는 투자자들에게 언제 해당 주식을 사거나 팔아야 할지 힌트가 될 수 있다. 피터 린치는 다음과 같이 지적했다. "내부자들이 주식을 매도하는 이유는 여럿이지만, 매수하는 경우 이유는 단 한 가지다. 가격이 오를 거라 생각하기 때문이다."

미국에서는 상장 기업 임원 및 이사의 주식 소유권이 바뀔 경우, SEC 양식4를 제출하도록 의무화하고 있다. 이런 이벤트가 발생할 때 주식 알림을 받도록 신청해두어야 한다. 규모가 큰 주식 매수/매도건은 주요 금융 뉴스와 비즈니스 간행물에도 실린다. 내부자 매수는 전형적인 호재인 반면, 대량 매도는 그 기업에게 앞으로 닥칠 시련을 예고하기도 한다.

제이피모건 J.P. Morgan CEO인 제이미 다이먼 Jamie Dimon은 자사주 매수의 달인이다. 2009년 1월 그는 1,150만 달러를 들여 주당 평균 23달러에 제이피모건 주식 50만 주를 매수했다. 당시 글로벌 금융 위기가 진행되고 있던 상황 속에서 자사주 매입 소식은 비즈니스 뉴스의 헤드라인을 장식했고, 이는 지난 2년 동안 50% 이상 빠진 제이피모건 주식에 대한 자신감으로 해석되었다. 제이미 다이먼의 자사주 매수 이후 1년 동안 주가는 90% 상승했다. 이를 주목해 그를 따른 투자자들은 단 1년 만에 거의 2배의 돈을 벌었다.

마찬가지로, 2012년 7월 유로존 재정 위기 당시, 제이미 다이먼은 다시 개인 돈 1,700만 달러를 들여 주당 34달러에 추가로 제이피모건 50만 주를 매수했다. 그로부터 1년 후, 제이피모건 주가는 60% 뛰었다. 그리고 나서 2016년 2월 중국발 우려와 유가 급락으로 인해 시장이 하락세일 때, 제이미 다이먼은 다시 개입했다. 2,650만 달러를 들여 50만 주를 매입한 그는, 제이피모건 주주뿐만 아니라 더 넓게는 시장 전체를 안심시켰다. 1년 뒤, 제이피모건 주가는 64%가 올랐다. 2019년 말, 제이피모건 주식은 거의 140달러가 되었다. 내부자 제이미 다이먼의 매수를 따라한 투자는 높은 수익을 올리는 것이 입증된 셈이다.

더 나아가서 CEO의 지분율 비중이 높아서 주가가 상승할 때 실질적인 이익을 얻게 되는 기업에 투자하는 것도 하나의 전략이 될 수 있다. CEO의 스톡옵션 행사 가격이 현재 주가보다 상당히 높은 경우도 마찬가지다.

CEO 보상과 주주 수익률이 밀접한 관련이 있다는 것은 직관적으로 알 수 있다. 1970년대 중반 경제학자인 마이클 젠슨Michael Jensen에 의해 처음 널리 알려진 이래, 경영진이 높은 비율의 주식 보상을 받는 것은 일반적인 일이 되었다. 과거 CEO들이 거액의 연봉과 보너스를 받고 '회사와 운명에는 상대적으로 덜 관여하는' 시대가 지나간 것이다.

성공한 투자자와 행동주의 투자자 따라잡기

투자 아이디어를 얻는 또 다른 방법으로 실적이 좋은 투자 그룹들이 제출하는 13-F 양식을 참고할 수 있다. 흔히들 예의 주시하는 포트폴리오들의 예로는 버크셔 해서웨이의 워런 버핏, 아브람스 캐피털의 데이비드 아브람스, 듀케인의 스탠 드로켄밀러, 바이킹 글로벌의 안드레아스 할보센, 바우포스트 그룹의 세스 클라만, 트라이언 펀드 매니지먼트의 넬슨 펠츠, 엘리엇 매니지먼트의 폴 싱어를 들 수 있다. 이런 투자자들은 훌륭한 장기 투자 실적을 갖고 있고, 주식 포지션에 대한 심도 있는 실사를 수행하는 것으로 잘 알려져 있다.

그러나 13-F는 분기 종료일 후 45일까지 신고된다는 점을 명심해야 한다. 즉, 이들이 보유하고 있다고 신고한 종목들 중 일부는 공시일 기점에는 이미 최적 매수 시점이 지났을 수도 있다. 또는 유명한 투자자들이 신고일 기점에는 이미 포지션을 바꿨을 가능성도 있다. 따라서 이들의 최근 투자 종목 중 아직 주가가 오르지 않은 종목을 주목해야 한다.

개인 또는 그룹이 한 기업의 지분 5% 이상 취득하는 경우 10일 이내에 스케줄 13-D Schedule 13-D를, 45일 이내에 13-G를 제출해야 한다. 13-D는 주주가 경영진과 전략적 논의를 함께 하는 수준으로 적극적인 포지션인 경우를 뜻하고, 13-G는 소극적인(패시브) 지분 보유를 뜻한다. 두 양식 모두 주가가 상승할 가능성이 높다는 확신을 나타낸다.

행동주의 투자자들은 한 기업의 변화 담당자 Change Agent로 특정한 상황을 만들려고 한다. 어떤 때는 이미 기존 주주들은 오래전부터 알고 있던 혁신적인 이벤트를 더 가속화시킨다. 이 때문에 기존 주주들은 믿을 만한 행동주의 투자자들이 주주단에 입성하는 것을 반긴다. 행동주의 투자자들은 신규 투자자를 끌어들이기에 주가가 즉각 상승하는 경향이 있다. 장기적 주가 상승 여부는 행동주의 투자자들이 변화 주도에 성공하느냐와 이들의 전략적 움직임 자체의 결과에 달려있다.

2013년 4월 활동가 투자자 밸류액트 캐피털 ValueAct Capital이 20억 달러의 지분을 확보했다는 소식이 발표되었을 당시 마이크로소프트 Microsoft는 주당 30달러 미만에 거래되고 있었다. 밸류액트의 지분율은 발행 주식의 1%도 되지 않았지만,

이들이 변화를 일으킬 것은 분명했다. 지분이 발표된 날 마이크로소프트 주가는 3% 넘게 상승했고, 그후 5월 말까지 주가는 거의 35달러까지 올랐다.

밸류액트가 투자하기 전 마이크로소프트의 주가는 1998년 이래로 전반적으로 정체되어 있었다. CEO인 스티브 발머Steve Ballmer와 회사 전략에 대한 시장의 우려가 불거지고 있었는데, 특히 잘못된 판단으로 보이는 기기 시장 진출과 모바일 컴퓨팅 분야에서 애플과 구글에 비해 뒤쳐지는 상황이 있었다. 2013년 8월 스티브 발머는 은퇴를 발표했고, 밸류액트가 이사회 자리를 확보했다. 드라마틱한 변화가 시작되는 순간이었다.

2013년 9월, 마이크로소프트는 당시 시가총액 4,500억 달러 중 400억 달러의 신규 자사주 매입 프로그램을 승인했으며, 배당금을 20% 이상 높였다. 2014년 2월, 마이크로소프트에 20년 근속한 베테랑 사티아 나델라Satya Nadella가 스티브 발머의 뒤를 이어 CEO가 되었다. 향후 몇 년간 사티아 나델라는 기존 데스크톱 소프트웨어의 비중을 줄이고, 클라우드, 엔터프라이즈 및 모바일 사업 부분에 더욱 집중하는 등 상당한 문화적, 전략적 변화를 추진했다.

나델라의 전략은 마이크로소프트의 재무 성과를 다시 좋게 만들었다. 강력한 상업용 클라우드 성장과 제품 믹스 개선, 엔터프라이즈 비즈니스를 구독 모델로 전환하는 조합은 투자자들로부터 박수를 받았다. 밸류액트가 2018년 1분기 포지션을 정리할 때까지, 마이크로소프트 주가는 200% 이상의 수익률을 기록하며 90달러를 넘어섰다.

물론 다른 투자자 따라잡기를 할 때는 일반적인 주의사항을 지켜야 한다. 투자에 실패한 '헤지펀드 호텔'에 속하지 않도록 집단적 사고는 경계해야 한다. 일부 투자자들은 너무 투자자들이 '몰리는' 거래는 지양하려고 절대 다른 투자자를 따라하지 않기도 한다. 추종자가 있는 투자자들은 자신을 모방하여 투자하려는 사람들 때문에 이득을 볼 수도 있다.

하향식 투자법

하향식 투자법은 거시적 또는 구조적 순풍의 수혜를 받는 종목들을 타깃으로 한다. 이러한 추세를 타는 종목들은 지속적인 수익 성장과 밸류에이션 배수 증가가 나타난다. 이러한 추세가 있을 때에는 경제 상황이 좋지 않거나 시장 충격이 있을지라도 기업의 핵심 산업이 보호받는다. 폭풍우가 몰아치는 시기일지라도, 그 바람을 얼굴에 직접 맞지 않고 등으로 받기를 누구나 바랄 것이다.

거시적 테마의 영향력은 매일 중앙은행 발표와 정책들로 인해 움직이는 시장을 보면 알 수 있다. 투자자들은 특히 미국 연방준비은행, 유럽중앙은행, 일본은행 및 중국인민은행에 주목한다. 거시적 요인들은 대침체 이후 오랜 기간 지속된 증시 호황을 뒷받침했다. 낮은 금리와 통화 완화 정책이 증시를 기록적인 수준으로 끌어올리는 데 도움이 되었다.

변화의 속도가 빠른 요즘 시대에는 구조적 테마들이 넘쳐난다. 이는 구산업과 신산업 모두 마찬가지이다. 하향적 접근을 하는 투자자는 자동차 산업에서 전기차와 자율 주행차 테마 관련 주를 찾아볼 수 있다. 이와 유사하게, 전자상거래, 클라우드, 공유 경제, 소셜미디어 같은 21세기 구조적 테마들은 높은 보상이 입증되었다.

하향식 투자 접근법에서 투자 아이디어는 대부분 구식처럼 보이는 리서치에서 시작된다. 금융, 경제, 특정 산업 관련 미디어 같은 전통적인 뉴스 기사를 읽고 시청하라. 하향적 접근 방식을 가진 투자 전문가들은 현장 학습, 인터뷰 및 전문가와 토론 등 테마 리서치에만 몇 주 또는 몇 달이 걸리기도 한다.

하향적 투자 기술을 제대로 습득하려면 경험과 질적 측면이 중요하다. 거시적 투자 고수들은 직접 경험하고, 과거 사이클과 시장 움직임에 친숙해지면서 기술을 연마한다. 구조적 변화에 중점을 두는 투자자들도 마찬가지다. 그러나 그렇다고 하향식 접근 투자의 핵심 기술들을 아예 책으로 배울 수는 없다는 뜻은 아니다.

먼저, 아래 항목들을 열심히 조사하고 공부해야 한다.

- **경기 사이클, 호황과 불황**
- **경제학과 지정학**
- **구조적 변화**
- **산업 변곡점**

- 경기 사이클, 호황과 불황: 분명한 경기 사이클의 상승주와 하락주 및 반등 직전에 있는 시장에서 소외된 종목들을 식별하는 능력. 과거를 아는 것이 특히 도움이 된다.
- 경제학과 지정학: 연준 정책, 금리, 소비자 데이터, 실업률, 제조업 데이터, 환율, 국내 정치 및 글로벌 지정학적 사건들이 주식에 미치는 영향을 이해하는 것.
- 구조적 변화: 기술, 소비자 선호, 인구통계학, 산업 역학, 규제 제도 관련 예상되는 변화의 수혜주 또는 피해주가 될 수 있는 기업과 산업.

- 산업 변곡점: 산업 매트릭스 및 이들의 변동 사이클. 이는 특정 산업에 특히 영향을 미치는 석유, 구리, 철광석 같은 원자재 가격 변동과도 관련이 있다.

경기 사이클, 호황과 불황

사이클을 확실히 이해하는 것은 투자 기회 포착에 있어 매우 중요하다. 익숙한 사이클 패턴을 잘 이해하고, 이들의 상호 관계를 파악하면, 언제 주식을 사고팔아야 하는지 최적의 타이밍을 알 수 있다. 적어도 시장이 지금 초기, 중기, 후기 중 어느 시기에 해당하는지 알아야 한다. 이를 바탕으로 투자를 하면 된다.

사이클 변동을 살펴보면 투자에 유리하게 사용할 수 있는 공통점들이 있다. 사이클 초기 단계에는 주로 배수가 높았다가 점차 평균 수준이 되며, 수익이 성숙기에 접어듦에 따라 낮아진다. 이는 미래의 수익 성장 기대치와 관련되어 있다. 기대 수익 성장률이 높을수록 배수가 높아지기 때문이다.

때로는, '사이클을 제대로 이해하는 것'이 상향적 투자 작업보다 더 중요할 때가 있다. 아무리 재무 상태가 좋고 막강한 경영팀이 있는 매력적인 종목이라 할지라도, 사이클을 거슬러 투자한다면 소용없다. 1990년 후반의 닷컴 버블 붕괴와

2008~2009년의 대침체 기간에는 블루칩 종목조차 주가에 타격을 입었다.

이상적인 투자 시점은 사이클의 초기 단계다. 이는 특정 산업이나 지역, 국가의 경기 사이클에서도 마찬가지이다. 예를 들어, 대침체를 벗어나던 시기에 북미 자동차 생산량은 과거 최고치에 비해 훨씬 못 미쳤다. 자동차 생산량이 폐기량(그림 1.1 참조) 대비 훨씬 낮았는데, 이는 그동안 자동차 수요가 보류되어 왔다는 것을 명백히 보여준다. 자동차 산업에 경기적 순풍이 불고 있었고, 이는 2011년 델파이에 투자해야 한다는 가설을 세우는 데 주된 기여를 했다. 물론 이 동일한 경기 순

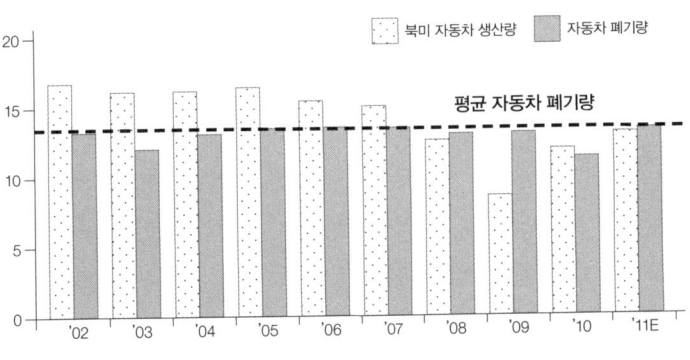

그림 1.1 북미 자동차 생산량 vs 폐기량 (단위: 백만 대)

출처: 자동차 부문 및 바클레이즈 캐피털

풍은 방향이 반대로 바뀔 수도 있었다(이에 관해서는 포스트모템 결과를 참고하라).

산업 사이클과 마찬가지로 국가나 지역의 경기 사이클도 흥미롭다. 글로벌 경제가 점차 연결성이 높아지는 반면, 어느 시점이든 주가가 오르는 기업과 내리는 기업은 항상 있기 마련이다. 신흥 시장은 전통적인 선진국 시장과는 다른 독자적인 흐름이 있다. 미국, 유럽, 일본 같은 선진국 증시들 간에도 성장률과 시장 전망이 극명하게 다를 수 있다.

경제학과 지정학

경제학 및 지정학적 주요 데이터를 통해 미래를 점 치는 일도 투자 아이디어 발굴의 또 다른 방법이다. 이런 데이터는 큰 그림을 그리면서 개별 기업의 정보는 가려질 수도 있다. 금세기의 주식 시장 강세는 주로 대침체 이후 각국 중앙은행들의 완화적 통화 정책이 청신호로 해석되면서 나타났다. 완전고용과 물가 안정을 추구하는 연준의 책무가 저금리로 이어져 주식 투자에 매우 유리한 환경이 조성되었던 것이다.

금리 이외에도 고용 데이터, 임금 통계, 인플레이션, GDP 성장, 소비자 신뢰도 및 조세 정책을 이해해야 한다. 이 지표들은 어느 정도 서로 연관성이 있다. 예를 들어, 임금이 낮거나 취업률이 낮은 경우 완화적 통화 정책이 지속되리라는 것을 시사한다. 반대로, 인플레이션이 가속화되거나 임금이 상승하는 경우에는 연준이 긴축 통화 정책을 펼칠 것을 예상할 수 있다. 마찬가지로 GDP 성장, 소비자 신뢰도, 제조업의 생산량 데이터는 그 자체로 정보를 제공함과 동시에 연준의 정책 행동에 대한 통찰력을 제공한다. 이 모든 거시 데이터들을 조합하여 고려한 뒤 투자를 하는 것이다.

주요 선거, 정권 교체, 군사 분쟁과 같은 국내외 지정학적 사건들도 면밀히 모니터링해야 한다. 무역/관세 정책, 인구 이동, 경제 동맹과 같은 국경을 초월하는 파급 효과들이 보여주듯 전 세계는 실제적으로 서로 연결되어 있다. 미국 증시는 중국, 유럽, 주요 신흥 시장의 영향을 받을 수밖에 없으며, 그 반대의 경우도 마찬가지다.

2016년 2월, 중국의 경제 둔화에 대한 우려로 많은 우량 기업들의 주가가 하락했다. 그해 후반 이들 종목의 주가는 다시 급반등했다. 이처럼, 글로벌 혼란의 시기는 때론 매력적인 매수 시점을 만들기도 한다. 이는 우량주의 경우 더욱 그러한데, 이들 기업의 펀더멘털은 변하지 않았기 때문이다. 2016년 6월 소위 브렉시트 투표로 인해 다시 한번 일시적인 시장 혼란이 야기되었다. 주식 시장은 전반적으로 의미 있는 하락세를 보였지만, 얼마 지나지 않아 주가는 회복되었다.

구조적 변화

구조적 변화는 특정 기업들에게 유리하도록 지속 가능한 순풍을 만들기도 한다. 투자자들은 항상 기술, 소비자 선호, 인구통계학에 관한 중대한 변화가 있는지 살핀다. 이는 모든 산업과 지역 전반에 걸쳐 나타날 수 있다. 그렇다면 이러한 구조적 변화를 어떻게 식별할 수 있을까?

그 비법의 상당 부분은 기본에 충실하는 것이다. 앞서 언급했듯, 성공적인 투자자는 세계에서 어떤 일들이 일어나고 있는지를 예의 주시한다. 이들은 닥치는대로 뉴스를 읽고, 일상 생활을 관찰한다. 온라인 쇼핑의 기하급수적 증가를 생각해 보자. 여행 예약도 이제는 온라인으로 가능하다. 새 차를 구입하면, 다양한 최신 전자 옵션들이 탑재되어 있다. 어떤 기업이 수혜를 받고, 어떤 기업이 피해를 볼 것인가? 이 같은 간단한 관찰만으로도 어떤 주식에 투자할지 생각할 수 있다.

다른 한편으로는 구조적인 변화가 가져오는 파괴적 효과에 주의해야 한다. 아마존과 온라인 거래가 오프라인 소매업을 뒤엎어버린 것을 기억하라. 대체로 거대한 승자가 패자의 몫을 빼앗는 제로섬 게임이 일어난다.

타이밍도 중요하다. 어떤 구조적 변화는 시행되는데 몇 년이 걸릴 수도 있다. 따라서 투자 가설이 맞더라도 타이밍이 어긋날 수도 있다. 해일 같던 변화가 잔물결에 그칠 수도 있다. 그러면서 종목은 주가가 정체되거나 심지어 하락할 수도 있다.

설상가상으로, 해당 구조적 변화가 호재가 아닐 수도 있다. 어떤 기업이 훌륭한 아이디어와 함께 제품 출시를 함으로써 치열한 경쟁이 야기될 수도 있다. 자본력을 가진 후발주자들이 신생 기업을 꺾어버리는 사례는 수도 없이 많다.

이를 염두에 두고 다시 구조적 변화의 승자로 돌아가 보자. 디지털 광고, 스마트폰 및 소셜미디어의 초기에 진입한 투자자들은 알파벳, 애플 및 페이스북과 같은 종목으로 큰 수익을 얻었다. 마찬가지로 동영상 소비의 급격한 변화를 인식하고 넷플릭스에 투자한 사람들도 돈을 벌었다. 앞으로 10년 동안 투자자들은 공유 경제, 자율 주행 및 인공 지능과 같은 다양한 구조적 변화들 가운데서 수익을 얻을 최고의 방법을 모색할 것이다.

산업 변곡점

어떤 투자자들은 특정 산업에만 전문적으로 투자한다. 소비재, 에너지, 헬스케어, 산업주, 기술주 같은 것들이 있다. 이런 전문가들은 해당 산업에 대한 상당한 전문 지식과 네트워크, 데이터베이스를 가지고 트렌드를 읽고 전망을 평가한다. 어느 분야든 전문가가 으레 그렇듯, 이런 통찰력은 일반 투자자들에 비해 유리하게 작용한다.

어떤 산업에서나 특정 데이터는 관련 주식을 시장 전체 대비 불균형하게 움직이게 한다. 자동차 판매는 자동차주 주가를 움직이며, 소매 판매량은 선택된 소비자 브랜드에 영향을 주고, 주택 착공 건수는 주택 건설주들의 주가를 견인한다. 이들은 또한 정도의 차이는 있지만 경제 전반과 연동되는 각자의 변동 사이클을 갖는 경향이 있다.

거시적, 경기적 그리고 구조적 순풍을 맞게 되는 산업을 찾는 것이 이상적이다. 2010~2017년의 미국 케이블 산업을 한번 살펴보자. 케이블은 일반적으로 확장 경기에서 번창하는데, 이는 임의 지출과 부동산 시장에 연동되어 있기 때문이다. 또한 구독 기반 모델과 필수 소비재의 특성을 고려해볼 때, 상대적으로 경기 불황에도 잘 견디는 편이다.

2010년초 거시 경제의 전반적인 회복에 힘입어 케이블 산업에 구조적 추세로 인한 변곡점이 나타났다(그림 1.2 참조). 과거에는 신규 인터넷 가입자 확보를 놓고, 차터 커뮤니케이

그림 1.2 케이블 산업 vs 텔레콤 산업의 브로드밴드 신규 구독자수

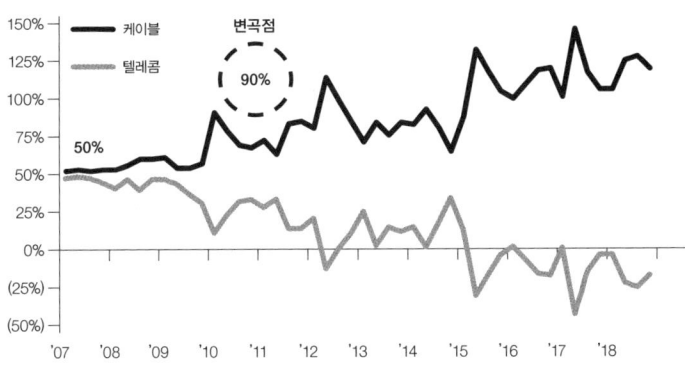

출처: 회사 제출 자료

션즈나 컴캐스트Comcast Corporation 같은 기업들이 AT&T와 같은 전통적인 텔레콤 기업들과 치열한 육탄전을 벌이고 있었다. 그러나 보다 합리적인 가격에 뛰어난 네트워크 신뢰성, 더 빠른 다운로드 속도 덕분에 케이블은 확실한 승자로 부상하기 시작했다. 케이블 종목에 초기 투자한 사람들은 몇 년간 주가 상승 기류를 탄 반면, 통신 산업 종목 투자자들은 실적이 저조했다.

더 광범위하게는 산업 분석을 가지고 포트폴리오의 종목 비중을 조정할 수도 있다. 경기 사이클적으로, 거시적으로, 구조적으로 순풍을 누리는 산업을 선별하고, 역풍을 맞을 산업은 피할 수 있다. 예를 들어, 특정 뉴미디어나 기술 부문의 급성장을 감지했다면 해당 산업주의 비중을 높이고, 피해가 예상되는 산업주는 투자를 피하거나 매도할 수 있겠다.

- 투자 아이디어를 얻으려면 산업 표준을 읽는 것부터 일상 생활에 대한 관찰과 보다 정교한 스크리닝 도구를 사용하는 등 다양한 방법이 있다.
- 상향식 투자 접근법은 개별 기업의 펀더멘털에 집중하는 반면, 하향식 접근법은 거시적, 구조적 테마를 기초로 투자 기회를 찾는다.
- 하향식 투자법은 경제학적, 지정학적 동인뿐 아니라, 경기 사이클과 구조적인 변화까지 주목한다.
- 저평가된 기업, M&A, 기업 분할, 기업공개, 구조조정과 턴어라운드, 자사주 매입과 배당 등에 중점을 두고 투자 종목을 찾아본다.
- 저렴한 종목은 대체로 그럴 만한 이유가 있다. 중요한 것은 시장의 잘못된 이해로 인해 가격이 할인되어 있는 종목들을 찾는 것이다.
- M&A 중심의 접근법은 혁신적 거래, 산업 통합, 인수당할 수밖에 없는 기업, 검증된 인수 기업을 찾는 등 다양한 형태를 띤다.
- 거시적으로, 경기 사이클적으로 그리고 구조적으로 봤을 때 순풍을 탈 수 있는 산업을 찾는 것이 이상적이다.

2단계
최고의 아이디어 선별
템플릿으로 투자 아이디어를 검토하는 법

1단계에서는 투자를 고려할 만한 종목의 목록을 작성하기 위해 투자 아이디어를 개발하는 과정을 설명했다. 하지만 이 목록에는 아마 후보가 수십 개는 적힐 것이다. 그렇다면 어떻게 이 투자 기회들을 체계적으로 분석하고 걸러낼 수 있을까?

전문가들은 체계적인 과정을 통해 투자 후보들을 조기에 가려내어 추가로 고려할 가치가 있는지 평가한다. 이번 단계에서는 이 과정을 도울 수 있는 분석틀과 템플릿을 제공한다. 이 분석틀은 투자 가설, 사업 모델, 경영, 리스크 및 고려 사항, 재무제표와 기업 밸류에이션에 중점을 두고 있다.

투자 아이디어를 추려낼 때, 전문가들은 주로 과거 성공한 종목과 실패한 종목에서 알게 되는 특정 조건 또는 '명확한 기준'을 사용하는 경향이 있다. 이 기준은 규모, 성장성, 수익성, 레버리지 또는 밸류에이션에 관련된 재무적 매개 변수 등이다. 예를 들어, 시가총액 10억 달러 이상, 연간 수익성장율 10% 이상, 레버리지 3배 미만 기업을 기준으로 선별한다.

이와 달리 소비재, 산업주, 통신업 같은 특정 산업이나, M&A, 기업 분할, 혹은 턴어라운드 같은 이벤트에 주목하기도 한다. 시간이 지나면서 투자자는 자기만의 기준을 개발하게 된다. 하지만 성공적인 투자를 위해서는 끊임없이 학습하고 이를 적용해야 함을 잊어서는 안 된다. 그 과정에서 기준은 언제나 수정 가능하다.

1단계를 거쳐 작성한 종목 목록을 검토하면, 몇몇 투자 아이디어들이 주력 투자 종목으로 눈에 띌 수 있다. 하지만 대부분의 경우, 최고 수익을 가져다 주는 종목은 흑과 백처럼 명확하게 구분되지는 않는다. 어떤 주식의 모든 장점을 파악하기 전까지는 그 주식을 더 깊이 파고들고 반대 의견을 가진 사람들과 논쟁하는 것이 필요하다.

1단계에서의 기업공개 사례를 다시 살펴보자면, 델파이는 좀 더 살펴볼 가치가 있는 종목이었다. 파산 신청의 오점은 여전히 생생하게 남아 있었고, 사업 개편 결과는 아직 알 수 없었다. 이는 많은 투자자들이 투자를 꺼리게 되는 요소였다. 덕분에 주가가 동종 기업 대비 상당 수준 할인되어 있어 흥미로워 보였다. 2단계에서는 분석틀을 가지고 델파이의 기회 요인을 좀 더 면밀히 살펴보려 한다.

아이디어 검토 분석틀

- 투자 가설
- 사업 개요
- 경영진
- 리스크와 고려 사항
- 재무 지표와 밸류에이션

위의 분석틀은 최고의 투자 아이디어를 체계적이면서 간단명료하게 발견하기 위해 만들어졌다. 그리고 다양한 투자 유형에 모두 적용 가능하다. 분석틀에 익숙해지고 자신만의 투자 기준을 가진다면, 명백하게 기준 미달인 후보들은 신속하게 탈락시키고 미래에 수익을 가져다 줄 종목들을 골라내는 법을 배우게 될 것이다.

표 2.1와 2.2는 잠재적인 투자 기회를 체계적으로 조사하기 위한 투자 기록 템플릿이다. 조사 대상은 2011년 11월 기업공개 시점의 델파이이다. 즉, 아래의 템플릿은 델파이(주식)가 당시 기준으로 매력적인 투자 대상인지를 평가하고 있다.

투자 기록은 전문가들이 사용하는 중요한 도구다. 투자 기록을 작성하면 투자 과정을 체계적으로 검토할 수 있고, 팀 구성원 또는 투자 커뮤니티와 효율적으로 공유할 수도 있다. 템플릿의 각 세션은 위에 나온 아이디어 검토 분석틀과 동일하다. 아래 템플릿은 그리 길지 않지만, 실제로 투자 기록을 적으면 훨씬 더 길어질 수 있다.

뒤에서는 템플릿의 각 세션을 살펴볼 것이다. 템플릿은 마이크로소프트 엑셀 문서 기반으로 작성되어 있으며, 투자 산업과 상황에 따라 사용자 수정이 가능하다. 또한, 당사의 웹사이트(www.investinglikethepros.com)에서도 확인할 수 있다. 지금은 템플릿에 나오는 용어들이 대부분 생소할 수 있겠지만, 인내심을 가져야 한다. 책 전반에 걸쳐 용어들을 자세히 설명할 것이다.

표 2.1. 투자 기록 템플릿

델파이 오토모티브(DLPH)   2011년 11월

I. 투자 가설

- 사업의 근거: 규제와 소비자 선호도, 중국 시장의 대규모 성장에 힘입어 글로벌 자동차 판매업의 경기 회복과 '안전, 친환경, 연결성'이라는 시대적 트렌드의 수혜를 보고 있는 동급 최고의 자동차 제조기업으로, 파산 이후 제품 포트폴리오 재정비, 최상의 비용 조건의 제조 입지 및 깨끗한 대차대조표로 거듭남.
- 경영진: 델파이 파산 기간 동안 수익성 없는 사업 부문, 비경쟁적 비용 구조 및 지나친 부채를 청산하도록 지휘 감독한 전 GM 부사장이자 현 델파이 CEO인 로드니 오닐이 이끄는 심층 경영진. 또한, 델파이의 이사회는 주주 가치 창출에 초점을 맞춰 이를 적극 지원하고 있음.
- 성장: 차량당 콘텐츠 확대, 신차 플랫폼에 대한 제품 보급률 증가 및 재고 환매로 인한 경차 생산량을 초과하는 매출 증대 덕분에 향후 몇 년 동안 두 자릿수 중반의 연평균 성장률로 EPS 증가가 예상됨.
- 마진: 제품 믹스, 운영 레버리지 개선 및 최적비용국에서 노동력의 90%를 조달하는 등 향후 5년간 비교 대상 최고치 대비 10퍼센트 초중반까지 EBITDA 마진율이 향상될 것으로 기대됨.
- 자본 반환: 기업공개 이전에 GM 지분을 43억 달러에 재매입했고, 순 레버리지가 0.3배이며, 향후 5년간 중대한 차입금 만기 도래 일정이 없고, 현금 보유액이 14억 5,000만 달러이므로, 앞으로 자사주 매입이나 배당 지급을 기대할 수 있음.
- M&A: 엔지니어링 부문 같은 핵심 분야에서 볼트온 인수합병을 통해 시장 점유율을 높이고, 규모를 키울 가능성이 있음. 핵심 사업 부문 재평가를 위해 추가적인 포트폴리오 가지치기를 할 기회가 있음.
- 밸류에이션: 2013E EV/EBITDA 3.5배, P/E 5배, FCF 수익률 15%로 '생산 연계 공급업체' 수준으로 거래되고 있지만, 제품 믹스, 마진, 성장 개요를 고려했을 때 '구조적 성장주' 수준 가격에 거래되어야 함.
- 촉매제: 수익 증가 가속화, 볼트온 인수, 비핵심 사업 부문 매각, 자사주 매입이나 배당 프로그램 개시 가능성, 현재 핵심 주주들의 궁극적인 주식 매각.

II. 사업 개요

- 회사 설명: 글로벌 자동차 및 상업용 자동차 시장에 전기/전자, 파워트레인, 액티브 세이프티, 열 솔루션을 제공하는 차량 부품 제조업체. 30개국에 110개의 제조 시설과 10만 2,000명의 직원을 보유하고 있음.
- 제품 및 서비스: 전기 아키텍처(매출의 40% 비중, 커넥터, 배선 어셈블리, 전기 센터) 파워트레인 시스템(매출의 30% 비중, 연료 취급 및 분사, 연소, 전자제어), 전자 및 안전 부문(매출19% 비중, 차체 제어, 수신, 인포테인먼트) 그리고 열 부문(매출11%, 냉난방 시스템)
- 고객과 최종 시장: 세계 최대 25개 자동차 OEM업체가 고객임. GM, 9% Ford, 8% VW, 6% Daimler, 5% Peugeot, 4% Renault, 3% Fiat Group에 판매하고 있음. 델파이 제품은 글로벌 인기 차량 모델에 대부분 들어감.
- 경쟁: 영위하는 사업의 70%에서는 업계 1, 2위를 차지하고 있으며, 주요 경쟁 업체로는 보그워너, 보쉬, 콘티넨탈 AG, 덴소, 허먼 인터네셔널 인더스트리스, 스미토모 상사, 야자키 등이 있음.
- 지역적 노출: 북미 시장 33%, 유럽 시장 43%, 아시아 시장 16%, 남미 시장 8%(2010년 기준). 아시아는 향후 5년간 매출 성장의 50% 이상을 차지할 것으로 예상됨.

III. 경영진

- CEO 로드니 오닐: 3,000만 달러 지분 보유. 2005년 1월 COO취임 후 2007년 1월 CEO취임. GM과 델파이에서 40년간 근속.
- 과거 실적: 이사회의 지시하에 델파이 구조조정을 감독하고, 주주들을 이끌어 제품 라인을 119개에서 33개로 축소했으며, 사업부 개수도 7개에서 4개로 줄임. 시간제 수당 감소, 계약직 고용 증가, 영업 이익이 13억 달러 적자에서 17억 달러 흑자로 돌아섬.
- 보상 구조: 주식 시가 기준 달성뿐 아니라 주요 재무 성과 매트릭스와 연동되어 있음. 예: EBITDA(70%) FCF(20%), 예약 매출액(10%).
- 평판: 산업 전문가들에 의하면 "로드니 오닐의 강점은 고객과 관련이 있음. 대부분 시간을 계약 체결에 쓰며, 앞에서 지휘하고, 산업 내 핵심 인재들을 주변에 둔다고 함."
- CFO 케빈 클라크: 1,500만 달러 지분 보유. 2011년 7월에 CFO로 취임. 사모 투자 회사를 공동 창립했고, 전 피셔사이언티픽에서 2001년부터 2006년까지 CFO직을 맡았으며, 당시 연간수익률 20%와 EPS를 연평균 수익률 27%로 증가시킴.

IV. 리스크와 고려 사항

- 자동차 산업 경기: 주요 비즈니스가 자동차 생산 수준과 연계됨. 지난 대침체 기간 동안 북미 자동차 생산이 최고치와 최저치 기준 43% 하락했으며, 글로벌 기준으로도 15% 감소함.
- 유럽 시장 노출: EU국가의 생산 수준이 단기적 감소가 예상되는데, 이는 거시적 상황과 높은 재고 수준으로 인한 것. 주로 해외 수출용인 럭셔리 OEM제품 매출이 25% 차감될 것.
- 중국 및 신흥 시장: 잠재적 변동성이 높은 경제 상황 및 내수 시장의 경쟁 역학 관계.
- 외화환산: 매출의 65%가 북미 외 지역에서 창출됨에 따라 멕시칸 페소, 유로, 위안, 영국 파운드화 환율에 의해 순이익이 변동될 수 있음.
- 원재료: 주요 원재료는 구리와 수지로, 이들 원자재 가격 급등시 가격에 반영할 수 있는 지가 중요함.

표 2.2 투자 기록 템플릿 계속

델파이오토모티브(DLPH)

회계연도말 12월 31일

(금액단위: 백만달러, 주당 데이터 제외, 주식: 백만주 기준)

V. 재무 지표와 밸류에이션		
	사업명	기업등급
	자동차	Ba2/BB

시장 데이터

주가	52주 수익률	52주 % 고가	희석 주식수	시가총액	기업가치	일평균 주식 거래량
$22.00	불가능	100%	328	$7,221	$8,501	불가능

재무 제표 요약

	과거			전망		
	2009	2010	2011	2012	2013	2014
매출액	$117,500	$13,817	$16,039	$16,594	$18,023	$19,507
증가율%	-30.1%	17.5%	16.1%	3.5%	8.6%	8.2%
매출총이익	$228	$2,049	$2,526	$2,671	$2,991	$3,335
마진율%	1.9%	14.8%	15.7%	16.1%	16.6%	17.1%
EBITDA	$84	$1,633	$2,044	$2,157	$2,433	$2,731
마진율%	0.7%	11.8%	12.7%	13.0%	13.5%	14.0%
증가율%	의미없음	의미없음	25.2%	5.5%	12.8%	12.2%
감가상각액	$679	$421	$478	$490	$532	$575
순이익	($866)	$631	$1,072	$1,180	$1,371	$1,577
(순이익률%)	-7.4%	4.6%	6.7%	7.1%	7.6%	8.1%
희석주식수	686	686	328.0%	324.0%	314.0%	304.0%
EPS	($1.26)	$0.92	$3.27	$3.65	$4.36	$5.19
증가율%	의미없음	의미없음	255.0%	11.7%	19.7%	19.0%
영업현금흐름	($98)	$1,142	$1,356	$1,639	$1,836	$2,083
차감: 자본적 지출	-409	-500	-629	-747	-811	-878.0%
잉여현금흐름	($507)	$642	$727	$892	$1,025	$1,205
증가율%	의미없음	의미없음	13.2%	22.8%	14.9%	17.5%
1주당 잉여현금흐름	($0.74)	$0.94	$2.21	$2.76	$3.26	$3.97
증가율%	의미없음	의미없음	136.7%	24.5%	18.4%	21.5%

차입금 통계

이자 비용	8	30	123	123	121	120
총차입금	396	289	2103	2028	1992	1956
현금	3107	3219	1455	2012	2651	3370
EBITDA/이자 비용	10.5x	54.4x	16.6x	17.5x	20.0x	22.7x
(EBITDA−자본적 지출)/이자 비용	의미없음	37.8x	11.5x	11.5x	13.4x	15.4x
차입금/EBITDA	4.7x	0.2x	1.0x	0.9x	0.8x	0.7x
순차입금/EBITDA	의미없음	−1.8	0.3X	0.0X	−0.3	0.5

밸류에이션과 수익

기업가치/매출액	0.7X	0.6X	0.5X	0.5X	0.5X	0.4X
기업가치/EBITDA	의미없음	5.2X	4.2X	3.9X	3.5X	3.1X
P/E	의미없음	23.9X	6.7X	6.0X	5.0X	4.2X
P/잉여현금흐름	의미없음	23.5X	9.9X	8.0X	6.7X	5.5X
잉여현금흐름 수익률	의미없음	4.3%	10.1%	12.5%	14.8%	18.0%
투하자본수익률	의미없음	12.6%	20.5%	22.3%	25.4%	288.0%
배당수익률						
자사주 매입	$0	$0	$4,738	$250	$350	$450

유사기업(벤치마크기업)

기업명	기업가치(EV)/EBITDA		P/E		잉여현금흐름 수익률		부채/EBITDA	EBITDA 마진	투자자본 수익률 (ROIC)	EPS 연평균 성장률 (CAGR)
	12년	13년	12년	13년	12년	13년				
오토리브	4.2x	4.0x	7.9x	7.6x	9.6%	9.8%	0.6x	14%	16%	2%
보그워너	7.8x	6.8x	13.1x	11.0x	5.9%	7.2%	1.8x	15%	13%	17%
하먼 인터네셔날 인더스트리스	6.0x	5.3x	13.5x	11.9x	8.2%	8.2%	1.3x	10%	7%	17%
마그나 인터네셔날	3.5x	3.1x	7.7x	6.5x	8.6%	10.5%	0.1x	7%	9%	15%
테네코	4.3x	3.8x	8.4x	7.0x	9.7%	11.3%	2.2x	8%	14%	NM
델파이 오토모티브	3.9x	3.5x	6.0x	5.0x	12.5%	14.8%	1.0x	13%	21%	17%
평균	5.1x	4.6x	10.1x	8.8x	8.4%	9.4%	1.2x	11%	12%	16%

I. 투자 가설

투자 가설이란, 말 그대로 특정 종목을 소유할 때 얻는 주요 이점들을 뜻한다. 즉, 왜 해당 종목을 보유해야 하는지를 정당화시키는 투자 의사 결정의 근거다.

투자 가설은 간결하고, 체계적이며, 이해하기 쉬워야 한다. 그리고 철저한 조사가 필요하다. 잠재적 강점들이 위험 요인들보다 커야하며, 중대한 질문들에 대해 충분히 안심할 수 있는 답변이 마련되어 있어야 한다. 아래는 투자 가설의 핵심 구성 요소들이다.

- 사업의 근거
- 경영진
- 성장
- 마진
- 주주 환원
- M&A
- 밸류에이션
- 촉매제

아래는 델파이의 투자 가설을 표 2.1 항목에 맞추어 상세히 적어 보았다.

- 사업의 근거: 왜 이 종목을 보유할 가치가 있는가? 특별한 장점은 무엇인가? 무엇이 이 기업을 성공하게 만드는가? 때로는 너무 당연한 질문일 수 있지만, 보통은 그 기업이 지속 가능한 이점이나 경제적 해자를 갖고 있는지 파악하기 위해 심도 있는 조사가 필요하다.
  - 델파이: 규제, 소비자 선호도, 중국 시장의 대규모 성장에 힘입은 글로벌 자동차 판매업 경기 회복과 '안전, 친환경, 연결성'이라는 시대적(구조적) 트렌드의 수혜를 누

리고 있는 동급 최고의 자동차 제조(공급) 기업으로, 파산 이후 제품 포트폴리오의 재정비, 최적비용국가에의 제조 시설 및 깨끗한 대차대조표로 거듭남.
- 경영진: 사업 운영 및 주주 가치 제공 측면에서 과거 경영진의 실력은 어떠한가? 이사회는 적극적으로 전략과 회사 비전 형성에 기여하고 있는가?
  - 델파이: 파산 기간 동안 수익성 없는 사업 부문, 비경쟁적 비용 구조 및 지나친 부채를 청산하도록 지휘 감독한 전 GM 부사장이자 현 델파이 CEO인 로드니 오닐이 이끄는 실력 있는 경영진. 또한, 델파이의 이사회는 주주 가치 창출에 초점을 맞춰 이를 적극 지원하고 있음.
- 성장: 기업의 성장 속도는 어떠한가? 지속 가능한 성장인가? 성장의 성격은 유기적인가, 인수 중심인가, 아니면 둘 다 영향을 미쳤는가? 시대적 트렌드는 어떠한가? 동종업계 대비 성장률은 어떠한가? 자사주 매입, 차환refinancings, 순 영업 손실 같은 재무 활동 또는 비영업 활동 관련 수익 동인이 있는가?[1]

---

1. 당해 사업연도 이전에 생긴 결손금으로, 미래 과세 소득에서 차감 가능하도록 이월된 금액을 뜻한다.

- 델파이: 차량당 콘텐츠 확대, 신차 플랫폼에 대한 제품 보급률 증가 및 재고 환매로 인하여 경차 생산량을 초과하는 매출 증가 덕분에 향후 몇 년 동안 두 자릿수 중반의 연평균 성장률로 EPS 증가가 예상됨.
- 마진: 과거 대비 마진은 어떠한가? 현재 어떤 궤도에 놓여 있나? 마진율이 동종업계 대비 높거나 낮은가? 만약 낮다면, 비용 절감, 영업 레버리지[2], 가격 결정력, 제품 믹스 등을 통한 분명한 개선 가능성이 있는가? 만약 높은 수준이라면 기업이 비용 측면의 이점 혹은 규모의 경제를 누리고 있는 이유인가? 혹은 원자재 가격 헤지를 잘했거나 경쟁사의 차질 발생 등으로 일시적 이익을 누리고 있는가?
  - 델파이: 제품 믹스, 운영 레버리지 개선 및 최적비용국에서 노동력의 90%를 조달하는 등 향후 5년간 비교 대상 최고치 대비 10% 초중반까지 EBITDA 마진율이 향상될 것으로 기대됨.
- 주주 환원: 기업이 자사주를 재매입하거나 배당 계획이 있는가? 더 높은 자사주 매입과 배당금 지급을 위한 잉

---

2. 매출이 1달러 늘어날 때의 증분 영업 이익.

여현금흐름이 충분하고, 대차대조표 여력이 있는가?
- 델파이: 기업공개 이전에 GM 지분을 43억 달러에 재매입했고, 순 레버리지가 0.3배, 앞으로 5년간 중대한 차입금 만기 도래 일정이 없으며, 현금 보유액이 14억 5,000만 달러이므로, 향후 자사주 매입이나 배당 지급을 기대해 볼 수 있음.
• M&A: 기업의 M&A 실적은 어떠한가? 현재 M&A 및 재무 환경은 어떠한가? 지분 매각을 원하는 주주들이 있는 피인수 대상 기업이 있는가? 기업 자체가 잠재적인 피인수 기업이 될 수 있나? 분사하거나 매각할 수 있는 비핵심 자산이 있는가?
- 델파이: 엔지니어링 부품 부문 같은 핵심 사업 부문에서 볼트온 인수합병을 통해 시장 점유율을 굳건히 하고, 규모를 키울 가능성이 있음. 기초 사업 부문을 재평가하기 위해 추가로 사업 포트폴리오를 가지치기할 기회가 있음.
• 밸류에이션: 기업 주식이 경쟁업체 및 시장 대비 할인 또는 프리미엄 가격에 거래되고 있는가? 그 이유는 무엇인가? 과거 대비 현재 밸류에이션 수준은 어떠한가? 사업의 질, 성장 전망, 마진 잠재력, 수익률을 고려했을 때 주

가가 저렴한가?

- 델파이: 2013E EV/EBITDA 3.5배, P/E 5배, FCF 수익률 15%로 '생산 연계 공급업체' 수준으로 거래되고 있지만, 제품 믹스, 마진, 성장 개요를 고려했을 때 '구조적 성장주' 수준으로 보다 높은 밸류에이션으로 거래되어야 함.

- 촉매제: 주가를 끌어올릴 수 있는 단기, 중기, 또는 장기적 촉매제가 있는가? 기업이 예상 수익을 상회하거나 가이던스를 올릴 가능성이 있는가? 신제품 출시가 긍정적인 영향을 미칠 것으로 기대되는가? 새로운 자사주 매입 프로그램이나 배당금 발표가 곧 나올 예정인가? 기업이 M&A를 하거나 비핵심 사업 부문의 분사를 계획하고 있는가? 행동주의 투자자가 주주단에 들어와 대규모 변화를 요구할 가능성이 있는가?

  - 델파이: 수익 증가 가속화, 볼트온 인수, 비핵심 사업 부문 매각, 자사주 매입이나 배당 프로그램 개시 가능성, 현재 핵심 주주들의 궁극적인 주식 매각.

II. 사업 개요

'기업이 실제로 어떤 사업을 영위하는지'를 이해하는 것은 투자 가설에서 매우 중요하다. 맞다. 사실 너무 당연한 이야기이다. 그럼에도 불구하고 종목을 매수하면서 그 기업의 사업을 제대로 이해하고 있는 투자자는 거의 없다.

언젠가 파티에서 누군가 주식 이야기를 건넨다면, "그 기업은 어떤 일을 하나요?" 혹은 "수입원이 무엇입니까?"라고 물어보아라. FAANG 종목 중 아무거나 골라서 질문해보자. 이 기업들이 실제로 어떻게 이익을 창출하고 있냐고 물었을 때, 만약 갑자기 정적이 흐르거나 상대방이 헛기침을 하거나 우물거려도 놀랄 필요 없다.

그렇다면 기업의 사업을 이해하려면 어디서부터 시작해야 할까? 먼저 기업 사이트, SEC에 기업이 제출한 서류(가능하다면 10-Ks3[3]와 10-Qs[4], 또는 S-1[5]) 및 최근 IR 자료[6] 검토부터 시작하기를 권한다. 증권사의 리서치 보고서들도 신속한 정보 습득에 도움이 된다. 다행히 증권 계좌[7]를 통해 리서치 보고

---

3. 10-K는 SEC 등록 법인이 SEC에 제출하는 연간보고서로서, 기업에 대한 포괄적인 설명과 전기 실적을 담고 있다. 회계연도 종료일로부터 60일 이내에 신고하여야 한다. SEC에 제출한 신고서들은 기업 웹사이트나 www.sec.gov에서 확인할 수 있다.
4. 10-Q는 주로 매 분기 종료일로부터 45일 이내에 SEC에 신고하여야 하는 분기보고서이다.
5. S-1 보고서는 기업이 미국 증권거래소에 상장을 한 SEC 등록 신청 서류이다.
6. '투자자 관계(Investors Relations, IR)' 또는 '투자자' 라는 링크를 기업 웹사이트에서 확인할 것.
7. 대부분의 증권회사들은 개인투자자에게 인하우스 또는 관계회사의 리서치 자료를 열람할 수 있게 해준다.

서를 열람할 수 있다.

우리는 투자 기록 템플릿을 작성할 때, 사업 개요에서 기업 설명 외에도, 제품과 서비스, 고객과 최종 시장, 경쟁, 지리적 노출 등을 집중적으로 다룬다.

- **기업 설명**
- **제품과 서비스**
- **고객과 최종 시장**
- **경쟁**
- **지리적 노출**

기업 설명

기업의 핵심 비즈니스가 어떻게 운영되는지 이해하는 것은 기업의 모든 것으로 통하는 일종의 관문과 같다. 기업 설명 섹션에는 델파이에 대해 이렇게 적혀 있다.

"글로벌 자동차 및 상업용 자동차 시장에 전기/전자, 파워트레인, 액티브 세이프티, 열 솔루션을 제공하는 차량 부품 제조업체. 30개국에 110개의 제조 시설과 10만 2,000명의 직원을 보유하고 있음."

모든 상장 기업은 영위하는 사업이 속한 산업이나 시장을 뜻하는 산업군으로 분류된다. 예를 들어, 소비재, 헬스 케어, 산업재 및 기술 산업군 등이 있다. 이러한 분류는 하위 산업과 지역을 기준으로 더욱 세분화될 수 있다. 산업 및 지역적 분류는 성장 동인, 경쟁 역학 및 위험 요인에 대한 중요한 통찰력을 제공한다. 시장에서는 기업 밸류에이션 산출을 할 때 이러한 분류 기준을 적용한다.

델파이의 예를 들자면, 자동차 산업 내 자동차 부품 공급업체 산업으로 분류되며, 상당한 규모의 중국 사업을 하는 등 글로벌 기반을 가지고 있다. 델파이의는 산업 분류가 단순하지만, 어떤 기업의 경우 명확한 분류가 어려울 수도 있다. 일례로 아마존을 들 수 있겠다. 기술주로 보아야 하는지 소매업이나 물류업으로 분류할지, 아니면 미지의 산업군으로 봐야 할지 분명치 않다.

기업 설명 섹션에는 산업, 하위 산업, 지역 분류 외에 델파이에 관한 핵심 정보를 적어 놓았다. 첫째, 자동차 OEM 업체[8]에 부품을 공급하는 기업이다. 이는 이 기업의 매출이 글로벌 자동차 수요에 의해 좌우되며, 관련하여 기회와 도전 과제가 따른다는 뜻이다. 또한, 대규모 고객 베이스를 보유하고 있고, 많은 국가에서 사업을 하고 있으며, 이는 규모의 경제 효과와 글로벌 접근성을 시사한다.

제품과 서비스

제품과 서비스는 기업 사업 모델의 핵심이다. 주요 제품 카테고리는 간단하다. 예를 들어, 자동차 부품, 식음료, 모바일 기기, 처방 의약품, 철강 등이 있을 수 있다. 제품 카테고리는 원자재에서 전문품까지 그 범위가 다양하다. 핵심 서비스란 예를 들어 뱅킹, 컨설팅, 유통, 숙박 및 통신 서비스 등을 말한다.

제품과 서비스 섹션에는 델파이의 주요 제품을 아래와 같이 나열하고 있다.

> **전기 아키텍처**(매출의 40% 비중, 커넥터, 배선 어셈블리, 전기 센터)
> **파워트레인 시스템**(매출의 30% 비중, 연료 처리 및 분사, 연소, 전자 제어), **전자 및 안전 부문**(매출19% 비중, 차체 제어, 수신, 인포테인먼트) 그리고 **열 부문**(매출 11%, 냉난방 시스템).

델파이의 주요 제품과 서비스는 강력한 구조적 성장의 덕

---

8. 자동차 OEM 업체(주문자 상표 부착 생산 업체)란 자동차나 트럭 생산 기업을 뜻한다(예: GM, 포드, 폭스바겐).

을 보았다. 규제가 강화되면서 자동차의 안전성과 연비가 향상되었다. 한편, 고객들은 향상된 연결성과 자동차 인포테인먼트를 요구하고 있었다. 앞서 배운 1단계에 따르면, 요즘 시대 운전자들을 보면, 시장을 상회하는 성장률이 보장되며, 시장 변동성과 경기에도 영향을 적게 받을 것이 예상된다.

기업의 핵심 제품을 조사하려면, 기업 웹사이트를 방문하여 제품의 사진과 설명을 검토하는 것이 좋다. 2단계 이후에 나오는 심층 실사는 투자자가 가능한 수준까지 직접 제품과 서비스를 경험해 보아야 한다. 기업의 제품과 서비스가 특별한가? 반드시 사야 하는 필수재인가? 더 저렴한 대체제가 있는가? 산업 전반의 기저 생태계에서 어느 부분에 적합한가? 이러한 항목들은 사업의 장기적 지속 가능성을 뒷받침한다.

고객과 최종 소비자 시장

고객은 기업의 제품 및 서비스를 구매하는 사람을 뜻한다. 고객층이 얼마나 두터운지와 다양한지는 매우 중요하다. 어떤 비즈니스들은 폭넓은 고객 기반을 갖고 있는 반면, 어떤 비즈니스들은 타깃 고객이 있거나, 틈새 시장을 목표로 한다.

한 고객에 대한 매출 의존도가 낮을 수록 위험은 줄어든다. 동시에, 규모가 큰 고객과 오랜 관계를 유지하고 있다면, 미래 현금흐름에 대한 가시성과 안전성을 확보하는 데 도움이 된다.

최종 소비자 시장이란 기업이 제품과 서비스를 판매하는 넓은 의미의 기초 시장을 의미한다. 최종 소비자 시장은 고객과는 구별되어야 한다. 건설 시장에서 판매를 하더라도, 주택건설업자와는 달리 고객이 소매업자나 공급업체일 수도 있다.

고객과 최종 소비자 시장 섹션에는 델파이의 제품 판매 대상에 대해 아래와 같이 적혀 있다.

> 세계 최대 25개 자동차 OEM업체가 고객임. GM, 9% Ford, 8% VW, 6% Daimler, 5% Peugeot, 4% Renault, 3% Fiat Group에 판매하고 있음. 델파이 제품은 글로벌 인기 차량 모델에 대부분 들어감.

불과 10년 전만 해도 델파이의 GM 의존도는 75%에 육박했지만, 10년 동안 고객 기반을 크게 다변화시켰다. 기업공개 시점 즈음, 델파이 매출 비중의 10% 이상을 차지하는 고객은 GM이 유일했다. 더군다나 델파이의 제품은 미국 내 가장 많이 팔린 20개 차량 모델 중 17개 차종, 중국 내 유력 모델의 65%, 유럽 상위 자동차 모델에는 모두 포함되어 있었다. 이러한 고객 다변화는 어느 한 고객이나 자동차 모델, 또는 지역에서 차질이 생길 경우에는 기업에게 도움이 되겠지만, 신흥국 시장 노출로 인해 변동성 또한 높아졌다.

경쟁

한 산업에 속해 있는 기업들의 수와 이들 간 상호 작용의 성격은 기업의 성공에 있어 매우 중요한 요소다. 경쟁자는 아예 없거나(독점), 소수이거나(과점), 또는 유사 제품 및 서비스를 제공하는 기업이 수십 개에 이를 수도 있다.

대체로 경쟁자는 적을수록 좋다. 하지만 항상 그런 것은 아니다. 한두 개 나쁜 기업들이 경쟁 환경을 엉망으로 만들 수도 있다. 반대로, 여러 경쟁자가 공존하는 산업이라 할지라도 그들의 행동에 따라서는 매력적인 산업이 될 수도 있다.

경쟁 섹션에는 델파이에 대해 아래와 같이 적혀 있다.

> 영위 사업의 70%에서는 업계 1, 2위를 차지하고 있으며, 주요 경쟁 업체로는 보그워너, 보쉬, 콘티넨탈AG, 덴소, 하먼 인터네셔널 인더스트리스, 스미토모 상사, 야자키 등이 있음.

'새로운 델파이'는 현재 시장 점유율이 높으며 경쟁에서 이길 가능성이 높은 구조적 성장이 일어나는 시장에 집중하는 방향으로 포트폴리오를 전략적으로 재구성했다. 이는 모든 고객에게 모든 제품을 제공하려고 노력했던 '예전 델파이'와는 다른 과감한 시도였다. 그 결과, 제품 라인은 119개에서 33개로 줄었다.

델파이는 넓은 범위에서의 업계 경쟁업체들과 차별화를 시도했다. 약 6개의 글로벌 기업들이 경쟁하고 있는 전문 하이엔드 부품 공급업 시장으로 이동해 간 것이다. 비록 이 서브 시장도 경쟁이 치열했지만, 델파이에게는 경쟁사 대비 여러 이점이 있었다.

델파이의 전략적 글로벌 입지와 저비용 제조 기반은 서비스, 품질, 가격 면에서 경쟁력을 제공했다. 또한, 델파이의 폭넓은 제품군은 기존 및 신차 플랫폼에 모두 들어가는 사양이어서 고객의 충성도가 더욱 높아졌다. 게다가 엔지니어링 기반으로 조직 문화를 개편해 차세대 제품까지 만들어내고 있었다.

로드니 오닐이 이끄는 기업 경영진과 적극적인 이사회 간의 긴밀한 관계 역시도 회사를 차별화시키는 핵심 요인이었다. 경영진과 이사회는 함께 전사적 가치 창출에 더욱 열을 올렸다. 이는 지속적인 비용 개선, 효율적인 자본 배분, 공동 운영 및 탁월한 재무 관리로 나타났다.

지리적 노출

서로 다른 지역에 기반을 두고 영업하는 기업들은 핵심 비즈니스 동인과 특징이 크게 다를 수 있다. 성장률, 경쟁 역학 관계, 시장 진입 방법, 비용 구조, 기회와 위험 등이 근본적으로 다른 경우가 많다.

예를 들어, 미국을 거점으로 사업을 하는 기업은 광범위한 글로벌 시장을 대상으로 사업을 하는 기업과는 다를 것이다. 재무 성과 측면에서 환율도 영향을 미친다. 따라서 비슷한 사업을 하는 기업이라도 지역이 다르다면 재무 성과나 밸류에이션이 상당히 다를 수 있다.

지역적 노출 섹션에는 델파이에 관하여 이렇게 적혀 있다.

> 북미 시장 33%, 유럽 시장 43%, 아시아 시장 16%, 남미 시장 8%(2010년 기준); 아시아는 향후 5년간 매출 성장의 50% 이상을 차지할 것으로 예상됨.

델파이의 광범위한 지역적 노출 정도는 기회와 위험을 모두 가져왔다. 세계에서 가장 신뢰할 만한 시장인 북미에 거점을 둠으로써 안정적 기반을 갖고 있었다. 아시아, 특히 중국의 경우 세계에서 가장 크고 빠른 성장을 보이는 시장으로 큰 수익을 보장할 수 있었다. 한편, 유럽은 델파이 매출 비중이 가장 큰 지역이지만, 시장이 성숙했고 잠재적으로 자동차 생산 감소가 예상되어 단기적인 역풍에 직면했다. 3단계에서 각 지역 별로 전망과 시사점을 살펴볼 것이다.

III. 경영진

능력 있는 CEO는 주주 가치를 깊이 이해하고 이에 집중한다. 그들은 현금흐름, 수익 및 주가 관련 지표와 직결되는 꽤 괜찮은 전략을 수립하고 실행하는 데 능숙하다. 최고의 CEO는 투자자와 의사소통을 잘하는 경향이 있으며, 그들의 전략과 주식 투자 기회를 효과적으로 설명한다. 물론, 설명은 설명일 뿐이다. 비전은 실제 성과로 뒷받침되어야 한다. CFO, COO 또는 이사회 구성원과 같이 기업 전략에 필수적인 다른 주요 구성원들도 마찬가지다.

투자자들은 종종 배팅의 대상이 말인지 기수인지를 두고 토론을 벌인다. 많은 이들은 말을 굳게 신뢰한다. 여기서 알 수 있는 사실은 아무리 CEO가 훌륭해도 근본적인 결함이 있는 기업은 고칠 수 없다는 것이다. 사업이 훌륭하면 기업은 스스로 잘 굴러간다. 그렇다면 왜 논쟁이 필요할까?

기업의 사업이 무엇이든지 간에 경영진이 중요한 성공 동력이라는 것을 부인할 사람은 거의 없을 것이다. 최소한 뛰어난 기업이 현 상태를 유지하려면 재능 있는 리더가 필요하다. 이들은 매일 성과를 높이고 경쟁에서 한발 앞서야 하는 도전을 받는다. 이와 정반대의 어려움을 겪는 기업들의 경우에도 어려운 시기를 헤쳐나가고 배를 바로잡을 수 있는 노련한 경영진이 필요하다.

기업 경영진을 평가하는 것은 실사의 기본 절차다. 많은 투자자들은 강력한 CEO를 필수 관문으로 본다. 어떤 CEO들은 투자자들 사이에서 거의 사이비 종교 수준의 추종자를 갖고 있다. 아래는 CEO 및 경영팀의 자질을 평가할 때 고려해야 할 요소들이다.

- **과거 실적**
- **보상 구조**
- **평판**

과거 실적

CEO 자질을 평가하는 최고의 지표는 과거 실적, 특히 주가수익률이다. 해당 CEO 취임 이래로 S&P 500 같은 지수와 동종업계 대비 기업의 주가수익률이 어떠했는지 조사한다. 또한, 절대적 및 상대적 기준으로 매출 및 수익 성장이 어떠했는지도 알아보아야 한다.

물론, 과거 실적은 오해의 소지가 있으며, 과거의 실적이 반드시 미래의 성공을 보장하는 것도 아니다. 우호적인 산업 트렌드를 CEO의 성과와 구별하기 힘들 수 있고, 단순히 운이 좋았을 수도 있다. 그러나 그 CEO가 여러 경기 사이클을 거치는 동안 다양한 기업에서 동종업계 대비 꾸준히 뛰어난 주가 수익률을 내왔다면 이는 설득력이 있다.

이러한 CEO의 예로 전설적인 가치 창조 전문가 존 말론 John Malone이 있다. 그는 1973년부터 말론이 AT&T에 매각된 1999년까지 텔레커뮤니케이션사 Tele-Communications의 CEO직을 맡았다. 말론은 텔레커뮤니케이션 주가를 액면 분할 반영 후 주가 0.25달러 미만에서 65달러 이상으로 끌어올렸다. 같은 기간 S&P 500 지수 수익률 14%에 비하면 연간 수익률로는 30%나 오른 것이다. 말론은 그 후 다른 십여 곳의 상장 기업을 다니며 시장 수익률을 상회하는 주가 상승을 이끌었다.

로드니 오닐은 2005년 1월 델파이의 회장이자 COO로 취임했고, 2007년 1월에는 CEO로 승진했다. 구조적으로 경쟁력이 낮은 비용 구조를 가진 파산 기업을 넘겨받은 그는 경영진을 과감한 실행 계획을 단행하도록 진두지휘했다. 델파이는 제품 라인 수를 크게 축소했고, 부담스러운 노조 계약을 없 앴으며, 시간제 직원의 91%를 저비용 국가로 옮기고, 수많은 적자 사업부서를 매각했다.

오닐의 핵심 인력이었던 CFO 케빈 클라크는 피셔 사이언티픽Fisher Scientific에서 근무하던 시절 입증된 실적을 가지고 있었다. 특히 그는 스스로 비용 통제, 자본 할당 및 M&A의 귀재임을 증명했다. 또한, 잭 크롤 이사장은 세계에서 가장 크고 정교한 글로벌 산업 기업 중 하나인 듀퐁에서 30년간 성공한 기록을 가지고 델파이로 왔다.

아래 표 2.3은 델파이의 행동이 미친 효과를 보여준다.

보상 구조

경영진의 주식 소유 및 보상 구조도 알아두어야 한다. 야심찬 성과 목표 또는 주가 상승의 장애물과 관련된 주식 인센티브는 기업에 대한 믿음을 나타내는 경향이 있다.

CEO 로드니 오닐과 CFO 케빈 클라크 모두 주가를 견인하는 조건으로 높은 인센티브를 받았다. 이사회가 실버포인트, 엘리엇과 함께 설계한 기업의 인센티브 플랜('가치창출 계획'이라 불린다)의 일환으로 오닐과 클라크는 각각 135만 주와 67만 5,000주의 주식을 받았다. 이는 주식 공개 당시 주가 22달러로 계산하면, 주식 가치가 각각 3,000만 달러와 1,500만 달러를 투자한 꼴이 되므로, 주주들과 강력한 협력 관계가 형성된다. 더군다나, 앞으로의 연간 인센티브는 목표 EBITDA, 잉여현금흐름, 예약 매출 금액을 각각 70%, 20%, 10%의 비중으로 달성하는 것과 연계되어 있다.

평판

CEO의 평판은 주관적일수도 있지만, 초기 조사를 통해 꽤 많은 것을 알 수 있다. 전문가들이 투자 기회를 점점 더 진지하게 생각하면서, 업계 리더들, 경쟁 업체, 증권사 리서치 애널리스트들의 의견을 듣고 있다. 물론 평판에 관한 이야기를 들을 때는 이를 뒷받침하는 사실과 과거 수치를 가지고 교차검증을 해봐야 한다.

조직 운영과 주주 가치 창출 능력의 탁월성을 넘어서, 경영진의 도덕성을 얻을 수 있어야 한다. "물고기가 머리부터 썩는다."는 말이 있듯이, 대부분의 사기와 분식 회계는 고위 경영진으로 거슬러 올라간다. 조기에 경영팀의 도덕성에 대해 확신할 수 있다면, 중대한 위험 요인을 없애는 데 도움이 된다.

오닐은 델파이와 그전 직장 GM까지 도합 40년 이상 근무 기간 동안 회사 내외부 모두에서 리더십과 청렴함으로 명성

표2.3 델파이의 혁신

	2005	2010	% 증감율
비즈니스 메트릭스			
제품라인	119	33	(72%)
사업부문 수	7	4	(43%)
직원수	20만	10.2만	(49%)
노동조합 직원수	2.3만		(100%)
최적비용국 노동력 비율%	30%	91%	61%
유연근무제 비율%	8%	30%	22%
연금과 퇴직연금 충당부채	92억 달러	7억 달러	(92%)
판관비 지출	16억 달러	9억 달러	(44%)
자본적 지출	12억 달러	5억 달러	(58%)

매출 비중(전체 매출 대비%)

지역적 비중			
북미	68%	33%	(35%)
유럽	25%	43%	18%
아시아태평양	2%	16%	14%
남미	5%	8%	3%
고객 비중			
제너럴모터스	48%	21%	(27%)
포드	5%	9%	4%
폭스바겐	3%	8%	5%

을 쌓았다. 파산 기간 동안 오닐은 이사회와 대주주들이 구체화한 실행 가능성이 높고 영향력이 큰 행동 계획을 감독했다. 이 계획을 성공적으로 실행하기 위해서는, 파산의 아픔과 이로 인한 잡음을 극복하고, 함께 행동에 옮길 수 있도록 직원들을 고무시켜야 했다.

IV. 리스크와 고려 사항

위험 평가란 투자 가설과는 다른 결과를 초래할 요인들을 식별하고 정량화하는 것을 뜻한다. 무엇이 잘못될 수 있는지는 시간을 들여 잘 따져 보아야 한다. 빠질 수 있는 함정은 광범위한 거시적 위험에서부터 기업이나 산업 자체의 아주 세부적인 이슈에 이르기까지 다양하다. 어떤 위험은 좀 더 실질적이고, 어떤 위험은 완화될 수 있으며, 어떤 위험은 기업이 통제하기 힘들 수 있다.

물론, 모든 투자 결정에는 위험이 따르기 마련이다. 중요한 것은 이를 사전에 정확하게 식별하고 해결하는 것이다. 위험이 클수록 기회도 크다. 문제가 있는 기업은 주기적 반등, 구조조정, 디레버리징deleveraging, 신규 전략, 또는 경영 혁신 등을 통해 높은 주가 상승 여력이 있을 수 있다. 마찬가지로, 위험이 낮은 상황이라면 높은 수익률을 얻을 가능성도 적어진다.

어쨌든 위험과 보상 간의 관계는 불변해야 한다. 위험이 높을수록 높은 수익 보상이 따라야 한다. 특정 종목과 관련된 위험을 정량화함으로써, 그 위험들과 상승 잠재력을 비교한 뒤, 정보를 바탕으로 투자 결정을 내려야 한다. 이는 특정 종목의 목표 주가를 산출할 때 중요한 부분이다(5단계 참고).

상장 기업들은 투자자들에게 이런 측면에서 도움을 준다. 상장 기업들은 10-K 신고서 제출 시, '위험 요인' 섹션에 비즈니스 관련 주요 위험들을 나열하고 그 내용을 기술해야 한다. 이는 유용한 가이드라인되지만, 투자자 스스로 노력해서 중대한 위험을 자기만의 시각으로 평가할 수 있어야 한다.

필수 소비재를 취급하는 기업들은 전반적인 경제 상황이나 공급업체 관련 위험으로부터 상대적으로 안전하다. 자동차나 철강 같은 기업들은 최종 소비 시장, 원자재, 통화 관련 위험의 영향을 더 많이 받는다. 그러나 오프라인 소매 점포와 같이 어떤 기업들은 시장에서 아예 노후화되거나 대체되어 버리는 근본적인 위험에 직면할 수도 있다.

델파이의 경우 표 2.1에 주요 위험 요인들과 3단계에서의 종합적인 평가를 제시했다. 2009년 파산과 대침체 기간 동안 자동차 산업의 급격한 침체를 고려했을 때, 글로벌 자동차 생산 주기가 주요 위험 요인이었다. 당시 투자자의 심리는 굉장히 나빴다.

기업의 유럽 시장에 대한 높은 노출 역시 면밀한 조사가 필요했는데, 이는 유럽 시장의 단기 전망이 부진할 것으로 예상되었기 때문이다. 한편, 중국의 흥미진진한 성장 스토리가 잠재적 변동성과 지정학적 불확실성을 가리고 있었다. 유럽과 중국 시장 노출은 환 위험이라고 할 수 있는데, 미국 달러 이외의 통화로 표시된 외화 매출이 65%를 차지하고 있었다. 외환 변동성으로 인해 미국 달러로 표기된 수익이 떨어지거나, 가격 경쟁력에 부정적인 영향을 미칠 가능성이 있었다.

마지막으로 원재료 가격의 급등, 특히 구리와 합성 수지 가격의 큰 변동은 기업 수익성에 잠재적인 위협이 될 수 있었다. 델파이가 이전까지는 비용 상승분을 고객에게 전가했지만, 앞으로도 그럴 수 있다는 보장은 없었다. 동시에 증가하는 신흥 시장 노출도는 원자재 가격 급등을 자연스럽게 헤지할 수 있었다. 원자재 가격과 신흥 시장 실적은 높은 상관관계를 보이는 경향이 있다.

V. 재무 지표와 가치평가

지금까지 우리는 사업에 대한 기본적인 이해를 마치고 투자 가설을 세웠다. 이제는 기업의 재무제표와 기업 가치를 살펴볼 시간이다. 재무제표의 경우, 특히 주요 추세와 개선 기회에 관심을 가져야 한다. 기업 가치평가의 경우에는 동종업체에 비해 부당하게 가격 할인(또는 할증)이 된 종목들을 특히 주의해서 봐야 한다.

초기 검토를 할 때 신경 써서 살펴야 할 사항은 아래와 같다. 구체적인 내용이 궁금하다면 투자 기록 템플릿을 참고하라(표 2.2 참고).

- **시장 데이터**
- **재무 요약**
- **크레딧 통계**
- **가치평가와 수익**
- **유사 기업**

시장 데이터

본 템플릿의 시장 데이터 섹션은 주가, 52주 수익률, 52주 최고치 대비 현 주가 수준, 일평균 거래량 등 기본적인 주식 정보를 담고 있다. 또한, 시가총액, 순 차입금 및 기업 가치도 보여준다.

시가총액(자본 가치)은 주식 시장이 기업의 자본에 부여하

는 가치이다. 이는 기업의 현재 주가에 희석 주식 수를 곱하여 간단히 계산된다.[9]

주가 × 완전 희석 주식 수

기업 가치란 기업의 모든 소유 지분의 합을 뜻하며, 특히 부채와 자본의 소유자들이 갖고 있는 기업 자산에 대한 권리를 뜻한다. 즉, 자본, 부채 및 이에 상응하는 우선주와 소수 주주 지분[10]의 합을 계산한다. 여기에서 부채를 상쇄시키는 현금 및 현금 등가물을 차감하면 된다.

시가총액 + 총부채 + 우선주 + 소수 주주 지분 + 현금과 등가물

시가총액과 기업 가치만 가지고 투자 결정을 내릴 수는 없지만, 그 자체만으로 유익한 정보다. 기업의 사이즈는 규모, 경쟁 포지션, 구매력, 성장 전망에 대한 단서를 제공한다. 거래량은 주식 유동성에 대해 말해준다. 이를 통해 매수 포지션

---

9. 완전 희석 주식수는 회사의 기본주식수에 시가가 행사가보다 높은 스톡 옵션, 신주인수권, 전환 증권수를 더하여 계산한다.
10. 기업의 모회사가 소유하지 않은 (자회사) 지분.

을 정리하는 데 며칠이 걸리는지 등 시장에서 해당 종목의 수요 공급을 가늠할 수 있다.

시가총액과 유동성을 합친 것은 기업 주주들의 성격과 범위, 그리고 잠재적으로 기업 가치평가에까지 영향을 미친다. 예를 들어, 규모와 유동성이 일정 수준 이상인 기업들은 주요 주가 지수나 ETF에 포함되어 있으므로 투자자의 범위가 더 넓어진다. 또한 해당 주식의 52주 또는 YTD 수익률(연초 누계 대비 증감율), 52주 최고가 대비 현 주가 수준(%)을 알면 해당 종목이 시장에서 투자자들에게 기회로 인식되었는지 여부를 알 수 있다.

표 2.2를 보면, 2011년 11월 15일 델파이의 IPO 당시 주가는 22달러였다. 총 주식 수는 3억 2,800만 주였으며, 이는 시가총액으로 72억 달러에 해당한다. 순 부채 약 8억 2,000만 달러와 소수 주주 지분 4억 6,200만 달러를 더하면 기업 가치는 85억 달러로 산출된다.

재무 요약

재무 요약 섹션에는 중요한 과거 및 미래 전망 재무 데이터가 나와 있다. 표 2.2을 보면 매출 총이익, EBITDA, 순이익, 잉여현금흐름과 EPS와 FCF/S 등 1주당 지표들을 확인할 수 있다. 성장률, 수익성 및 FCF 창출을 신속하게 분석하면 기업의 건전성과 향후 전망에 관해 엄청난 정보를 얻을 수 있다.

투자자들은 성장률도 기업의 과거 및 향후 전망에서 가장 좋은 시기와 나쁜 시기를 살펴보면서 추세가 가속화되거나 혹은 꺾이고 있는지를 주의 깊게 살핀다. 증권사들이 내놓는 향후 2~3년 컨센서스 전망치[11]는 첫 투자 관점을 제공한다. 아마도 이 수치들은 경영진에 의해서 어느 정도 유도될 수 있을 것이다.

수익성은 기업이 매출액을 이익으로 환산할 수 있는 능력을 측정하며, 이는 이익률로 나타난다. 이익률은 매출 총이익, EBITDA 또는 순이익 같은 분자의 이익 지표를 분모의 매출로 나누어서 계산한다. 성장률과 이익률이 높을 수록 기업가치가 높아지는 것이 일반적이다.

잉여현금흐름 창출은 기업의 재무 건전성을 나타내는 중요한 지표이다. 잉여현금흐름은 자본적 지출CAPEX[12]과 순운전자본Net Working Capital, NWC[13]을 고려하여 기업이 실제 벌어들이는 현금을 측정한다. 잉여현금흐름을 계산하는 방법은 많지

---

11. 특정 기업을 담당하는 리서치 애널리스트들의 전망치 평균 또는 중간값.
12. 기업이 고정자산을 구매, 개선, 확장, 대체하기 위해 지출하는 비용.
13. 단기적으로 기업의 영업 활동에 필요한 현금(더 자세한 내용은 3장 참조).

표 2.4 잉여현금흐름 산출 방법

잉여현금흐름 계산법

옵션 1		옵션 2		옵션 3	
운영 현금 흐름	$1,000	순이익	$650	EBITDA	$1,565
(−) CAPEX	(500)	(+) 감가상각비	450	(−) 세금	(315)
		(−) 자본적 지출	(500)	(−) 이자 비용	(150)
		(−) 순운전자본 증가분	(100)	(−) 자본적 지출	(500)
				(−) 순운전자본 증가분	(100)
잉여현금흐름	$500	잉여현금흐름	$500	잉여현금흐름	$500

만, 가장 기본적인 공식은 영업 활동으로 인한 현금흐름[14]에서 자본적 지출을 차감하는 것이다. 또 다른 방법으로 순이익에 감가상각비를 더한 후 자본적 지출과 순운전자본 증가분을 차감하여 계산할 수 있다. 세 번째 방법으로는 EBITDA에서 출발하여 세금, 이자 비용, 자본적 지출, 순운전자본 증가분을 차감하는 방식이 있다(표 2.4 참고).

잉여현금흐름을 원활하게 창출하는 기업은 자본을 여러 곳에 사용할 여력이 있다. 유기적 성장 프로젝트, 펀드 M&A, 주주 환원, 부채 상환에 자본을 투자하거나 혹은 미래를 대비해 사내에 축적해 두는 것은 기업의 자유다. 따라서 투자자

---

14. 특정 기간 동안 자본적 지출을 고려하지 않고 기업이 창출한 현금.

들은 이를 예의 주시하고 있다.

이런 기업의 재무제표를 검토하면서 관찰한 내용을 바탕으로 핵심 질문 목록을 작성하기 시작하라. 이 질문들은 상세한 기업 실사와 전체적인 재무 모델을 만드는 3단계에서 더 자세히 살펴볼 것이다.

예를 들어, 표 2.2를 바탕으로 현재 단계에서의 델파이에 대한 핵심 질문은 아래와 같다.

- 이전 년도에 매출액이 급감한 이후, 2009~2010년 매출액이 18% 가까이 증가한 이유는 무엇인가?
- 2009~2010년 매출 총이익률이 크게 늘어난 이유는?
- 2009~2011년 동안 희석 주식 수가 급감한 이유는?
- 향후 기업의 매출 총이익과 EBITDA 이익률이 지속적으로 증가할 것으로 보는 근거는?
- EPS가 2014E까지 50% 이상 증가하는 것이 현실적으로 가능한가?
- 앞으로 순이익이 FCF를 유의미한 수준으로 상회할 것으로 전망하는 근거는 무엇인가?

크레딧 통계

크레딧 통계 섹션은 기업의 대차대조표와 신용도를 한눈에 보여준다. 전체 부채 금액도 중요하지만, 레버리지와 커버리지 비율이 더 많은 것을 알려준다. 그러나 아무리 비율 분석을 하더라도 산업, 사이클, 과거의 기록과 같은 보다 정성적인 요소들로 보완해야 한다.

허용 가능한 레버리지와 커버리지의 수준은 기업이 속한 산업과 비즈니스 모델에 따라 달라진다. 눈에 잘 띄고 안정적인 현금흐름을 가진 기업은 레버리지를 더 높일 여력이 있다. 케이블 또는 구독 기반 소프트웨어 기업을 생각해보라. 보유한 유동 자산이 많은 기업도 마찬가지다.[15] 반대로, 사이클이 있는 사업이나 특정 고객에 대한 의존도가 높은 기업은 대차대조표를 좀 더 보수적으로 유지해야 한다.

어떤 투자자들에게 기업의 신용도는 가장 기본적인 항목이다. 기업의 레버리지가 기준을 초과하거나 커버리지가 기준 미달일 경우 영위하는 사업이 아무리 매력적이라 할지라도 초기 스크리닝 단계에서 탈락할 수 있다. 이런 비율의 추

---

15. 채권자들은 재무 상황이 어려운 시기에 채무 상환을 위해 쉽게 유동화시킬 수 있는 자산이 많은 기업을 선호하는 경향이 있다.

세 역시 중요하다. 레버리지가 감소하거나 커버리지가 증가 추세에 있다면 기업의 재정 건전성이 개선되고 있다는 신호다.

레버리지란 한 기업의 차입금 수준이며, 주로 EBITDA 배수로 측정된다(예: 차입금-EBITDA 비율). 투자자들은 또한 순차입금-EBITDA 비율을 보는데, 이는 대차대조표의 현금분을 조정한 것이다.

$$\frac{\text{차입금}}{\text{EBITDA}} \quad | \quad \frac{\text{순차입금(차입금-현금)}}{\text{EBITDA}}$$

레버리지는 한 기업의 재무 정책, 리스크 프로파일, 향후 성장에 대한 역량에 관한 엄청나게 많은 것들을 보여준다. 일반적으로 기업의 레버리지가 높을수록 재정적 어려움에 처할 리스크 또한 높다. 이자 비용과 원금 상환 부담이 더 크기 때문이다. 그러나 앞서 언급했듯이 특정 사업의 경우에는 레버리지를 더 높일 여력이 있다.

델파이의 2011E 차입금/EBITDA는 1배, 순 부채 기준으로는 0.3배로, 어떤 기준을 적용해도 건전한 편이다.

커버리지란 기업이 이자 비용 지급 의무를 이행할 수 있는 능력을 나타내는 폭넓은 의미의 용어다. 커버리지 비율은 분자에 영업 현금흐름 통계와 분모에 이자 비용을 넣어 계산한다(예: EBITDA/이자 비용). 자본적 지출을 차감한 EBITDA/이자 비용은 기업 신용도에 대해 더 많은 정보를 제공한다.

$$\frac{\text{EBITDA}}{\text{이자 비용}} \quad | \quad \frac{(\text{EBITDA}-\text{자본적 지출})}{\text{이자 비용}}$$

커버리지 비율이 높을수록 기업의 이자 지급 능력이 높다. 델파이의 2011E 커버리지 비율은 16.6배로, 레버리지 비율과 마찬가지로 매우 건전한 수준이었다.

무디스 투자자 서비스Moody's, S&P, 피치 레이팅스Fitch을 포함한 외부 신용 평가 기관은 기업 신용 프로필에 대한 공식적인 평가를 제공한다. 신용 등급이 높을수록 신용도가 높은 것이다.[16]

가치평가와 수익

기업 가치평가와 수익 섹션은 EV/EBITDA, P/E, FCF 수익률 및 ROIC를 포함한 다양한 지표를 표시한다. 또한 배당 수익과 자사주 매입을 포함한 주주 환원도 측정한다. 기업이나 산업에 따라 특정 기업 가치평가 지표가 다른 것들보다 더 중

---

16. 무디스는 알파벳 척도를 사용하는 반면, S&P와 피치는 알파벳 시스템에 (+)와 (−)를 추가하여 기업의 신용도를 평가한다.

요할 수 있다.

기업 가치를 평가하는 능력은 종목을 선택할 때 가장 중요하다. 앞선 작업을 수행하면 보통 어떤 기업의 주가가 그 기업의 가치와 비슷한 경우가 대부분이라는 것을 알 수 있다. 하지만 어떤 기업의 주가가 그 기업의 실질적 가치와 크게 차이가 있다면, 상황은 상당히 흥미로워진다.

먼저, 투자 기회를 고려할 가치가 있는지 빠르게 가치평가를 해봐야 한다. 만약 상황이 매력적으로 보일 경우, 심도 있는 기업 가치평가 분석이 필요하다(4단계 참조).

가치평가

거래 배수는 기업 가치평가의 핵심이다. 배수는 기업의 수준, 성과 그리고 미래를 반영해야 한다. 동종업계 대비 높은 성장률, 우월한 이익률, 낮은 레버리지를 가진 기업들은 더 높은 배수를 받아야 한다. 이들의 관계가 틀어져 있다면 투자 기회일 수 있다.

기업 가치를 EBITDA로 나눈 값인 EV/EBITDA는 대부분의 산업에서 기업 가치평가의 기준이 된다. 이렇게 광범위하게 활용되는 이유는 자본 구조, 세금과 무관한 배수이기 때문이다. 따라서 비슷한 두 기업의 부채 수준이 다르더라도 상대적으로 EV/EBITDA 배수는 비슷하게 나온다.[17] 또한 EV/EBITDA는 순이익이 거의 또는 전혀 없는 기업에 더 적합하다. 예를 들어, 레버리지가 높고, 경기 영향을 크게 받으며, 사업 초기 단계의 기업이 여기에 해당된다.

EV/EBITDA는 기업 간 감가상각의 방법 차이로 발생할 수 있는 왜곡도 걱정하지 않아도 된다. 한 기업은 최근 몇 년간 신규 장비 구입에 많은 비용을 지출하여 감가상각비가 증가한 반면, 다른 기업은 자본 지출을 유보했을 수도 있다.

델파이의 2013E EV/EBITDA는 3.5배로 광범위한 동종업계 기업들 대비 1.1배 할인된 상태다. 이런 차이는 델파이가 파산 신청으로 오랜 기간 상장되지 못했기 때문인가? 아니면 시장에서 좀 더 근본적인 문제가 있다고 보고 있는 것인가?

주가를 희석 주당순이익(희석 EPS)로 사눈 값인 P/E는 일반 투자자들 사이에서 가장 일반적으로 사용되는 거래 배수다. P/E는 한 기업의 수익 1달러에 대해 투자자가 얼마나 지불할 의사가 있는지를 나타내는 척도다. 동종업계 대비 P/E가 높은 기업은 성장 기대치가 더 높은 경향이 있다.

P/E는 특히 지속적으로 EPS가 성장할 능력이 입증된 성

---

17. 그러나 부채 수준이 높은 기업들은 재정적 어려움에 대한 우려로 예외다.

숙기에 접어든 기업에 적합하다. 수익이 거의 또는 전혀 나지 않는 기업 평가에는 도움이 되지 않는데, 이는 분모가 최소값이거나 음수가 되기 때문이다.

P/E는 자본 구조가 서로 상이한 기업들을 비교할 때 역시 적합성이 낮다. EPS에는 이자 비용 부담이 반영되어 있으므로, 부채 수준의 영향을 받는다. 따라서 매출과 EBITDA 이익률이 비슷한 기업들이라도 레버리지가 다르다면 P/E 배수는 상당한 차이를 보일 수 있다.

EV/EBITDA 배수와 마찬가지로 델파이의 2013E P/E는 5배로 성장률과 이익률, 레버리지가 비슷한 수준인 동종업계 회사 대비 훨씬 낮았다. 넓은 범위의 유사 기업들은 거의 P/E 9배에 거래되고 있었다. 델파이가 이렇게 큰 폭의 할인을 받을 이유가 있을까?

주가 대비 잉여현금흐름 배수(이하 주당 P/FCF)는 현재 주가를 주당 FCF로 나눈 값으로 계산된다. 이런 의미에서 P/E와 유사하지만, EPS 대신 주당 FCF를 분모에 대입한다.

역수인 주가 대비 주당 FCF/주가(이하 FCF 수익률)는 기업 시가총액 대비 창출된 현금흐름의 백분율로 측정한다. FCF 수익률은 자기자본 가치에 대한 현금 수익률뿐 아니라 이론적으로는 주주에게 반환될 수 있는 현금액까지를 나타낸다.

표 2.5 특정 산업에 특화된 밸류에이션 배수들

밸류에이션 배수

기업가치 /	
EBITDA+임대료(EBITDAR)	· 카지노산업 · 음식점업 · 소매산업
EBITDA+무형자산상각비+탐사비용(EBITDAX)	· 천연자원 · 석유와 가스
매장량	· 천연자원 · 석유와 가스
구독자	· 케이블산업 · 통신업
주식 가치(가격) / 주당 지표	
장부가치(BV)	· 금융업 · 주택건설업
배당가능자금(FAD)	· 부동산업
재량적현금흐름	· 천연 자원
계속사업이익(FFO)	· 부동산업
순자산가치(NAV)	· 금융업 · 부동산업

많은 전문가들은 FCF를 기업 가치평가에 가장 적합한 기준으로 생각한다. EBITDA나 EPS 같은 지표들도 잘 활용될 수 있겠다는 생각을 할 수 있지만, 역시 "현금이 가장 중요하다." 기업이 EBITDA를 사용할 수는 없어도 현금은 바로 쓸 수 있다. 델파이의 2013E FCF수익률은 약 15%로 높은 한 주

당 FCF의 성장세를 감안할 때 동종업계의 9.4% 대비 매우 매력적으로 평가되었다.

그 밖의 배수들로는 금융, 천연자원, 부동산, 케이블/텔레콤 같은 특정 사업 부문에 한정되는 것들이 있다. 이러한 배수들은 분자에는 시장 가치 척도를, 분모에는 영업 활동 지표를 대입하는 것이 특징이다.

수익률

투자자본수익률Return on invested capital, ROIC은 주주에게 수익을 가져다 주는 기업의 능력을 측정한다.

$$\frac{EBIT \times (1-세율)}{운전자본+순유형자산+기타\ 영업자산} \quad or \quad \frac{EBIT \times (1-세율)}{순차입금+자본금}$$

위에 수식에 나와 있듯이, ROIC는 세후 EBIT를 투자 자본의 척도로 나눈 값으로 정의된다. 투자자본을 계산하는 가장 일반적인 방법은 운전자본+순유형자산+기타 영업자산 혹은 순차입금+자본이다.

투자자들은 수익 지표가 꾸준히 자본 비용을 초과하는 기업을 좋아하는 경향이 있다. 이러한 초과 수익은 주주에게 축적된다.

델파이의 ROIC는 20.5% 수준으로 절대적 기준으로 평가하거나, 동종업계 대비 상대적 기준으로도 모두 건전한 수준으로 추정 자본 비용의 10%를 크게 상회한다. 1단계에서 언급했듯이, ROIC가 높은데 밸류에이션이 낮은 기업은 스크리닝 대상이다.

배당 수익률은 기업이 주주에게 지급하는 연간 주당 배당금을 현재 주가의 백분율로 표시한다.

$$\frac{\text{가장 최근의 주당 분기 배당금} \times 4}{\text{현재 주가}}$$

연간 주당 배당금이 0.50달러인 기업의 주가가 20달러라면, 이 기업의 배당 수익률은 2.5달러다.

배당을 지급하는 기업들은 직접적인 자본 회수가 일어나므로 많은 투자자들이 좋게 평가하지만, 어떤 사람들은 조세 측면의 비효율성이나 성장 능력 부족으로 여겨 투자를 피하기도 한다. 델파이는 무배당주로 상장되었다. 새로이 상장된 기업들은 성장 스토리에만 주목할 수 있도록 보통 이렇게 한다.

하지만 2013년 초 상황이 바뀌었다. 충분한 현금 창출, 사업에 대한 자신감, 자본 수익에 대한 헌신, 투자자 기반을 확대하고자 하는 열망을 가지게 된 델파이가 분기별 배당을 개시한 것이다. 당시 배당 수익률은 약 1.7%였다.

유사 기업

유사 기업Comparable Companies, comps 섹션에는 회사와 가장 비슷한 상장 기업들의 요약 정보가 나온다. 이 단계는 예비적 수준에서 유사 기업을 정한다는 것을 명심해야 한다. 4단계의 심도 있는 실사 단계에서 더 정교하고 세분화된 유사 기업 분석이 나온다.

표 2.1, 표 2.2에서 볼 수 있듯이, 주요 유사 기업 정보에는 밸류에이션 배수, 레버리지 비율, EBITDA 이익률, ROIC, EPS 성장률 등이 포함된다. 유사 기업은 아마도 실시간으로 벤치마크를 제공한다는 점에서 가장 일반적인 밸류에이션 도구일 것이다.

유사 기업 이용법은 유사 기업들이 밸류에이션 벤치마크로 합리적인 기준점을 제공한다는 전제를 기반으로 한다. 이는 직관적으로도 알 수 있는데, 유사 기업들은 분석 대상 기업과 핵심 산업 및 재무 특성, 성과 동인 및 리스크 요인이 비슷하기 때문이다.

표 2.2의 유사 기업 표를 훑어보면 다음과 같은 사실을 알 수 있다. 델파이는 마그나에 비해 EBITDA 이익률과 ROIC가 2배 정도임에도 불구하고 P/E 기준에서 할인된 가격에 거래되고 있다. 이 차이는 델파이의 FCF 수익률이 산업 내 높은 수준임을 감안하면 더 심각하다. 더군다나 델파이가 3가지 핵심 구조적 성장 테마에 맞춰 혁신을 하고 있는 동안, 마그나의 사업 대부분은 생산 중심으로만 이루어지고 있었다.

한편, 파워트레인을 중심으로 사업을 운영했던 동급 최강의 경쟁자 보그 워너는 델파이 P/E의 2배 이상이면서, FCF 수익률의 절반 이하 수준으로 거래되었다.

이는 델파이의 이익률 성장 가능성과 수익률이 더 높은데도 불구하고 형성된 가격이었다. 분명히 보그 워너는 구조적 성장 스토리로 인해 시장에서 델파이보다 더 많은 인정을 받고 있었다.

이런 초기 검토를 고려할 때 델파이는 구조적 잠재력을 시장이 제대로 인정하지 않은 동급 최강의 공급업체로, 유사 기업 대비 가격이 잘못 책정된 것이라 판단할 수 있다. 4단계에 가서는 유사 기업을 벤치마크하고, 심층적인 기업 가치평가를 하는 방법을 다루면서, 델파이와 유사 기업 간의 불일치를 더 자세히 살펴보려 한다.

사전 평가

우리는 전반적으로 델파이의 상위 개념을 검토하면서 핵심적인 통찰을 얻었다. 파산 기간 및 파산 후 델파이의 주요 주주 및 이사회는 경영진과의 효과적인 협력을 통해 비용을 절감하고 주요 트렌드에 부합하는 수많은 이니셔티브를 시행했다. 이를 통해 제품군이 현저하게 개선되었고 사업 개편이 이루어졌다. 또한, 운영 개선과 M&A 및 주주 환원 등 재평가를 이끌어 낼 수 있는 잠재적인 촉매들도 확인했다. 그리고 자동차 산업 주기, 지역적 노출, 외환 관련 주요 리스크 요인들을 표시해 두었다.

재무적 관점에서 매출과 순이익에서 모멘텀을 발견했다. EV/EBITDA, P/E 및 FCF 수익률과 같은 모든 관련 지표들에 근거했을 때, 델파이 주가는 구조적 성장주로 분류되는 자동차 공급업체들 대비 저렴한 수준이었기 때문에, 결국 델파이의 밸류에이션은 매력적이었다.

현재 가격 주기에서 구조적 성장을 할 수 있는 기회는 얼마나 가시적인가? 델파이와 비교 가능한 기업군 간의 밸류에이션 차이는 델파이가 혁신에 실패를 할 운명이 아니라면 시장에서 현저하게 저평가된 종목임을 의미했다.

지금까지 작업에 따르면 후자가 사실임을 알 수 있었다. 시장은 아직도 예전의 델파이와 파산 법인 낙인에서 벗어나지 못하는 것처럼 보였다. 많은 대형 뮤츄얼 펀드들이 예전의 델파이로 인해 큰 손실을 입었고, 다시 새로운 시각을 가지고 투자를 하기 꺼려했다. 그러나 기민한 투자자들은 완전히 탈바꿈한 새로운 모습의 델파이에 투자할 기회를 주목하고 있었다. 그러나 3, 4단계에서 더 많은 작업이 필요하다.

요점 정리

- 숙련된 투자자들은 잠재적인 투자 기회를 평가하기 위해 미리 체계적인 과정을 거친다.
- 자신만의 투자 기준을 만들게 되면, 신속하게 별로인 주식은 탈락시키고, 수익 잠재력을 가진 종목들에만 전념할 수 있다.
- 투자 가설은 특정 종목을 보유했을 때의 주요 이점들로 구성되어 있다.
- 초기 검토를 통해 해당 사업에 돈을 투자해도 되겠다고 안심할 수 있어야 한다.
- CEO 이력을 가장 나타내는 대표적인 지표는 과거의 주가수익률이다.
- 리스크가 큰 종목은 투자하면 안되는 것이 아니라, 다만 더 높은 수익률로 보상받을 수 있어야 한다.
- 이상적으로는, 초기 작업을 통해 회사의 밸류에이션이 동종업계 대비 격차가 있는 종목을 찾아야 한다.

3단계

사업과 재무 실사
투자 아이디어를 깊게 파고들 시간

이제 세부적으로 사업과 재무 실사를 수행할 시간이다. 아래에 있는 많은 실사 항목들은 2단계 상위 개념에서 조사한 항목들이다. 이를 통해 추가적 검토를 할 가치가 있다고 판단했고, 이제는 보다 깊게 파고들 준비가 되었다.

사업 실사를 위해서는 기업의 영업 모델이 건실한지 파악해야 한다. 외부 경쟁자의 시장 진입이 어려운 탄탄한 사업을 영위하고 있는가? 아니면 어려움을 겪고 있지만 상황이 개선될 가능성이 보이는가? 이런 분석은 대부분 정성적이며, 좋은 판단력과 통찰력이 요구된다. 특히 특정 사업 모델 및 산업에 대한 경험과 지식이 도움이 된다. 우리는 신속하게 사업 분석을 할 수 있는 기술을 터득하도록 도우려 한다.

재무 실사를 위해서는 기업의 주요 재무제표를 검토하여 현재 기업의 상황과 앞으로의 추세를 판단해야 한다. 재무 분석은 대부분 주요 재무 항목들을 관찰하여 생기는 의문에 대한 답변을 찾는 데 있다. 판매가 증가하거나 감소하는 원인이 무엇인가? 이익률이 증가하거나 감소하는 이유는 무엇인가? 이러한 질문의 답을 얻는 것이 중요하다.

전반적인 기업 실사는 단순히 펀더멘털이 우량한 기업을 찾는 것에서 한걸음 더 나아가야 한다. 상당한 실적 개선 가능성이 있는 종목들을 포함해 명확하지 않은 투자 기회들을 발굴하기 위해서는 유연하고 창의적인 시각이 필요하다. 실적 개선 가능성이 있는 종목들에 대해서는 깊이 있고 철저한 연구를 통해 높은 확신을 얻을 수 있어야 한다.

그러나 실사를 어려워할 필요는 없다. 작업을 안내할 간결한 분석틀이 있으니까. 이는 사업 실사와 재무 실사를 위한 2개의 체크리스트로 되어 있으며, 각각 5개의 질문으로 구성되어 있다. 이 체크리스트는 실사 과정을 계획하고 따라가는 데 도움을 줄 것이다. 체크리스트를 완성하면, 해당 종목의 투자 기회를 택할지 여부를 수월하게 판단할 수 있을 것이다.

사업 실사

사업 실사는 어떤 기업이 우량 기업인지 혹은 우량 기업이 될 수 있는지 여부를 판단하는 데 중점을 둔다. 핵심 사업을 이해하는 것 외에도 경쟁 포지션과 밸류체인상 해당 기업의 위치도 주목해야 한다. 사업 모델은 얼마나 탄력적인가? 주요 리스크 요인에 대해 안심할 수 있는가? 여기서 가장 중요한 것은 사업이 중대한 문제를 해결하고 장기간 지속 가능한 능력을 가지고 있는지 여부다. 이러한 심층 분석은 2단계에서 쌓은 기반을 바탕으로 한다.

> I. 하는 일은 무엇인가?
> II. 어떻게 수익을 창출하는가?
> III. 경제적 해자와 경쟁 포지션은 어떤가?
> IV. 고객과 공급자 간의 관계는 얼마나 굳건한가?
> V. 사업 관련 주요 리스크는 무엇인가?

위의 체크리스트는 특정 기업의 사업에 투자할 가치가 있는지 여부를 평가하기 위해 고안되었다. 아래 5가지 주요 질문들에 대한 만족스러운 답을 얻을 수 있는지가 무척 중요하다. 만약 이 질문들의 답변에 마음이 편치 않다면, 그 종목은 당신의 포트폴리오에 적합하지 않은 것이다. 다만, 이런 주식 분석 과정을 거치면 투자에 대한 통찰력을 키울 수 있으니 실망할 필요는 없다.

I. 하는 일은 무엇인가?

세계적인 투자자들은 표현은 다르게 했지만 주요한 내용은 비슷한 메시지를 남겼다. 투자하려는 기업이 무슨 일을 하는지 곧바로 쉽게 설명하지 못한다면 그 종목에 투자해서는 안 된다는 것이다. 피터 린치의 명언이 있다. "간단할수록 좋다."

고도로 복잡한 사업은 기회일 수도 있지만 그에 상응하는 리스크도 높은 경우가 많다. 일반적으로 복잡한 사업일수록 잠재적으로 알려지지 않은 불확실성들을 더 고려해야 하며, 일이 잘못될 가능성도 커진다. 상식적으로 생각해 봐도, 어떤 기업의 사업이 잘 이해가 가지 않으면 거기에 투자해서는 안 된다. 다만, 투자 기술이 발전하다 보면 더 복잡한 사업도 수월하게 이해할 수 있게 될 것이다. 다른 이들에게는 난해한 것을 이해할 수 있는 자들에게는 큰 보상이 기다리고 있다.

깊이 있는 '스토리'를 이해하기 위해서는 가능한 많은 기업과 사업 자료를 공부하라. 2단계에서 언급했듯이, 연간 보고서, SEC 신고 자료, IR 자료, 증권사 리서치센터 보고서 등은 핵심 자료들이다. 3단계에서는 리서치의 다음 단계로 전기 실적 자료, 실적 발표 컨퍼런스 자료 및 업계 저널을 살펴야 한다. 또한, 기업의 연간 보고서에 실리는 주주 서한도 참고해야 하는데, 이를 통해 기업 문화와 정체성을 알 수 있다. 이상적으로는 제품을 샘플링해서 다른 사람의 의견을 물어야 한다. 전문가들은 산업 전문가나 경영진과의 대화에서 아이디어를 얻기도 한다.

기본 사업 모델 외에도 왜 이 기업에 투자할 가치가 있는지에 대한 통찰을 얻어야 한다. 제품 및 서비스 수요가 가속화되고 있는 구조적 성장주인가? 시장 점유율이 오르고 있는가? 유의미한 성장이 나타나고 있거나 또는 수익성을 높이는 기업 정책이 시행되고 있는가?

델파이로 돌아와서 2단계 초기 작업을 통해 사업 관련 핵심 정보를 파악했지만, 투자 기회를 100% 평가하기까지는 아직 갈 길이 멀다. 우리는 델파이가 GM, 포드, 폭스바겐과 같은 OEM에 공급하는 핵심 자동차 부품을 제조하는 기업임을 알고 있다. 또한, 델파이 제품 덕분에 고객사들은 증가하는 운전자 안전 요구 사항, 더 엄격해진 연비 및 배기 가스 배출 기준, 진화하는 소비자 선호도를 충족시키는 제품을 소비자들에게 제공하고 있다. 이제 3단계에서는 핵심 제품 및 구조적 동인의 지속력을 자세히 살펴볼 것이다.

표 2.1의 투자 기록에서 강조한 바와 같이, 델파이에는 4개의 주요 사업 부문이 있으며, 각 사업부는 서로 다른 성격의 자동차 솔루션 제품을 제공한다.

- 전기/전자 아키텍처(매출의 40%): 커넥터, 배선 어셈블리 및 하네스, 전기 센터, 하이브리드 배전 시스템을 포함한 차량의 전기 아키텍처에 대한 완전한 설계를 제공.
- 파워 트레인 시스템(매출의 30%): 연료 취급 및 분사, 연소, 전자 제어를 포함한 엔진 관리 시스템 통합.
- 전자 및 안전(매출의 19%): 차체 제어, 수신 및 내비게이션 시스템, 디스플레이를 포함하여 승객 안전 및 보안, 인포테인먼트 및 차량 운영을 위한 중요한 구성 요소, 시스템 및 소프트웨어를 제공.
- 열 시스템(매출의 11%): 압축기, 응축기, 라디에이터, 냉/열교환기 등의 난방, 환기 및 공조(HVAC) 시스템 제공.

델파이는 각 핵심 사업별로 우수한 품질과 배송, 경쟁력 있는 가격, 흠없이 완벽한 신제품 출시에 전념했다. 또한 델파이의 제품 포트폴리오는 '안전, 친환경, 연결성'이라는 시대적 메가 트렌드의 최전선에 있었다. 시간이 지날수록 이러한 테마 관련 신제품 옵션들이 보편화되면서 제품 보급률이 증가하게 된다.

- 안전: 충돌 발생시 승객 보호뿐만 아니라 충돌 발생 위험을 사전에 낮출 수 있는 기술.
  - 예) 차선 이탈 경고 시스템, 사각 지대 감지, 충돌 방지.
- 친환경: 배기 가스를 줄이고 연비를 높이며 차량이 환경에 미치는 영향을 최소화하도록 설계된 기술.
  - 예) 하이브리드 및 전기 자동차를 지원하는 제품은 물론 연비 및 배기 가스 배출을 개선하는 제품(예 : 연료 분사 시스템).
- 연결성: 주행 중 개인화, 엔터테인먼트, 편의성 향상에 중점을 둔 기술 콘텐츠.
  - 예) 통합 모바일 음성 및 데이터, 내장된 GPS, 인포테인먼트.

초기에는 많은 잠재적 투자자들이 과거를 떠올리며 과연 델파이가 기술적 리더로 탈바꿈할 수 있을지 회의적이었다는 사실에 주목해야 한다. 그러나 경영진과 이사회는 소비자 수요와 규제 차원의 순풍에 부합하기 위해 전념했다. 이로 인해 그 후 몇 년 동안 델파이는 시장 평균을 상회하여 성장했다.

II. 어떻게 수익을 창출하는가?

이제 기업이 하는 일을 알게 되었다. 그렇다면 어떻게 돈을 벌고 있는가? 이익은 매출과 원가의 함수다. 기업이 이익을 늘리는 방법은 4가지다. 판매량 증가, 가격 인상, 단위당 변동비 감소, 고정비 감소.[1] 처음 2가지는 매출과 관련이 있고, 뒤의 2가지는 비용과 관련 있다.

대부분 기업들은 2~3개의 핵심 사업 동인이 실적에 큰 영향을 미친다. 이 사업 동인들은 실적 보고와 IR 행사에서 중점적으로 발표되며, 증권사 리서치 부서와 투자자 커뮤니티가 면밀히 추적하는 부분이다. 기업의 사업 성과와 전망을 평가할 때는 이런 사업 동인들의 주요 역학을 이해하는 것이 중요하다.

판매량과 가격의 성장 동인은 산업에 따라 다르다. 케이블

---

1. 변동비는 생산량에 따라 변하며, 원재료, 직접노동비, 운송비, 공공요금 등을 포함한다. 고정비는 생산량에 관계없이 거의 일정한 항목들로 임대료, 광고비, 마케팅비, 보험료, 간접비, 관리직 급여를 포함한다.

기업의 경우, 매출 성장 동인은 가입자 수에 인당 월평균 매출액을 곱하여 계산된다. 가입자 수는 비디오나 초고속 인터넷 같은 제품의 보급도에 의존하는 반면, 인당 월평균 매출액은 제품의 가격과 결합 상품에 의해 결정된다. 주택 건설업체의 경우 매출 증가 공식은 판매된 주택 물량에 평균 판매 가격을 곱한 값이다. 주택 물량과 가격은 고용, 임금, 소비자 신뢰도, 인구통계적 트렌드, 대출 기준, 이자율의 영향을 받는 부동산 시장 경기에 달려 있다. 이상적으로는 성장을 견인하는 구조적 또는 경기적 순풍에 부합하는 투자를 해야 한다.

비용은 제품 한 단위를 생산하는데 드는 비용과 고정간접비의 함수다. 단위당 변동비의 경우 기업들은 원자재 구매/믹스, 노동 효율성, 제조 과정 및 기술을 개선하고자 노력한다. 고정간접비의 경우, 급여, 운영비 및 임대료 같은 기업 전체적인 비용을 통제하려고 노력한다.

OEM업체들의 수주가 쌓이고 자동차 생산량이 늘어나면서 자동차 공급업체들의 수입이 늘어났다. 생산량을 넘어서, 델파이의 매출 성장은 차량당 컨텐츠 증가와 제품 믹스가 큰 기여를 했다. 이에 우리는 기술, 환경, 안전 표준 그리고 혁신이라는 핵심 트렌드를 면밀히 조사했다.

자동차 공급업체들은 통상적으로 OEM과 연간 판매 계약을 하면 가격을 할인해 주는 경향이 있다. 일부 델파이의 경쟁업체들은 3~4% 가격을 인하했다. 그래서 우리는 델파이의 최근 실적과 '필수재'로 인한 연간 매출 성장이 2% 정도 낮아질 것이라 가정했다.

월간 자동차 판매량으로 널리 보고되는 자료는 계절조정 연환산판매대수다. 델파이가 다양한 시장에 진출한 것을 감안했을 때, 유럽, 북미, 아태 지역, 남미 지역별 계절조정 연환산판매대수 분석이 필요했다. 그림 3.1에 나와 있듯이, 글로벌 자동차 판매 회복은 2011년에 본격화되었다. 특히 중국(아태 지역)을 비롯한 신흥 시장의 자동차 생산량이 향후 5년간 거의 50%가량 성장할 것으로 기대되었다. 이는 중국 시장에서

그림 3.1 글로벌 경차 판매량

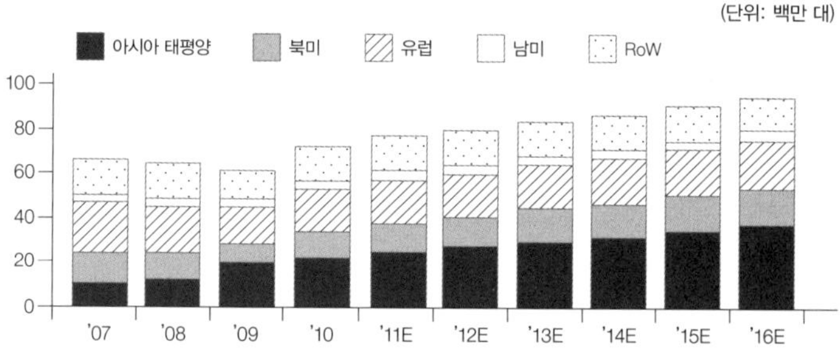

(단위: 백만 대)

■ 아시아 태평양 ▨ 북미 ▥ 유럽 □ 남미 ⋯ RoW

출처: HIS 자동차와 바클리스 캐피털

활약하고 있는 델파이에게는 큰 이익을 가져다 주었다.

델파이의 수주 잔고가 쌓이고, 새 플랫폼에서의 디자인 활용이 늘어나자 이러한 추세는 더욱 강화되었다. 기업의 예상 자본적 지출 내역(표 3.4 참조)에서 알 수 있듯이 델파이는 전략적으로 장기 성장을 견인할 수 있는 차세대 기술에 바람직한 투자를 하고 있었다. OEM 트렌드가 공급업체 기반 통합과 글로벌 자동차 플랫폼으로 향하고 있었던 것도 선호하는 고객사인 델파이에게는 시장 점유율을 높이기에 유리하게 작용했다.

콘텐츠 측면에서는 강화된 연비(그림 3.2 참조)와 안전 기준으로 인해 차량당 콘텐츠가 증가했다. 이러한 추세는 텔레매틱스 트렌드 증가에서 나타나듯 향상된 연결성, 전자 장치, 인포테인먼트, 능동형 안전 시스템에 대한 소비자 수요로 인해 더욱 강화되었다(그림 3.3 참조).

수익성 측면에서 살펴보면, 델파이의 이익률 기회는 성장 스토리만큼이나 매력적이었다. 델파이는 좀 더 엄격한 신규 사업 입찰을 진행하여 양질의 수주 잔고와 제품 믹스를 만들어 나갈 수 있었다. 우리의 분석에 따르면, 기업의 이익률은 다음과 같은 이유로 향후 몇 년간 수백 베이시스포인트basis point, bp[2] 증가할 것으로 예상되었다.

그림 3.2 지역별 연비 기준

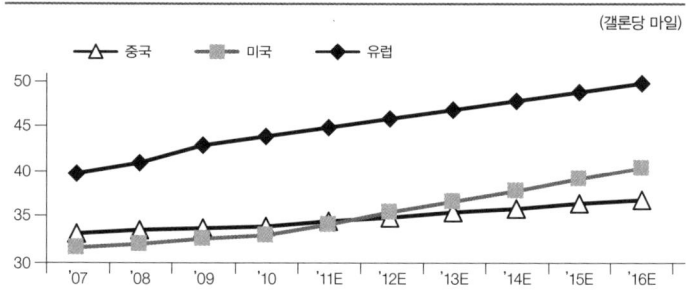

출처: 국제청정교통위원회(ICCT)

그림 3.3 내장형 텔레매틱스 설치 비율

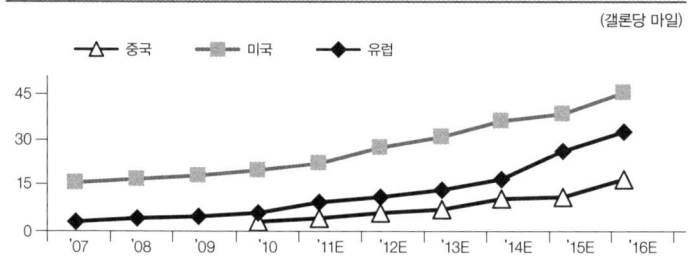

출처: 국제청정교통위원회(ICCT)

- 제품 믹스 변화: 전기화, 연결성, 안전 관련 수익성이 높은 제품에 집중.

2. 베이시스 포인트란 1%의 백분의 일을 뜻한다.

- 회적비용국: 제조 시설을 저비용 국가로 꾸준히 이전하고 있어 기업공개 시점에 비율이 90%를 초과함.
- 유연한 인력 구조: 시장 상황에 따라 '변동' 가능함. 변동비가 70%인 원가 구조에 노동 조합이 없음.
- 린 비용 절감: 경영진과 이사회가 주도하는 기업 내 뿌리 깊게 지속되고 있는 개선 문화로 인해 가격 책정 부문에서 가장 '슬림한' 비용 구조를 갖게 되었음.
- 가격 책정: 기업은 엄격한 입찰 절차, 제품 품질 및 고정성에 의해 뒷받침되는 프리미엄 가격 책정을 강조함.
- 영업 활동 레버리지: 생산량이 늘어날 경우 고정비용 레버리지가 가능함.
- 신흥 시장: OEM에 대한 레버리지와 높은 이익률 제품 보급.

III. 경제적 해자와 경쟁 포지션은 어떤가?

양질의 사업은 동종업계 타 기업에 비해 지속 가능한 경쟁 우위를 갖고 있고, 진입 장벽이 높은 경향이 있다. 이를 일반적으로 '경제적 해자'라고 부른다. 차별화된 제품, 지적재산권, 규모, 브랜드, 고객 충성도, 저비용 구조, 높은 초기 자본 투자 모두 사업 모델의 회복 능력을 뒷받침한다.

경쟁자가 거의 없고 시장 진입 장벽이 높은 산업은 실적 전망이 훌륭하다. 치열한 경쟁 위험에 직면한 기업들은 성장, 수익성, 수익률이 감소된다. 특히, 시장점유율을 높이기 위해 비이성적인 행동을 하는 기업이 산업 내에 있다면 더욱 그러하다. 또한, 자본수익률이 높은 산업들은 신규 진입자를 끌어들일 수 있다는 것에 유의해야 한다. 그래서 아무리 최고의 성과를 내는 기업들이라도 절대 안심해서는 안 된다.

다행스럽게도 델파이는 경제적 해자가 잘 정립되어 있다. 주요 시장 진입 장벽은 아래와 같다.

- 저비용 구조: 최적비용국에 높은 비중의 제조시설 진출, 현지 소싱 및 노동조합이 없는 영향으로 시간당 $7의 평균임금으로 업계에서 가장 저렴한 비용 구조를 가짐.
- 시장 리더십과 글로벌 규모: 대부분의 핵심 제품군 시장에서 1위 또는 2위의 시장점유율 확보, 30개 국가에서 110개의 제조 시설 운영, 16,000명 이상의 과학자, 엔지니어, 기술자들이 연구개발에 매진.
- 제품 사양: 델파이는 차별화된 기술력을 가지고 OEM과 직접 협력하여 혁신적이고 고객 맞춤화된 솔루션 개발, 델파이 제품은 출시일로부터 몇 년 전부터 신차 플랫폼

에 들어가도록 설계되어 상당한 수주 잔고와 높은 전환 비용이 발생함. 전세계적으로 가장 판매율이 높은 차량들 대부분에 델파이 제품이 들어감.
- 고객 관계: 주요 OEM사와 수십 년간 협력 관계 유지하고, 제품 개발 전담 기술센터 15곳이 전략적인 위치에 있으며, 현장 설계 팀과 엔지니어링 팀이 보완하고 있음.
- 중국: 1992년부터 국내외 OEM에 공급해온 중국 시장의 선두주자, 미래 성장률의 약 50%가 신흥 시장에서 발생할 것으로 예상됨.

경쟁적 관점에서 델파이는 S-1에 공시된 것처럼(표 3.1 참조) 각 부문별로 여러 글로벌 업체들을 경쟁자로 두고 있다.

표 3.1 사업 부문별 경쟁업체

사업부문	경쟁업체
전기/전자 아키텍처	레오니Leoni, 몰렉스Molex, TE 커넥티비티TE Connectivity, 스미토모Sumitomo, 야자키Yazaki
파워트레인 시스템	보그워너BorgWarner, 보쉬Bosch, 콘티넨탈Continental, 덴소Denso, 히타치Hitachi, 마그네티 마렐리Magneti Marelli
전자 및 안전	아이신Aisin, 오토리브Autoliv, 보쉬Bosch, 콘티넨탈Continental, 덴소, 하만Harman, 파나소닉Panasonic
열 시스템	덴소, 말레MAHLE Behr, 산든Sanden, 발레오Valeo, 비스티온Visteon

델파이의 경쟁 우위는 부문별로 상이하다. 전기/전자 아키텍처의 경우 델파이의 제품 무게와 최적화된 비용은 혁신적인 수준이다. 파워트레인 부문에서는 기술적 노하우와 R&D를 통해 보쉬와 콘티 같은 독일 엔지니어링 거물급들과 겨룰 수 있었다. 또한, 전자 및 안전 부문에서는 능동적 안전, 인포테인먼트, 사용자 경험 시스템에 있어 선두주자였다.

IV. 고객과 공급자 간 관계는 얼마나 굳건한가?

한 사업을 이해하려면 가치 사슬에서 기업의 위치가 어디인지 공부해야 한다. 다른 말로 표현하자면, 고객 및 공급업체와 기업의 관계가 얼마나 굳건한가이다. 이러한 분석은 고객 집중도, 유지 기간, 협상력, 기타 관계적 역학에 중점을 둔다.

고객

기업은 고객의 운명과 직접적으로 연결되어 있다. 고객 집중도가 높은 기업의 경우, 고객사에 차질이 생기거나 중대한 계약 손실이 발생하는 경우 치명적일 수 있다. 더군다나, 기업에게 유리한 조건을 협상하는 능력도 고객 기반이 세분화된 기업에 비해 제한적일 수 있다. 상장 기업은 종종 상위 고객 리스트와 고객 집중도 정보를 10-K의 '사업' 또는 '고객' 섹션에 공시한다.

고객 집중도가 높을 경우, 고객에 대한 심도 있는 실사가 필요하다. 이 작업은 실제 투자 종목을 실사하는 것과 비슷하다. 고객사의 주요 성과 동향, 전망, 재무 건전성을 살펴본다.

고객 실사에는 투자 대상 기업과 고객과의 관계가 유지된 기간도 포함된다. 일반적으로, 관계가 오랜 기간 유지되었다면 고객 충성도와 안전성이 있다는 증거이므로 더 좋다. 만일 매출의 20%를 차지하는 단일 고객이 있다면 우려스러울 수도 있겠지만, 그 고객과의 관계가 수십 년간 유지된 것이라면 안심할 수 있다.

또한, 관계 역학도 살펴야 한다. 예를 들어, 제품 전환 비용이 높거나 해당 고객에게 다른 대안이 거의 없다면, 고객 충성도 측면에서 확신을 얻을 수 있다.

델파이의 S-1을 살펴보면, 상위 10개 고객이 총매출의 65% 이상을 차지하고 있으며, 그중 상위 3개 고객사의 비중은 38%였다(표 3.2 참고).

크게 우려되는 수준은 아닐지라도, 이 정도의 고객 집중도 수준은 면밀한 조사가 필요했다. 다행히 델파이는 수십 년 동안 상위 고객들과의 관계를 잘 유지해오고 있었다. 이는 시간으로 증명이 된 것이었다. 또한, 대부분 핵심 고객들은 투자

표 3.2 델파이 고객사 명단

고객사	비중
GM	21%
포드	9%
폭스바겐 그룹	8%
다임러 AG	6%
PSA 푸조 시트로엥	5%
르노 SA	4%
상하이 GM	4%
피아트	3%
현대기아 자동차	3%
토요타	3%

등급이 최상위로 신용도가 높은 기업이었다.

아마도 가장 안심되는 부분은 2011년 기업공개 당시 델파이가 고객 다각화를 확대하기로 약속한 점이다. 경영진은 앞으로 매출의 15% 이상 비중을 차지하는 고객은 없애겠다고 명시했다. 델파이가 2011년 초 GM이 보유하고 있던 지분 43억 달러를 재매입한 것 또한 최대 고객인 GM의 영향력이 앞으로 줄어들 것이라는 점을 시사하며 IPO 투자자들을 더욱 안심시켰다.

또한 델파이는 북미, 유럽, 아태 지역, 남미 지역 비중을

30%, 30%, 30%, 10%로 균형 있게 만드는 지역 다각화 계획을 내놓았다. 이는 IPO 당시의 33%, 43%, 16%, 8% 믹스와 대비되는 것이다.

공급업체

특정 고객에 대한 높은 매출 의존도만큼이나 기업의 공급업체 집중도도 고려해야 한다. 대형 공급업체는 고객에게 상당한 영향력을 행사하는 경향이 있으므로, 공격적 행동을 할 위험이 높다. 특히, 자재가 구하기 어렵거나 공급원이 한 곳뿐일 때는 더욱 그러하다. 일반적으로 기업 매출 원가의 상당한 비중을 차지하는 원재료나 서비스를 공급하는 업체가 있다면 투자자의 주의가 요구된다.[3]

어떤 기업들은 10-K나 설립 취지서에 주요 공급업체를 구체적으로 나열하고 있고, 또 특정 원자재에 대한 기업의 노출을 명시해 둔 기업도 있다. 일반적인 원자재로는 금속(예: 알루미늄, 구리, 강철) 및 석유 제품(예: 석유, 가스, 수지)이 있다. 한두 개 공급업체에 의존하는 기업은 이들 공급업체의 물량 부족이나 운영 중단이 발생할 경우 취약하다.

---

3. 매출 원가는 기업이 제품과 서비스 생산에 직접적으로 지출하는 비용이다. 일반적인 매출 원가 항목에는 재료비, 급여, 판매비, 제조비 등이 있다.

델파이는 S-1에 공급 업체 및 원자재 노출을 명시적으로 나열하지는 않았지만, 아래의 내용을 적어 두었다.

> 우리는 전 세계의 다양한 공급업체로부터 원자재를 조달한다. 일반적으로 운송비 및 기타 비용 최소화를 위해 제품이 제조되는 지역에서 원자재를 확보하고 있다. 제품 제조에 사용되는 가장 중요한 원자재로는 알루미늄, 구리, 수지가 있다.

특정 고객에 대한 집중도가 높은 것과 마찬가지로, 높은 비중의 원자재에 대한 노출도 면밀한 조사가 필요했다. 다행히도 기업의 글로벌 공급업체 목록은 매우 탄탄하고 다양했다. 델파이가 세계 각지에 진출한 덕분에 필요한 원자재의 현지 조달이 가능했다. 우리는 근본적인 원자재 가격 변동과 가격 급등 시 델파이가 이를 헤쳐나갈 수 있는 능력이 부족할 수 있는 위험이 있다고 판단했다. 그러나 나중에 논의하겠지만, 델파이는 패스 스루 계약 및 헤징을 통해 이러한 노출을 효과적으로 완화했다.

V. 사업 관련 주요 리스크는 무엇인가?

영업 활동 관련 위험

투자자는 투자 가설의 위험을 끊임없이 경계해야 한다. 우리는 이미 경기 변동에 관한 노출, 경쟁 압력, 고객 및 공급업체 문제, 원자재 가격 상승 등 기업이 영업 활동을 하며 직면할 수 있는 위험들을 살펴보았다. 여기에 추가로 환율 변동, 기술 노후화 및 재무 레버리지까지 살펴봐야 한다.

델파이의 S-1 양식에는 영업 활동에 관한 위험으로 아래의 내용들이 나와 있다.

- 생산량: "자동차 판매와 생산은 경기를 심하게 탄다. 글로벌 자동차 판매가 감소하면 OEM 고객의 생산량이 감소하고 이는 당사의 현금흐름에 직접적 영향을 미친다. 가장 최근 사례로 2009년 자동차 산업 불경기 때 북미와 서유럽의 자동차 생산량이 2007년의 최저치 대비 각각 43%, 26% 감소한 것을 들 수 있다."
- 경쟁: "우리는 매우 경쟁이 치열한 자동차 공급 산업에 종사하고 있다. 경쟁은 기본적으로 가격, 기술, 품질, 배송 및 전반적인 고객 서비스를 기반으로 일어난다." 경쟁은

모든 산업에 있어 현실이다. 지금은 경쟁이 심하지 않은 산업일지라도 언제 예기치 않은 새로운 경쟁자가 시장에 진입할지 모르는 일이다.

- 고객: "당사 5대 고객의 시장 점유율 또는 사업의 축소는 당사의 매출과 수익성에 불균형적으로 악영향을 미칠 수 있다." 특정 고객에 대한 집중도로 인해 고객사에 발생할 수 있는 영업 이슈나 재무적 어려움 등에 당사도 노출되어 있다.

- 공급업체: "당사와 공급업체와의 관계, 특히 단독 공급업체와의 관계에 심각한 차질이 생길 경우, 당사의 수익에 해를 끼칠 수 있다." 고객과 마찬가지로 공급업체에 대한 집중도도 제3자에 대한 취약성이 높음을 의미한다.

- 원재료 가격: "최근에 구리, 알루미늄, 석유계 수지 제품의 글로벌 가격 변동이 심해 당사 사업에 불리한 영향을 미쳤다." 주요 원자재 가격의 불리한 변동은 재무 결과에 유의미한 영향을 줄 수 있다. 당사는 헤징과 환율 전가 계약(패스스루 계약) 체결을 통해 이러한 위험을 완화하고 있다.

- 통화: "통화에 대한 노출은 미래 현금흐름에 영향을 미칠 수 있다. 당사의 2010년 매출의 약 65%가 미국 달러 이

외의 통화로 청구되었다. … [가장 주목할 것은] 멕시코 페소, 유로, 중국 위안, 터키 리라 및 영국 파운드화다." 당사의 보고된 미달러화 매출액과 순이익은 환율 영향을 받았지만, 매출과 원가의 통화를 일치시키는 전략을 통해 이익율은 지킬 수 있었다.

- 새로운 기술: "규제 및 기술 관련 변화에 신속히 대응하지 못하거나, 지적재산권을 가지고 상업적 이윤을 낼 수 있는 제품을 개발하지 못할 수 있다." 어떤 기업도 기존 제품 및 서비스의 가치 제안을 바꾸는 대체 기술이 나올 위협에서 자유롭지 못하다.
- 레버리지/유동성: "장기적인 경기 침체나 경제적 불확실성이 사업에 악영향을 미칠 수 있으며, 이용이 불가능할 수도 있는 추가 자금 조달이 필요하게 될 수 있다." 기업은 대차대조표와 유동성을 관리하여 경기 침체시 충분한 완충제를 마련해두어야 한다. 보통 리볼빙 한도, 현금 보유 잔고, 신중한 부채 조달 및 만기 일정[4]을 관리한다.

주요 위험 요인을 파악한 후에는 이를 정량화하여 투자 결

---

4. 기업은 차입금 만기가 동시에 도래하지 않고, 여러 해에 분산되는 균형 잡힌 만기 일정 관리를 해야 한다.(이 장의 뒷부분인 '재무실사 III. 대차대조표는 건전한가?'를 참고할 것)

표 3.3 위험 민감도 분석

아이템	민감도	영향도	
		매출액	EBITDA
규모	+/– 1%	+/– 1.5억 달러	+/– 0.4억 달러
유로(EUR)	+/– 10%	+/– 6.5억 달러	+/– 0.65억 달러
구리가격	+/– 10%	+/– 0.85억 달러	+/– 0.15억 달러
유가	+/– 10%		+/– 0.25억 달러

정의 근거로 삼아야 한다. 표 3.3에는 자동차 생산량, 유로화와 미 달러화의 환율, 구리와 석유 가격 변동에 대한 델파이의 민감도 분석이 나와 있다. 기본적 위험 요소들이 백분율 단위로 변할 때, 델파이 매출과 EBITDA에 미치는 영향을 보여주고 있다.

비영업 활동 관련 위험

투자 가설에 영향을 미치는 영업 활동 이외의 위험도 식별해야 한다. 여기에는 규제, 지정학적, 환경적, 법률적 위험이 있을 수 있다. 이러한 위험들은 종종 영업 활동 관련 위험보다 예측하기가 어렵다. 그렇다 하더라도, 이들의 영향을 검토하지 않을 수는 없다.

비영업 활동에 관한 위험은 특히 기업이 속한 특정 산업이나 지역에 관한 것들이다. 델파이가 속한 자동차 공급 산업의 경우, 과거 제품 리콜과 환경 관련 규제 이슈들이 잘 정리되어 있다. 게다가 중국 사업 규모가 큰 점은 신흥 시장과 특정 국가에 관한 지정학적 위험이 따름을 의미한다.

델파이의 S-1에 공시된 비영업 활동에 관한 위험은 아래와 같다.

- 규제 관련 위험: "당사는 규제 변화에 충분히 신속 대응하지 못할 수 있다." 규정, 규칙 또는 법률의 예상치 못한 변경은 항상 잠재적인 위협이다.
- 지정학적 위험: "당사는 미국 이외의 관할권에서 사업을 수행하는 것과 관련된 위험에 직면해 있다… 중국에서의 사업은 … 경제 및 시장 상황에 민감하다." 고위험 국가에서 실질적으로 사업을 운영한다는 것은 국내 불안, 정권 변화, 사업 환경의 불확실성, 제재, 심지어 관세에 대한 기업의 민감도를 높이기 때문에 주된 걱정거리다.
- 환경 관련 위험: "당사는 환경 규제, 소송 또는 기타 책임으로 인해 부정적인 영향을 받을 수 있다." 환경 문제에 관련된 위험은 산업 특수성을 띤다. 예를 들어, 석면 관련 소송으로 인해 1980년대부터 2000년 초까지 공업 산

업부문에서 수십억 달러의 벌금형과 일부 주목할 만한 기업들의 파산이 잇달았다.

- 법률적 위험: "보증 청구, 제품 리콜, 제품 책임 및 지적 재산권 침해 조치로 인해 당사에 물질적 손실과 비용이 발생할 수 있다." 투자자는 모든 보유 자산에 대한 법적 위험을 갖고 있다. 자동차 산업에서는 제품 고장과 리콜 위험이 특히 그렇다.

실존적 위험

실존적 위협은 기업의 존재 자체를 위태롭게 한다. 시장 파괴적인 신기술들은 기존의 오래된 사업 모델을 항상 위협하고 있다. 실사의 일환으로, 해당 기업이 이런 기술 변화를 잘 견딜 수 있는지에 대해 안심할 수 있어야 한다. 동일한 분석을 통해 최종 투자 종목을 고를 수도 있다.

이상적으로는 기업이 혁신의 최전선에 있어서 업계의 기본 질서를 파괴해야만 한다. 이것이 바로 새로워진 델파이의 포지셔닝이었다. 자동차의 전기화와 연결성을 앞서 받아들인 기업의 비전과 용기는 향후 10년간 델파이가 성공할 발판을 마련했다.

소매 부문에서 블록버스터 비디오와 보더스 그룹의 몰락은 파괴적인 기술에 의해 시장 판도가 바뀐 유명한 사례다. 비디오 대여 소매업 체인 블록버스터는 2004년 매출 60억 달러와 EBITDA 5억 달러를 기록했다. 그러나 2010년에는 매출과 EBITDA가 각각 32억 5,000만 달러와 -2,000만 달러로 감소했다. 무슨 일이 일어났을까? 사람들이 더 이상 집에서 영화를 보는 것에 흥미를 잃은 것일까? 그럴 리 없다. 거실에서 영화를 보게 하는 새로운 방법이 탄생했지만, 블록버스터는 진화하지 못했다.

가장 큰 혼란을 가져온 기업은 넷플릭스로, 초창기 우편으로 DVD를 대여해 주는 서비스로 시작해 온라인 비디오 스트리밍 서비스를 제공하는 데 이르렀다. 2004년에서 2010년까지 같은 기간 동안 넷플릭스의 매출은 5억 달러, EBITDA는 2,500만 달러에서 각각 22억 달러와 3억 2,500만 달러로 늘어났다. 결국 블록버스터사는 2010년 9월 파산을 신청했고, 넷플릭스의 주가는 2002년 최초 상장 당시 분할 조정된 주당 1달러에서 2010년말 기준 25달러까지 뛰었다. 2019년말 넷플릭스 주가는 324달러가 되었다.

도서 및 음반 소매업 체인 보더스는 전자상거래 거물인 아마존 때문에 비슷한 운명을 맞이했다. 2005년 보더스의 매출과 EBITDA는 40억 달러와 3억 달러였지만, 2010년 말엔 각

각 22억달러와 -2억 달러까지 하락했다.

왜 그랬을까? 사람들이 더 이상 책을 읽지 않아서? 정반대로 오히려 도서 판매는 급증했지만, 그 보상은 아마존에게 돌아갔다. 보더스는 사업 모델을 적응시키는 데 실패했고, 결국 2012년 1월 파산을 신청했다. 한편, 아마존의 주가는 1997년 IPO 때 분할 조정된 1주당 2달러에서 2012년 말 250달러 이상으로 치솟았다. 2019년 말 아마존 주가는 1,848달러가 되었다.

재무 실사

재무 실사는 기업의 과거 및 예상 재무 성과를 분석하고 해석하는 데 중점을 둔다. 이는 사업 실사와도 밀접한 관련이 있다. 재무 실사와 사업 실사는 모두 필요하며, 어느 하나만으로는 충분하지 않다.

약간의 수학적 기술이 필요하지만, 좋은 소식은 가장 기본적인 덧셈, 뺄셈, 곱셈, 나눗셈이면 충분하다는 것이다. 또한, 재무 실사는 손익계산서, 대차대조표, 현금흐름표라는 세 가지 주요 재무제표를 살펴볼 수 있게 돕는다. 꼭 그래야 하는 것은 아니지만, 마이크로소프트 엑셀을 활용할 수 있다면 매우 유용하다.

기본 수학에서 보면, 실제 계산을 하는 부분이 가장 쉽다. 어려운 것은 후에 그 숫자들을 해석하는 일이다. 무엇이 기업의 실적을 견인하고 있나? 왜 기업이 동종업계 대비 실적이 우세하거나 저조한가? 이런 추세는 지속 가능한가? 경쟁사들은 어떻게 반응할 것인가? 향후 1, 2, 5년 또는 심지어 10년 동안의 성과는 어떻게 예상되는가? 궁극적인 분석의 목적은 기업의 미래 성과를 걱정하지 않기 위함이다. 물론 미래의 예측은 불확실성이 있을 수밖에 없다.

사업 실사와 마찬가지로 재무 실사를 위한 5가지 질문은 아래와 같다.

> I. 과거 상황은 어떠했는가?
> II. 현재 어디로 향하고 있는가?
> III. 재무제표는 건전한가?
> IV. 강력한 잉여현금흐름을 창출하고 있는가?
> V. 경영진이 자본을 배분하는 방식은 어떠한가?

I. 과거 상황은 어떠했는가?

먼저, 기업의 과거 실적에 집중해야 한다. 매출과 수익성이 증가하거나 감소했는지, 혹은 일정한 수준인지 파악하고 그 이유와 과정을 알아야 한다. 일반적으로 과거 3~5년을 보면 결론을 내기 충분하며, 특히 사업 주기가 변하는 시점이 포함되어 있으면 더욱 그렇다. 숫자가 '명확한지' 확인해야 한다. 즉, 일회성 항목이나 M&A 등이 잘 조정 반영되었는지 확인해야 한다. 또한, 이러한 기업의 추세를 동종업계와 비교하고 차이점을 이해해야 한다.

앞서 언급했듯이, 턴어라운드할 수 있는데 뭔가 문제가 있는 기업을 발견하기 위해서는 근면함뿐 아니라 유연성도 더해져야 한다. 최근 파산에서 벗어난 델파이는 분명히 여기에 해당되었다. 2005년 챕터11 파산 신고는 비경쟁적인 비용 구조, 초과 부채, 부담스러운 연금 부채로 인한 결과였다. 당시 델파이의 EBITDA는 마이너스였고, 총부채가 약 220억 달러에 달했다. 델파이는 이자 비용, 연금 비용 및 영업 활동 비용을 지속적으로 지불할 명확한 방법 없이 현금을 낭비하고 있었다.

참고로 델파이의 미국 소재 자산만 챕터11에 해당이 되었다. 미국에서의 턴어라운드 스토리가 대부분의 헤드라인을 장식했지만, 유럽에서의 구조조정 프로젝트도 이에 버금가게 인상 깊었다. 델파이는 유럽 사업을 전례 없었던 두 자리수 이익률을 내는 수익 기계로 바꿔놨다. 이는 북아프리카와 동유럽에 위치한 최적 비용 제조 기반, 30% 임시직으로 구성된 시간당 인력과 폴란드와 같은 최적비용국에서 엔지니어링 인재를 성공적으로 스카웃한 덕분이었다.

수년간 파산 기간을 보내면서 기업은 제품 라인을 119개에서 33개로 대폭 줄였다. 이에 못지않게 중요한 것은, 델파이가 스티어링 및 패시브 안전 부문을 포함한 11개의 사업부를 접고, 가장 자신 있는 분야에 집중하기로 결정한 것이다. 2009년 여름까지 델파이의 주요 주주들은 GM과 협상하여 남아 있는 미국 공장을 되찾았다.

그 결과, 새로워진 델파이는 깨끗한 대차대조표, 적절한 규모의 비용 구조, 간소화된 제품 포트폴리오를 갖게 되었다. 재무적 관점에서만 봤을 때, 파산으로 인해 델파이는 법인세를 20% 낮출 수 있었다. 세율이 낮아진다는 것은 영업 이익의 더 높은 비율이 EPS와 FCF로 전환된다는 뜻이다. 이는 높은 세율을 적용받고 있는 동종업계 대비 분명한 이점이었다.

표 3.4에서 볼 수 있듯이 2007년부터 2009년까지의 급격한 침체기 이후 회사의 재무 상황은 개선되기 시작했다.

표 3.4 델파이 5년 과거 금융 요약 – 손익계산서 및 잉여현금흐름

(단위: 백만달러, 1주당 데이터 제외)

델파이의 과거 5개년 재무 상태 요약 – 손익계산서 및 잉여현금흐름

	과거 기간					CAGR
	2007	2008	2009	2010	2011E	
매출 발생부문						
전기 아키텍처	$5,968	$5,649	$4,295	$5,620	$6,622	2.6%
파워트레인 시스템	$5,663	$5,368	$3,624	$4,086	$4,918	−3.5%
전자기술과 안전장치	$5,035	$4,048	$2,562	$2,721	$2,955	12.5%
열 시스템	$2,414	$2,121	$1,373	$1,603	$1,796	7.1%
손익계산서						
매출액	$19,526	$16,808	$11,755	$13,817	$16,039	4.8%
성장률(%)	1.0%	−13.9%	−31.0%	17.5%	16.1%	
매출총이익	$883	$651	$228	$2,049	$2,526	30.0%
이익률(%)	4.5%	3.9%	1.9%	14.8%	15.7%	
EBITDA	$19,526	$16,808	$11,755	$13	$16,039	4.8%
이익률(%)	3.7%	1.6%	0.7%	11.8%	12.7%	
성장률(%)	의미없음	의미없음	의미없음	의미없음	25.20%	
감가상각비	$19,526	$16,808	$11,755	$13	$16,039	−13.9%
이자비용	764	434	8	30	123	−367%
당기순이익	$19,526	$16,808	$11,755	$13	$16,039	의미없음
희석주식수(1)	686	686	686	686	328	
EPS	$5,035	$4,048	$2,562	$2,721	$2,955	의미없음
성장률(%)	의미없음	의미없음	의미없음	의미없음	255.00%	

현금흐름표

영업현금	($98)	$455	($98)	$1,142	$1,356	의미없음
CAPEX 차감	−577	−771	−409	−500	−629	
매출액 대비(%)	3.0%	4.6%	3.5%	3.6%	3.9%	
FCF	($675)	($316)	($507)	$642	$727	의미없음
FCF/S	($0.98)	$0.46	$0.74	$0.94	$2.21	의미없음
증가율(%)	의미없음	의미없음	의미없음	의미없음	136.70%	

(1) 2011E, IPO 시점의 희석 주식 수

2010년 매출은 17.5% 증가했고, 2011년에도 비슷한 성장세을 보였다. 이렇게 엄청난 매출 증가가 일어난 원인은 무엇이었을까? 다행히도, 델파이의 2011년 S-1의 경영진단의견서 Management discussion and analysis, MD&A[5] 섹션에서 도움이 되는 내용을 찾아볼 수 있다.

> 당사의 매출 개선은 OEM 생산 증가와 단위당 콘텐츠 수준의 증가 효과가 반영된 것이다. 이러한 향상은 세계 경제가 안정화되고 있다는 것을 계속 시사한다. 그러나 북미와 서유럽 판매량은 2008년과 2009년 이전 대비 상당히 낮은 수준이 지속되고 있다.

5. 경영진의 논의 및 분석. 전기 보고된 재무 실적 및 주로 기업의 추세와 전망에 대한 개요를 담은 SEC 의무 공시 자료다.

이제 평행선을 보이는 델파이의 수익성을 살펴보자. 매출총이익은 2009년 최저 1.9%에서 2011E 15.7%로 크게 개선되었다. 순이익은 -8억 6,600만 달러에서 +11억 달러로 증가했다. 또한, 기업은 상당한 잉여현금흐름을 창출하기 시작했다. MD&A에 따르면:

> 2010년 당사는 대부분의 구조조정을 완료되었으며, 이를 통해 고정비 비중을 낮추고, 제조시설 입지 개선 및 간접비를 절감할 수 있었다. 당사는 미국과 서유럽의 사업을 대폭 축소하였고, 판관비 구조를 재정비했으며, 직원 베이스의 변동비 비중을 늘렸다.

델파이의 유연한 노동력과 운영 레버리지는 수익의 중요한 원동력이었다. 원자재 가격 여건도 개선되어 기업에 이익이 되었다. 하지만 이 성공이 앞으로도 지속 가능할 것인가?

II. 현재 어디로 향하고 있는가?

이제 회사의 과거를 알았으니 어디로 가고 있는지 현재를 알아볼 차례이다. 향후 1, 2, 5년 심지어 10년간 기업이 어떤 모습이 될지 그려보자. 기대 성장률은 기업 가치평가에 있어 중요하다. 지분 투자자들은 성장 속도가 늦은 기업보다 빠른 기업에 더 높은 거래배수를 주는 경향이 있다. 또한, 유기적 성장과 인수 중심의 성장을 주목하며, 일반적으로 유기적 성장을 더 선호한다.

성장은 매출과 이익 성장을 뜻한다. 투자자들은 둘 다 찾는다. 이익 성장 없이 매출만 증가한다면 분명히 비용 문제를 제기할 수 있다. 마찬가지로, 매출 성장 없이 이익만 증가하는 기업은 지속 가능성에 대한 의문을 제기하게 된다. 이익을 짜내려고 노력하는 데는 한계가 있기 때문이다.

기업의 성장 전망은 일반적으로 5년 추정치가 포함된 재무 모델에 반영된다. 재무 모델의 목적은 가장 가능성이 높은 결과를 추정하는 것이다. 물론 실제치와 추정치 사이에는 차이가 발생할 수밖에 없다. 그러나 만약 제대로 된 연구와 검토를 바탕으로 핵심 가정을 세운다면 그 차이가 발생할 가능성은 낮아질 것이다.

미래는 본질적으로 불확실하지만, 단서를 찾아야만 한다. 가장 최근의 실적 발표 컨퍼런스콜 자료, MD&A, IR 자료부터 시작해라. 또한, 많은 기업들이 가이던스를 범위 형태로 발표하고 있다. 경영진의 능력과 신뢰성에 대한 생각이 이러한 자료들의 해석에 영향을 미친다. 증권사의 리서치와 컨센서스 추정치는 신뢰도가 높은 애널리스트들의 자료일 경우 추가적인 관점을 제공해 주기도 한다.

가이던스나 컨센서스가 어느 범위인지와 별개로 스스로 작업을 할 필요가 있다. 애널리스트들이 내놓는 추정치 사이에 차이가 큰 경우 컨센서스만 보면 실수할 수 있다. 그래서 기업의 주요 재무 동인과 이를 고려한 재무 모델을 이해하는 것이 필수적이다.

재무 추정치를 작성하려면 이전 섹션에서 수행한 작업 검토에서부터 출발해야 한다. 매출, EBITDA 및 EPS의 과거 성장률과 이익률 추세를 중점적으로 봐야 한다. 거기서부터 미래 추정치를 생각할 수 있다. 현재와 같은 추세로 성장이 지속될 것인가, 더욱 가속화될것인가, 아니면 감소세를 보일 것인가?

앞서 논의한 바와 같이, 주로 2~3개의 핵심 변수가 재무 성과와 이에 따른 추정치를 결정한다. 델파이의 매출이 주로 지역별 글로벌 자동차 생산량, 백로그, 가격의 함수였음을 기억하라. 그러니 연간 매출 추정치는 주로 타사의 추정된 자동차 생산 데이터, 신규 산업/백로그 증가 그리고 가격 하락을 근거로 산출된다.

수익성을 추정하기 위해 투자자는 매출 총이익, EBITDA, 순이익에 중점을 둔다. 매출액에서 매출 원가를 차감한 매출

총이익은 제품 및 서비스의 생산에 관한 직접 비용을 차감한 이익을 뜻한다. 매출 원가는 주로 변동비이고 제품과 서비스 수량과 관련이 있다. 매출 총이익율은 매출 총이익이 매출의 몇 %인지로 계산한다.

매출 총이익을 자세하게 모델링할 때는 주요 비용 항목에 가격 및 수량에 근거한 추정 매출 원가를 입력한다. 델파이의 주요 매출 원가 내역은 원재료비, 인건비, 제조 간접비 그리고 운송비가 있다. 이와는 달리 아주 간단한 방식으로 접근할 때는, 최근 트렌드, 외부 리서치 자료, 또는 경영진의 가이던스에 근거하여 매출 총이익을 매출의 비율로 가정한다.

매출 원가와 기업 간접비라고도 불리는 판매 관리비를 차감한 이익인 EBITDA와 EBIT을 모델링할 때도 동일하다. 자세한 방법은 판매 관리비를 별도로 추정한 뒤, 이를 매출 총이익에서 차감하여 EBIT을 계산한다.[6] 여기에 감가상각비를 더하면 EBITDA가 산출된다. 감가상각비는 보통 과거 수준을 근거로 매출의 %로 추정한다.

판매 관리비는 대부분 고정비 성격이며, 종종 GDP 또는 '인플레이션 플러스 알파' 비율로 증가한다는 가정에 기초하

---

6. EBIT를 계산할 때는 매출 원가에 감가상각비가 포함되어 있다고 가정하고, 가끔 판매 관리비도 포함된다고 가정한다.

여 모델링한다. 또는 최근 추세에 따라 매출액 대비 %로 모델링할 수도 있다. 어떤 접근 방식이든 주의할 것은 판매 관리비에 상당한 영향을 미칠 수 있는 기업의 주요 비용 절감이나 확장 이니셔티브를 유념해야 한다.

당기순이익은 이자 비용과 세금을 고려해야 한다. 이 비용들의 변화가 잦은 경우는 두 비용을 각각 따로 추정하는 것이 상위 레벨로 이익률을 가정하는 것보다 현명하다. 특히 부채를 상환하고 있어 앞으로 이자 비용이 낮아질 기업인 경우 개별 추정하는 것이 더욱 중요하다. 또한, 주식 재매입이나 자금 마련을 위해 부채가 늘어나고 있는 기업에게도 해당된다.

주당 지표들, 특히 EPS와 FCF/S의 경우 분자인 당기순이익과 잉여현금흐름을 각각 희석 주식수로 나눈다. 분모의 경우 향후 주식수에 영향을 미칠 수 있는 잠재적 자사주 매입, 발행 또는 기타 기업 활동을 고려해야 한다.

표 3.5은 델파이 모델에 관한 구체적인 가정들이 나와있다. 지역별 생산 예측, 백로그 추정치, 표준 가격 인하뿐만 아니라 과거 기업 실적까지 참고했다. 표 3.6에 따르면 이들을 근거로 가정했을 때, 향후 5년 동안 매출은 연평균 6% 이상 증가할 것으로 추정된다. 매출 총이익률은 추정 기간 종료 연도에는 17.5%를 넘어서고, EBITDA 이익률도 14.5%에 도달할

표 3.5 추정 모델 가정 요약

(단위: 백만달러)

추정모델 가정 요약					
	추정 기간				
	2012E	2013E	2014E	2015E	2016E
매출 동인					
경차 판매량(000S)					
북미	13,907	14,880	15,624	16,093	16,576
유럽	18,527	19,268	19,846	20,442	21,055
남미	4,394	4,526	4,617	4,663	4,686
중국	18,544	19,842	22,216	23,786	25,071
지리적 노출					
북미	34%	34%	34%	34%	33%
유럽	39%	38%	37%	37%	37%
남미	8%	8%	8%	7%	7%
중국	20%	20%	21%	22%	22%
수주잔고 증분	$900	$900	$1,000	$1,000	$1,000
가격 인하	-2%	-2%	-2%	-2%	-2%
매출원가&비용					
매출액 대비 매출원가비율(%)	83.9%	83.4%	82.9%	82.7%	82.4%
매출액 대비 판관비율(%)	5.5%	5.5%	5.5%	5.5%	5.5%
매출액 대비 감가상각비율(%)	3.0%	3.0%	3.0%	3.0%	3.0%
매출액 대비 자본적지출비율(%)	4.5%	4.5%	4.5%	4.5%	4.5%
자본 배분					
자사주매입	$250	$350	$450	$500	$750
배당금					

표 3.6 델파이 5년 추정 재무 요약표 – 손익계산서 및 잉여현금흐름

(단위: 백만달러, 1주당 데이터 제외)

델파이 5년 추정 금융 요약 – 손익과 현금흐름

	추정 기간					CAGR ('11~'16)
	2012E	2013E	2014E	2015E	2016E	
매출 발생부문						
전기 아키텍처	$6,817	$7,319	$7,852	$8,269	$8,662	5.5%
파워트레인 시스템	$5,145	$5,633	$6,108	$6,478	$6,885	7.0%
전자기술과 안전장치	$3,053	$3,374	$3,703	$3,987	$4,267	7.6%
열 시스템	$1,854	$1,983	$2,139	$2,263	$2,379	5.8%
손익계산서						
매출액	$16,594	$18,023	$19,507	$20,691	$21,879	6.4%
성장률(%)	3.5%	8.6%	8.2%	6.1%	5.7%	
매출총이익	$2,671	$2,991	$3,335	$3,589	$3,850	8.8%
이익률(%)	16.1%	16.6%	17.1%	17.3%	17.3%	
EBITDA	$2,157	$2,433	$2,731	$2,948	$3,172	9.2%
이익률(%)	13.0%	13.5%	14.0%	14.2%	14.5%	
성장률(%)	5.5%	12.8%	12.2%	8.0%	7.6%	
감가상각비	$490	$532	$575	$610	$645	7.2%
이자비용	123	121	120	119	117	−1.3%
당기순이익	$1,180	$1,371	$1,577	$1,726	$1,882	11.9%
희석주식수(1)	324	314	304	294	284	
EPS	$3.65	$4.36	$5.19	$5.87	$6.64	15.20%
성장률(%)	11.7%	19.7%	19.0%	13.2%	12.9%	

현금흐름표

영업현금흐름	$1,639	$1,836	$2,083	$2,282	$2,472	12.80%
CAPEX 차감	(747)	(811)	(878)	(931)	(985)	
매출액 대비(%)	4.5%	4.5%	4.5%	4.5%	4.5%	
FCF	$892	$1,025	$1,205	$1,351	$1,487	15.40%
FCF/S	$2.76	$3.26	$3.97	$4.60	$5.24	18.8%
성장률(%)	24.5%	18.4%	21.5%	15.9%	14.1%	

것으로 추정된다.

또한, 자사주 매입으로 인한 주식 수 감소로 수익과 EBITDA보다 EPS와 FCF/S가 더 빠르게 성장하리라 추정했다. 우리는 델파이의 자사주 매입이 1년차에 2억 5,000만 달러에서 시작해서 5년차에는 7억 5,000만 달러까지 증가할 것으로 가정했다.

III. 재무제표는 건전한가?

건강한 사업 활동에는 강력한 대차대조표가 필수다. 강력한 대차대조표는 유기적 성장 혹은 M&A를 통한 영업 활동 성장과 주주 환원을 위한 유연성을 제공해 준다. 또한, 어려운 시기에 기업이 견딜 수 있도록 완충 역할을 해준다. 반대로 대차대조표가 부실하면 성장이 제한되며, 외부 자본 유치가 어렵고, 실수 허용치가 낮아진다.

기업의 대차대조표를 이해하기 위해서는 자본 구조와 주요 차입금 통계를 파악해야 한다. 자본 구조란 기업의 부채 및 자본 금액, 구성 요소 및 조건을 뜻한다. 부채가 많을수록 위험이 커진다. 대침체가 닥쳤을 때 목격했듯이, 많은 노련한 투자자들은 부채 비중이 높은 대차대조표의 위험을 과소평가한다.

자본 구조는 기업의 재무 성과와 영업 성과 모두에 영향을 미친다. 레버리지가 높을수록 이자 비용이 높아져 수익과 현금흐름에는 부정적 영향을 끼친다. 자본 구조가 좋지 않다는 것은 영업 활동에 필요한 자금이 부족하다는 뜻이다. 극단적인 경우, 자본 구조가 안 좋을 경우 유동성 문제를 야기하고 더 나아가 파산으로 이어질 수도 있다.

기업이 파산하게 되면 주주들은 자본 구조에서 가장 후순위에 있기 때문에 심각한 손해를 보거나 투자금을 모두 잃을 수도 있다. 채권자와는 달리 주주는 정해진 만기일에 이자 지급이 보장되거나 계약에 근거한 원금 상환이 보장되지 않기 때문이다. 2단계에서 언급했듯이, 주식 투자자는 낮은 레버리지와 높은 커버리지를 선호하는 경향이 있다.

지분 투자자들은 기업의 차입금 만기 스케줄을 비롯해 만기 도래 시점을 알아야 한다. 만기가 도래하면 차입금을 보유한 현금으로 상환하거나, 금융 시장에서 새로 자본을 조달해야 한다. 그러지 못하면 파산하게 된다. 재차입이나 원금 상환에 실패하는 것은 기업의 재무 상황이 열악하거나 자본 시장 상황이 좋지 않거나, 둘 다 때문일 수 있다. 어떤 이유로든 기업은 종종 파산한다.

대차대조표의 관점에서 볼 때, 델파이는 신용 프로필이 크게 개선되어 파산에서 벗어났다. IPO 당시 레버리지는 1배로 줄어들었고, 14억 5,000만 달러의 현금을 보유하고 있었으며, 이는 순 레버리지가 0.3배에 불과하다는 뜻이다. 새롭게 생긴 13억 달러 상당의 미사용 총알도 기업의 유동성을 강화시켰다. 더군다나 향후 5년간 만기 도래하는 큰 금액의 차입금이 없었다.

델파이는 유기적 그리고 비유기적 성장을 할 수 있는 좋은 상황이었다. 대차대조표 역량은 R&D 및 자본 프로젝트, M&A, 자사주 매입, 배당 등에 사용될 수 있었다. 우리는 EBITDA 성장과 부채 의무 상환을 통해 델파이의 신용 프로필이 앞으로도 계속 향상될 것으로 모델링했다(표 3.7).

레버리지는 무조건 나쁜 것은 아니다. 적절히 활용만 한다면 강력한 가치 창출의 동인이 될 수 있다. 부채는 기본적으

표 3.7 델파이 5년 추정 재무 요약표-대차대조표 요약

(단위: 백만 달러)

델파이 5년 추정 쟈재무 요약-재무제표 요약

	추정 기간					
	2011E	2012E	2013E	2014E	2015E	2016E
재무 숫자						
EBITDA	$1,639	$1,836	$2,433	$2,731	$2,948	$3,172
이자비용	123	123	121	120	119	117
자본적지출	629	747	811	878	931	985
매출 대비(%)	3.9%	4.5%	4.5%	4.5%	4.5%	4.5%
자본 구조						
현금	$1,455	$2,012	$1,455	$1,455	$1,455	$1,455
담보 부채	1,042	956	920	884	848	728
총차입금	2,114	2,028	1,992	1,956	1,920	1,800
순차입금	658	16	(659)	(1,414)	(2,265)	(3,002)
크레딧 총계						
커버리지						
EBITDA/이자비용	16.6x	17.5x	20.0x	22.7x	24.8x	27.2x
EBITDA−자본적지출)/이자비용	11.5x	11.5x	13.4x	15.4x	16.9x	18.7x
레버리지						
담보 부채 / EBITDA	0.5x	0.4x	0.4x	0.3x	0.3x	0.2x
총차입금/EBITDA	1.0x	0.9x	0.8x	0.7x	0.7x	0.6x
순차입금/EBITDA	0.3x	0.0x	(0.3x)	(0.5x)	(0.8x)	(0.9x)
운전 자본						
순운전자본	$587	$613	$675	$739	$789	$839
매출액 대비 (%)	3.7%	3.7%	3.7%	3.8%	3.8%	3.8%

로 자본보다 조달 비용이 저렴하며, 종종 어느 수준까지는 성장을 위한 자금 조달의 최선책이다. 따라서 투자 기회를 평가할 때는 대차대조표의 역량을 확실히 분석해야 한다.

기업은 추가 차입을 통해 자사주 매입을 하거나, M&A 자금을 조달하여 EPS를 높일 수도 있다. 레버리지가 1.5배인 기업이 레버리지가 2.5배인 유사 기업에 비해 1배만큼 레버리지를 늘려서 자사주 매입이나 M&A에 사용할 것이라 추정할 수 있다. 그다음 각 시나리오 별로 EPS 견적을 평가해 본다. 이러한 분석은 잠재적인 촉매를 식별하는 데 도움이 된다. 델파이의 경우 상장 전 레버리지가 1배밖에 되지 않았기 때문에 향후 M&A를 하거나, 우리가 추정한 금액 이상의 자사주 매입을 할 수 있는 가능성이 있다고 보았다.

IV. 강력한 잉여현금흐름을 창출하고 있는가?

기업의 잉여현금흐름FCF은 기업의 혈액과도 같다. FCF는 매출 원가, 판매 관리비, 이자 및 관련 세금 같은 모든 현금 비용과 시설 투자와 운전 자본 지출을 한 뒤 남은 현금을 뜻한다. 즉, FCF는 기업이 성장 자금 조달, 주주 환원 또는 부채 상환 능력을 나타낸다. 많은 투자자들은 P/FCF, 즉 FCF 수익률을 투자 종목에 대한 가장 기본적인 평가 기준으로 삼는다.

투자자들은 현금흐름으로 전환되는 EBITDA 또는 순이익 비율을 분석한다. 만약 FCF가 순이익을 초과했다는 기업 보고서를 발견한다면, 이는 강력한 신호이다. 이것은 보통 필요한 자본적 지출이 적거나 운전 자본이 효율적이기 때문이다. 그러나 과소 투자나 일시적 세제 혜택 등 일회성 요인으로 부풀려진 FCF를 조심해야 한다. 마찬가지로, 실적은 좋아도 FCF가 지속적으로 낮은 기업은 앞으로 문제가 닥칠 수도 있다.

FCF 창출은 여러 가지 요인이 작용하는데, 그중에서도 수익성이 가장 으뜸이다. 매출 총이익률, EBITDA 이익률, EBIT 이익률은 기업 영업 활동의 수익성을 나타낸다. 당기순이익은 한걸음 더 나아가서 이자 비용이나 세금 같은 재무 비용을 차감한다. 그러나 이익률이 높은 사업이라 하더라도 자본 집약도가 지나치게 높은 경우 FCF는 적을 수 있다. 자본 집약도란 자본적 지출과 운전 자본과 같은 기업을 유지 관리하고 성장시키는 데 드는 현금 지출을 뜻한다.

자본적 지출이란 기업이 고정 자산을 취득, 개량, 확장, 또는 교체하는 데 지출하는 자금을 뜻한다. 과거 자본적 지출 수준은 미래 자본적 지출을 추정하는 데 도움을 준다. 이러한 예측은 기업의 전략이나 운영 상태에 따라 과거 수준에서 벗어날 수 있다. 사업 확장기에 접어든 기업은 추정 기간 중

일부 기간에만 자본적 지출이 증가할 수 있다. 다행히, 일반적으로 10-K 또는 실적 발표에서 기업의 향후 자본적 지출 계획이 나온다.

사업 활동을 유지하기 위한 지출('유지 보수를 위한 자본적 지출')과 기업의 재량적 지출('성장을 위한 자본적 지출')을 구분하는 것도 중요하다. 어려운 시기에는 기업이 성장을 위한 지출을 줄여도 된다고 이해해주는 편이다. 우리는 델파이의 신제품 출시 투자 계획을 감안하여 추정 기간 동안 2011년 지출 수준인 매출 4%보다 높은 4.5%의 자본적 지출이 발생할 것으로 모델링했다(표 3.7 참조).

순운전자본Net Working Capital, NWC이란 기업 운영을 지속하기 위해 필요한 현금을 뜻한다. NWC는 매출 채권과 재고 자산('유동 자산')의 합에서 매입 채무('유동 부채')를 뺀 금액이다. 일반적으로 순운전자본이 크면 불리하게 간주된다. 매출 채권과 재고 자산이 크다면, 그만큼 자금이 묶여서 기업과 주주가 사용할 현금이 적다는 것을 의미한다.

투자자들은 여러 가지 지표를 검토하여 NWC 효율성을 측정한다. 아마도 가장 간단한 것은 NWC가 매출의 몇 %인지 보는 것이다. 전년 대비 추세가 특히 유용하다. NWC의 매출 대비 비율(%)이 현격하게 늘어났다면 경고 신호일 수 있다. 반면에 NWC 효율성이 유의미한 수준으로 개선되었다면 기업의 FCF를 강화시킨다. 우리는 추정 기간 동안 델파이의 NWC가 매출의 약 3.7~3.8%로 유지되리라 가정했다.

위의 내용과 가속화되는 판매량 증가 및 수익성 증가를 고려했을 때, 델파이의 향후 FCF 추정치는 매우 긍정적이었다. 표 3.6에 나와 있듯이, 우리는 델파이의 FCF 창출이 예측 기간동안 유의미한 수준으로 증가한다고 모델링했다.

V. 경영진이 자본을 배분하는 방식은 어떠한가?

효과적인 자본 배분은 일류 기업들의 주요 차별화 요소다. 노련한 경영진은 분배한 자본의 상대적 수익률을 지속적으로 평가한다. 즉, 1달러 지출당 가장 높은 수익이 나는 부문은 어디인가? 기업이 현금을 분배하는 곳은 주로 아래와 같다.

- 유기적 성장 프로젝트
- M&A
- 자사주 매입
- 배당
- 차입금 상환

자본 배분이 가치 창출을 이끄는 핵심 요소임을 믿지 못하겠는가? 그렇다면, 다음을 생각해보라. 블록버스터와 보더스 모두 초기에 매장을 늘리는 대신 디지털화나 온라인 솔루션에 자본을 투자했었다면 어땠을지 상상해보자. 아마 이 기업들은 지금도 살아남았을 것이다.

일반적으로 기업들은 회사 내부의 기회에 우선적으로 자본을 배분한다. 유기적 성장 프로젝트는 리스크가 낮다고 간주된다. 이런 프로젝트들은 주로 신규 시설, 새로운 부지, 기계, R&D, 제품 소개 또는 기술 플랫폼에 투자하는 것들이다.

또한 기업들은 현금을 가장 잘 사용하는 방법으로 외부 기회인 M&A를 찾기도 한다. 인수자의 과거 실적만큼이나 중요한 것은 M&A가 기업 전략에 부합하는지 여부와 지불 대가다. 해당 기업이 가치가 증가하는 거래를 성공적으로 성사시킨 경험이 있고, 발표대로 시너지가 창출되었는가? 잠재적 인수 대상 기업이 전략적으로 기업 가치를 향상시킬 것인가?

또 다른 자본 배분 전략으로는 직접적인 주주 환원, 주로 자사주 매입이나 배당금 지급이 있다. 여기서도 과거 실적이 중요하다. 과거 자사주 매입의 경우, 기업이 매입한 주식 수와 가격을 분석한다. 최초로 자사주 매입을 발표하는 기업의 경우에는 대차대조표 여력과 견적 EPS를 중점적으로 살펴보아야 한다.

기업의 배당 전략도 비슷한 분석이 필요하다. 해당 기업이 정기적으로 배당을 지급하는가? 아니면 현금 보유액이 늘어나 일회성 대규모 배당을 하는 것인가? 배당 지급 기간과 배당 증가율은 어떠했는가? 현재 배당 수익률은 얼마인가? 배당 성향, 즉 기업 배당금의 당기순이익 대비 비율은 유의미한가? 배당 성향이 50%이며 배당 수익률 3~4%를 꾸준히 유지하는 기업은 투자자의 관심을 끌 가능성이 높다.

차입금 상환도 주주 수익률을 높일 수 있다. 특히 부채가 많은 우량 기업이 이를 축소할 분명한 계획이 있을 때 더욱 그러하다. 그래서 스폰서가 있는 IPO(LBO를 하고 상장한 경우)와 경기를 많이 타는 기업들은 주목할 만하다. FCF를 가지고 부채를 적극적으로 상환하는 기업은 이자 비용 감소로 인해 EPS가 올라간다. 더군다나, 부채 축소는 기업의 배수를 재평가되게 할 수 있는데, 이는 해당 종목에 대한 위험이 줄고 성장 역량이 생김을 의미하기 때문이다.

우리는 델파이가 M&A는 하지 않고, FCF를 자사주 매입에 사용할 것으로 모델링했다. 이는 오랫동안 주식 투자자들 사이에서 중요 부문에 집중하지 못하고 비효율적 자본 배분을 해왔다고 인식되어 온 과거 델파이와 비교했을 때 주목할 만한 개선점이었다. 실버 포인트 및 엘리어트는 이사회와 비상후 관리팀과 함께 새로워진 델파이의 최우선 순위를 강력한 자본 배분으로 정했다. 아마 델파이에 관심을 갖고 있던 투자자라면 새로워진 이사진의 배경과 주식 가치를 중요하게 생각하는 주주들이 긴밀히 연계하는 모습에서 이를 예상할 수 있었을 것이다.

이에 우리는 추정 기간 동안 델파이가 연간 자사주 매입을 2억 5,000만 달러에서 7억 5,000만 달러까지 늘릴 것으로 가정했다. 연간 주가 상승률이 25%라고 가정하면, 희석 주식수는 2011년 3억 2,800만 주에서 2016E년 2억 8,400만 주로 감소하게 된다. 이로 인해 5년 추정 기간 동안 EPS 성장률은 약 15%, FCF/S의 경우 19% 성장하게 된다(표 3.6 참조).

요점 정리

- 기업이 하는 일과 수익을 창출하는 방법을 이해해라.
- 사업의 핵심 동인 2~3개에 집중하라.
- 사업 실사는 기업의 경쟁적 포지션을 파악하고, 경제적 해자로도 알려진 사업 모델의 회복력을 확인해야 한다.
- 차별화된 제품, 지적 재산권, 규모, 브랜드, 고객 관계, 가격 결정력, 그리고 미리 집행한 자본적 투자 이 모두가 회사의 경제적 해자를 뒷받침한다.
- 재무적 실사는 주로 기업의 과거 실적을 미래의 프롤로그로 검토하는 것이다. 회사가 향후 1, 2, 5, 10년간 모습이 어떨지 시각화해보아라.
- 대차대조표와 자본 구조를 경시하는 지분 투자자라면 위험을 자초하는 것이다
- 효율적인 자본 배분은 일류 기업들의 핵심 차별화 요소다.
- 가장 일반적인 자본 사용처는 유기적 성장 프로젝트, M&A, 자사주 매입, 배당 지급, 그리고 차입금 상환이다.

4단계

밸류에이션과 촉매
주식의 가치는 얼마인가?

앞에서 기업의 사업 모델과 수익 창출 방법을 분석하는 법을 알아봤다. 그리고 기업의 재무 성과를 측정하는 방법 역시 살펴봤다. 이제는 기업의 가치를 평가하는 방법을 공부할 차례다. 이 순서가 중요하다. 기업이 영위하는 사업과 기본적인 재무제표에 대한 이해 없이 기업 가치를 평가할 수는 없다.

우리 첫 책인 《인베스트먼트 뱅킹》에서는 기업 가치평가의 기본을 400페이지에 걸쳐 설명했다. 여기서는 그 빙산의 일각이라 할 수 있는 중요한 개념들 위주로 설명하려 한다.

기업 가치를 평가하는 작업은 2가지 핵심 질문에 답하는 일과 같다. 첫째, 기업의 가치는 얼마인가? 둘째, 기업의 가치가 현재 시장 가치와 비교했을 때 어떤가? 다른 말로 하면, 현재 주가가 매력적인가? 수익을 얻으려면 적절한 타이밍에 적절한 가격으로 그 종목을 사야 한다. '좋은 기업, 나쁜 주식'의 함정을 피해야 한다.

기업 가치평가는 기본적인 것들을 검토하는 것에서 시작한다. 월가에서 필수로 사용하는 방법은 시장, 내재 가치 및 M&A에 근거한 밸류에이션이다. 그리고 좀 더 섬세한 방법으로는 사업별 가치합산Sum Of The Parts, SOTP 분석과 순 자산 가치 Net Asset Calue, NAV 분석이 있다.

또 다른 밸류에이션 기법으로 기술적 접근보다 이벤트에 주목하는 방법이 있다. 소위 '촉매'는 의미 있는 주가 상승을 유도할 잠재력을 갖고 있다. 촉매는 경영 전략이 진화하는 과정에서 기업 내부에서 나타날 수도 있고, 혹은 주주 행동주의와 같이 외부에서 나타날 수도 있다.

위에서 언급한 밸류에이션 방법들을 조합하여 주어진 종목의 목표 주가를 결정한다. 목표 주가는 해당 종목을 살지, 팔지, 지켜볼지 후보에서 아예 탈락시킬지 등 투자 의사 결정을 할 때 핵심적인 역할을 한다. 목표 주가가 없이는 상승 잠재력과 위험/보상 트레이드오프를 적절하게 정량화할 수 없다.

기업 가치평가

아래에는 종목을 고르는 데 필요한 기업 가치평가의 방법들이다.

> I. 시장과 내재 가치평가
>   a. 유사 기업
>   b. 현금흐름할인법
>   c. 사업별 가치 합산 분석
>   d. 순자산가치 분석
>
> II. 바이아웃 밸류에이션
>   a. 이전 거래 분석
>   b. 레버리지 바이아웃 분석
>   c. 증가/(희석) 분석

I. 시장과 내재 가치평가

2단계에서 설명한 바와 같이 기업 가치평가의 핵심은 유사 기업을 분석하는 것이다. 이는 한 기업의 주요 거래 배수를 계산한 뒤 동종업계 다른 기업과 비교하는 과정이다. 이런 상대적 분석을 통해 이 종목의 가격이 잘못 책정되어 있어 매수할 기회인지 알 수 있다.

좀 더 학문적인 방법으로 현금흐름할인법Discounted Cash Flow, DCF이 있는데, 이는 영구적으로 창출할 것으로 예상되는 FCF를 기초로 기업을 평가하는 방법이다. 그러나 이 현금흐름은 현재 시점으로 할인해야 한다. 결국 배수를 기반으로 하는 기업가치평가는 현금흐름할인법의 간단 버전이라 할 수 있다. 기업의 미래 현금흐름의 현재 가치Present Value, PV가 배수들에 반영되어 있기 때문이다.

위에서 논의한 기업 가치평가 접근 방식들에 몇 가지 변형이 있다. 예를 들어 SOTP 분석은 다양한 사업 부문이 있는 기업 평가에 적합하다. SOPT 분석은 앞서 논의한 밸류에이션 기법을 하나 이상 사용하여 각 사업 부문을 따로 평가한 다음 사업 부문의 가치를 합산한다.

NAV 분석은 SOTP 분석과 유사하지만 주로 한 기업이 여러 금융 자산 또는 유형 자산을 보유하고 있는 경우 사용된다. 이는 기업이 보유한 자산의 시장 가치 합에서 부채를 차감하는 방식이다.

a. 유사 기업

상장 기업의 경우 시장에 이미 밸류에이션 마크가 설정되어 있다. 상장 기업 주식들은 투자자가 정해진 가격에 매매하는 공인된 주식거래소에서 거래된다. 투자자는 해당 주식 가격이 공정하게 책정되었는지 또는 고평가 혹은 저평가되었는지를 판단하기만 하면 된다.

유사 기업 분석은 상장된 유사 기업들이 해당 종목 밸류에이션의 기준점이 된다는 사실을 전제로 한다. 그리고 이는 당연하게도 이 기업들이 시장에서 적절하게 평가되어 있다는 가정을 근거로 한다. 첫 번째 단계는 적절한 비교군을 찾는 것이다. 어떤 기업에게는 상대적으로 쉬울 수 있다. 미국의 거대 식품 음료 기업이라면 코카콜라, 제너럴 밀스, 켈로그, 크래프트 하인즈, 펩시코 등과 비교할 수 있을 것이다. 하지만 어떤 기업들의 경우 명확한 비교군이 없어서 더 많은 창의력을 발휘해야 한다.

다음은 비교 가능 대상 기업들을 기업 규모, 성장, 수익성, 수익, 신용도 같은 매트릭스를 근거로 서로 벤치마킹한다. 산업에 특화된 기준도 적절히 추가해야 한다. 이들에게 상대적인 순위를 매김으로써 특정 종목의 가격이 왜 프리미엄이 붙거나 할인이 되었는지 단서를 찾을 수 있다. 그런 다음 해당 종목의 밸류에이션을 정하는 것이다.

그림 4.1에서 우리는 델파이를 유사 기업들과 비교했다. 지금까지 델파이의 사업 모델과 경쟁사들을 파악했으니, 유사 기업군을 확장하고 정교하게 정할 수 있었다. 우리는 유사 기업군을 구조적 성장주 그룹과 생산 연계주 그룹으로 나누었다. 표 4.3에는 델파이와 비교 가능한 기업 내역이 그룹 별로 자세히 나와 있다.

EV/EBITDA, P/E 및 P/FCF(또는 역 FCF 수익률) 같은 거래 배수는 유사기업분석의 핵심이다. 배수가 높다는 것은 일반적으로 기업의 실적이나 기대치가 더 높다는 뜻이다. 현명한 투자자들은 이렇게 상관관계가 깨진 종목을 찾아낸다. 아마도 시장이 그 기업의 성장 전망, 비용 절감 정책, 주주 환원 기회, 또는 다른 핵심 촉매들을 잘못 파악한 경우일 것이다. 투자자가 할 일은 이러한 차이가 매력적인 투자 기회를 의미하는지 평가하는 것이다.

대부분의 경우 밸류에이션의 단절은 전적으로 정당화된다. 소위 말하는 가치 함정이 특히 이에 해당된다. 가치 함정이란 미래 기업의 수익을 저하시킬 위협이 되는 근본적 혹은 구조적인 문제가 있는 경우를 뜻한다. 오늘 밸류에이션이 15배인 종목이 미래 수익 감소를 감안하면 25배일 수도 있다. 진정

그림 4.1 벤치마킹 분석

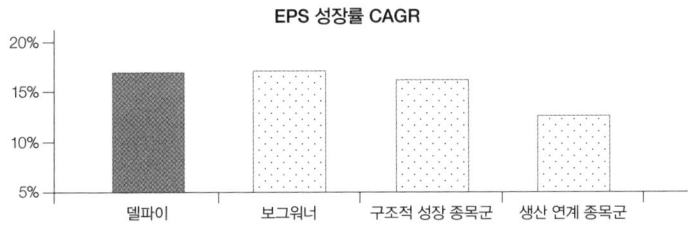

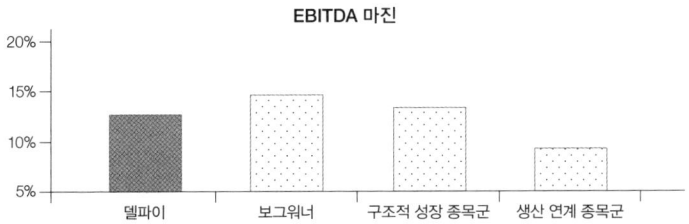

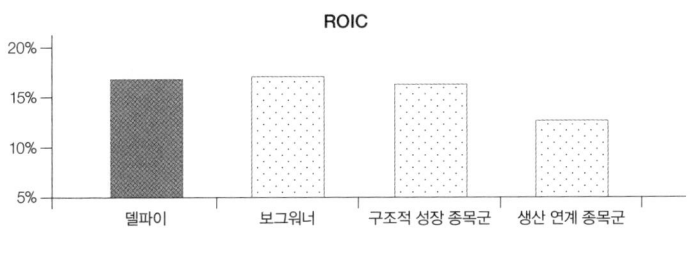

우리를 아끼는 친구라면 이렇게 말할 것이다. "가격이 싼 이유는 시장에서 없어질 종목이기 때문이야."

그러나 때로는 숨은 보석을 발견하기도 한다. 밸류에이션이 할인된 종목이 눈에 띄는 경우다. 예를 들어, 기업의 성장률은 상위권인데 밸류에이션 배수가 비교 대상 기업에 비해 낮은 경우다. 대부분의 경우 보다 섬세한 분석이 필요하다. 그렇지 않다면, 시장에서 오래전에 차익 거래가 없어졌을 것이다.

이제 델파이를 살펴보자. 그림 4.1에 따르면, 연평균 EPS 성장률은 동급 1위인 보그워너보다 약간 낮지만, 생산 연계 종목군에 비해 훨씬 높은 수준이며, 구조적 성장 종목군과 어깨를 나란히 하는 수준이다. EBITDA 마진 12.7% 또한 생산 연계 종목군의 9.5%에 비해 높고, 구조적 성장 종목군 수준이었다. 더군다나 ROIC는 20.5%로 구조적 성장 종목군과 생산 연계 종목군 모두의 평균과 비교했을 때도 상당히 높은 수준이었다.

그러나 표 4.1에서 볼 수 있듯이 EV/EBITDA, P/E 및 FCF 수익률과 같은 모든 밸류에이션 지표를 기준으로 보았을 때, 델파이는 구조적 성장 종목군에 비해 상당히 할인된 가격에 거래되고 있었다. 2013E에 델파이의 EV/EBITDA는 3.5배, P/E는 5배로 생산 연계 종목군과 비슷한 수준이지만, EV/

EBITDA와 P/E 평균이 약 6배, 11배인 구조적 성장 종목군에 비해서는 낮은 수준이었다.

델파이가 영국에 법인을 설립하여 낮은 세율을 적용받고 있는데, 이것이 지속 가능한지에 회의적인 시각이 많아 P/E가 할인되었을 것이다. 즉, 투자자들은 미래 세금 절감액이 줄어들 것이라 보고 EPS 추정치를 낮추었다. 이는 델파이의 2013E FCF 수익률이 15%인 것에서도 알 수 있는데, 구조적 성장 종목군과 생산 연계 종목군 두 그룹 모두의 평균보다 현저히 낮았다. 이는 델파이 경영진이 IPO 로드쇼와 뒤이은 실적 발표를 통해 델파이의 현재 세금 혜택이 지속될 것이라고 최선을 다해 강조했음에도 불구하고 일어난 일이다.

요약하면, 델파이는 구조적 성장 종목군들과 재무 프로필이 비슷했지만, 생산 연계 종목군과 비슷한 수준으로 평가를 받고 있었다. 새로워진 델파이의 성과에 대한 시장의 시각은 분명 회의적이었다. 그러나 3단계에서 우리는 델파이의 새로운 사업 모델이 효과가 있다는 확신을 갖게 되었다. 시간이 지남에 따라 델파이의 실적이 계속 나오면, 파산 기업의 오명은 사라지고 높게 재평가될 것이라고 믿었다.

표 4.1 비교 가능 기업 분석_거래 배수 계산 결과

(단위: 백만달러, 1주당 데이터 제외)

비교 가능한 기업 분석

기업명	현재 가격	52주 신고가 대비	주식 가치	기업 가치	EV/EBITDA '11E	EV/EBITDA '12E	EV/EBITDA '13E	P/E '11E	P/E '12E	P/E '13E	잉여현금흐름 수익률 '11E	잉여현금흐름 수익률 '12E	잉여현금흐름 수익률 '13E
구조적 성장 종목군													
오토리브	$52.90	63%	$4,962	$5,048	4.3x	4.2x	4.0x	7.9x	7.9x	7.6x	8.6%	9.6%	9.8%
보그워너	$65.63	80%	$8,451	$9,527	9.0x	7.8x	6.8x	15x	13.1x	11.0x	3.9%	5.9%	7.2%
젠텍스	$28.18	84%	$4,067	$3,611	12.9x	11.0x	9.5x	24.3x	20.1x	17.1x	2.0%	3.7%	5.6%
하만	$40.77	79%	$2,931	$2,624	6.8x	6.0x	5.3x	16.3x	13.5x	11.9x	8.1%	8.2%	8.2%
존스콘트롤즈	$32.45	90%	$22,101	$24,957	8.3x	6.7x	5.8x	12.4x	10.2x	8.4x	1.0%	5.0%	7.0%
비스티온	$57.43	76%	$2,985	$3,487	5.2x	4.6x	4.2x	15.5x	12.0x	10.5x	–	5.5%	7.5%
델파이	$22.00	NA	$7,221	$8,501	4.2x	3.9x	3.5x	6.7x	6.0x	5.0x	10.1%	12.5%	14.8%
평균					7.7x	6.7x	5.9x	15.2x	12.8x	11.1x	4.7%	6.3%	7.5%

생산 연계 종목군

아메리카 액슬	$8.70	54%	$656	$1,592	4.3x	4.0x	3.6x	4.3x	4.2x	3.6x	3.2%	8.6%	13.1%
다나	$13.33	70%	$2,863	$3,721	5.1x	7.6x	4.0x	8.5x	7.6x	6.0x	6.0%	9.7%	11.9%
리어	$41.81	75%	$4,480	$3,616	3.5x	3.2x	3.0x	7.8x	7.4x	6.9x	9.9%	10.9%	11.4%
마그나	$34.06	55%	$8,260	$7,127	3.7x	3.5x	3.1x	8.7x	7.7x	6.5x	5.8%	8.6%	10.5%
테네코	$29.15	63%	$1,800	$2,988	5.1x	4.3x	3.8x	10.9x	8.4x	7.0x	4.2%	9.7%	11.3%
TRW	$34.18	55%	$4,570	$5,407	3.2x	3.1x	2.9x	4.9x	4.9x	4.8x	12.0%	12.8%	14.6%
일파이	$22.00	NA	$7,221	$8,501	4.2x	3.9x	3.5x	6.7x	6.0x	5.0x	10.1%	12.5%	14.8%
평균					4.1x	3.7x	3.4x	7.5x	6.7x	5.8x	6.9%	10.1%	12.1%

b. 현금흐름할인법

현금흐름할인법(DCF법)의 기본 전제는 기업의 가치는 미래 발생할 현금흐름의 현재 가치라는 것이다. 이는 기업의 내재 가치가 사업으로 인해 발생하는 기본적인 현금흐름에 기초한다는 뜻이기도 하다. 그렇기에 DCF법은 시장이 지나치게 강세나 약세를 보이는 기간 동안 왜곡될 수 있는 유사 기업 비교법과 같은 시장 기반 접근법을 검토할 때 유용하다. 또한, 비교 대상이 제한되어 있거나 아예 없는 기업들에게도 유용한 밸류에이션 방법이 된다.

DCF법은 이론적으로는 기업을 평가하는 가장 정확한 방법이다. 그러나 실제로는 적합성과 신뢰성을 제한하는 요소들이 있다. 예를 들어, 이 방법은 본질적으로 불확실한 미래의 잉여현금흐름을 추정한다는 가정에 크게 의존하고 있다. 이러한 불확실성은 추정 기간이 길어질수록 더욱 커진다. 또한, 할인율과 잔존 가치에 대한 추가 가정은 상황을 더욱 복잡하게 만든다. 따라서 DCF를 이용한 밸류에이션 기법은 주로 할인율 및 출구 가격 배수exit multiple 같은 주요 입력 사항에 의해 민감하게 바뀐다고 볼 수 있다.

표 4.2는 DCF를 사용한 델파이의 기업 가치평가 결과를 보여준다.

표 4.2 델파이 DCF 분석 결과 페이지

(단위: 백만달러, 1주당 데이터 제외, 회계연도 종료일:12월 31일)

DCF 분석

	연도1	연도2	연도3	연도4	연도5
	2011E	2012E	2013E	2014E	2015E	2016E
EBITDA	$2,044	$2,157	$2,433	$2,731	$2,948	$3,172
감가상각비 차감	−478	−490	−532	−575	−610	−645
EBIT	$1,567	$1,667	$1,901	$2,155	$2,338	$2,526
세금 차감	−317	−338	−385	−436	−473	−512
감가상각비 가산	478	490	532	575	610	645
자본적지출 차감	−629	−747	−811	−878	−931	−985
순운전자본증가차감 (순운전자본감소가산)	−138	−26	−6	−65	−50	−50
레버리지 없는 FCF	$959	$1,047	$1,175	$1,352	$1,494	$1,625
할인기간(기중할인편법)		0.5	1.5	2.5	3.5	4.5
할인 계수(WACC:10%)		0.95	0.87	0.79	0.72	0.65
잉여현금흐름 현 가치		$998	$1,019	$1,065	$1,070	$1,058

기업가치		내재 주식 가치와 주가	
FCF 현재 가치 합	$41.81	기업가치	$15,058
잔존 가치		총부채 차감	−2,173
종료연도 EBITDA	$3,172	우선주 차감	−
출구가격배수	5.0x	소수주주지분 차감	−462
잔존 가치	$15,860	현금및현금등가물 가산	1,355
할인 계수	0.62		
잔존 가치 현가	$9,848 B	Implied Equity Value	$13,778
기업가치 %	65%	완전 희석 주식수	328
기업가치 (A + B)	$15,058 C	내재 주가 가격	$41.97

4단계 — 밸류에이션과 촉매 203

잉여현금흐름 추정: DCF법은 일반적으로 기업이 한 사업 주기를 거치며 이론적으로 안정기[1]에 접어들기에 충분한 5년을 기본으로 추정한다. 현금흐름 추정은 매출이나 EBITDA에서 출발하여, 레버리지가 없는 FCF, 즉 이자 비용 차감 전 FCF까지 계산해 나간다. 예측치는 제공된 경영진의 가이던스나 주식 리서치, 제3의 출처에서 파생된다. 궁극적으로 기업과 사업에 특화된 근면성과 판단력에 의존할 필요가 있다. 델파이의 현금흐름할인을 하는 데 있어 3단계에서 만든 수익 추정 모델이 중추적 역할을 했다.

잔존 가치: 기업의 재무 상태를 영구적으로 예측하는 것은 어렵기 때문에, 추정 기간인 5년 이후 발생하는 현금 흐름을 포착하기 위해 잔존 가치를 사용한다.

잔존 가치는 일반적으로 기업의 종료 연도[2] EBITDA 배수에 기초해 계산한다. 잔존 가치 추정법은 출구 가격 배수 추정법Exit Multiple Method, EMM[3]으로도 알려져 있다. 대부분 산업에서 표준적인 관행은 비교 가능 기업의 EV/EBITDA 배수를

---

1. 추정 기간은 기업이 속한 사업, 사업 발전 단계, 그리고 재무 성과의 기본적인 예측 가능성에 따라 더 연장될 수도 있다.
2. 종료 연도란 현금흐름 추정이 종료되는 연도를 의미한다.
3. 또 다른 방법으로 영구 성장법 있는데, 이는 추정 종료 연도의 FCF가 영구적 성장률로 계속 발생한다는 가정하에 기업의 잔존 가치를 계산한다.

사용하는 것이다. 우리는 보수적인 관점에서 생산 연계 종목군에 가중을 두어 구조적 성장 종목군과 평균값을 구하여 델파이의 출구 가격 배수를 5배로 가정했다.

EBITDAn × 출구 가격 배수

n = 현금흐름 추정 기간이 종료되는 해

가중평균자본비용-Weighted Average Cost of Capital, WACC은 기업의 추정 FCF와 잔존 가치를 현재 가치로 환산하는 데 사용되는 할인율을 뜻한다. 이는 기업에 투자된 자본인 부채와 자기자본의 요구 수익률을 가중 평균한 값이다. WACC는 일반적으로 할인율이나 자본 비용으로도 불린다.

아래에서 볼 수 있듯이 WACC 계산에는 몇 가지 기본 가정이 있다.

부채
세후 부채 비용 x 자본 구조 내 부채 비중(%)

자기자본
자기자본 비용 x 자본 구조 내 자기자본 비중(%)

부채와 자본의 혼합 비율은 기업이 장기간 가져갈 것으로 예상되는 자본 구조를 기반으로 한다. 전형적인 혼합 비율은 부채 30%, 자기자본 70%이다. 기업의 특별한 가이던스가 없다면, 기업의 과거 자본 구조를 살펴보고, 동종업계 비교 가능 기업의 자본 구조를 참고한다.

부채 비용은 일반적으로 기업의 채권 수익률을 참고한다. 금리 환경에 따라, 신용도가 높은 기업의 이자율이 한 자리대 초중반이지만, 할인율이 높은 회사채의 경우 이자율이 이보다 몇 백 베이시스포인트 더 높다. 투기적 성격이 강한 회사채의 수익률은 10%를 넘는다.

자기자본 비용은 측정하기가 더 어렵다. 전문가들은 자본자산가격책정모델CAPM 모델을 사용하는데, 이는 기업의 자기자본에 대한 기대 수익률을 계산하기 위한 공식이다. S&P 500이 처음 생겼을 때부터 지금까지의 평균 수익률은 배당을 포함하여 약 11%였다. 부채와 마찬가지로 자기자본 비용은 리스크가 큰 기업일수록 높고, 안정적인 기업일수록 낮게 책정된다.

대침체 이후 저금리 환경 속에서 기업의 WACC는 일반적으로 7~12% 범위였다. 대형 투자 등급 기업들은 7%에 가깝거나 더 낮았다. 투기적 성격이 강한 기업들의 경우 12%이거나 더 높았다.

우리는 2011년 델파이의 WACC를 10%로 계산했다. 이는 벤치마크 채권수익률에 근거한 부채 비용 6%(세후 4.8%)과 자기자본 비용 12.5%를 가중 평균한 것이다. 또한, 장기적인 기업의 자본 구조를 부채 30%, 자기자본 70%로 가정했다.

현재 가치: 현재 가치 환산은 오늘 갖고 있는 1달러가 내일 생기는 1달러보다 더 가치 있다는 개념을 기초로 한다. 왜냐하면, 1달러는 시간이 지날수록 투자 수익과 이자 수익을 창출하기 때문이다.

DCF법에서 현재 가치는 연간 FCF와 잔존 가치에 각각 할인 계수를 곱하여 계산한다. 할인 계수란 미래에 받을 1달러를 가정한 할인율을 가지고 현재 가치로 환산하기 위한 분수 값이다. WACC가 10%라면, 1년 뒤 수령하는 1달러의 할인 계수는 0.91이 된다($1/(1+10\%)^1$). 따라서, 1년 뒤 생성되는 현금흐름 1억 달러의 현재 가치는 9,100만 달러이다.

실무에서 현재 가치를 계산할 때는 FCF가 기말이 아닌 한 해에 걸쳐 창출된다는 현실을 반영하여 조정한다. 이것을 기중할인간편법mid-year convention이라고 한다. 기중할인간편법에 WACC 10%를 적용하면, 1년 후 현금흐름의 할인 계수는 0.95가 된다($1/(1+10\%)^{0.5}$). 표 4.2에 나와 있듯이, 우리는 델파이의 DCF를 계산할 때 기중할인간편법을 사용했다. 그러나 잔존 가치의 경우 추정 기간이 끝났을 때 일시금이 수령되는 것으로 가정하여 기말 할인 방식을 사용했다. 여기서 할인 계수는 5개년의 경우 0.62와 0.65로 차이가 난다.

종합 정리

- 기업 가치: 기업의 5년 예상 잉여현금흐름과 잔존 가치는 현재 시점으로 할인된다. 이 값의 합이 기업 가치를 나타낸다. 델파이의 5년 예상 FCF의 현재 가치 합계는 52억 달러다(표 4.2의 A 참조). 종료 연도의 EBITDA 32억 달러에 출구 가격 배수 5배를 곱하여 잔존 가치는 159억 달러가 나왔다. 이 값을 WACC 10%로 할인하면, 현재 가치는 98억 달러가 된다(B 참조). 미래 잉여현금흐름과 잔존 가치의 현가를 합하여 최종 기업 가치 151억 달러가 되었다(C 참조).
- 주식 가치는 기업 가치를 구하면 쉽게 계산된다. 순부채, 우선주, 소수 주주 지분만 차감하면 된다. 델파이의 순부채는 8억 8,800만 달러, 소수 주주 지분은 4억 6,200만 달러이므로, 기업 가치 151억 달러에서 차감하면 내재 주식 가치는 138억 달러가 나온다.

- 주가: 다음으로 내재 주식 가치를 총 희석 주식 수로 나눈다. 델파이의 주가는 주식가치 138억 달러를 희석 주식수 3억 2,800만으로 나누어 약 42달러가 산출되었다. 이것은 IPO당시 주가 22달러와 비교했을 때 90% 상승 여력이 있음을 의미한다.
- 민감도 분석: 위에서 논의한 여러가지 가정을 고려했을 때, 현금흐름할인법을 이용한 기업 가치평가는 단일 값보다는 범위 측면에서 볼 수 있다. 이 범위는 WACC나 출구 가격 배수 같은 주요 입력값을 조정하여 산출된다. 매출 성장률이나 이익률 같은 재무 성과 동인도 민감하게 조정할 수 있다. 이러한 민감도 분석은 밸류에이션이 '과학적인 예술'이라고 불리는 증거가 된다.

표 4.3에 나와 있듯이 출구 가격 배수를 0.5배씩 조정할 경우 주가가 3달러씩 변동된다. 마찬가지로, WACC를 0.5% 변화시키면 주가에 약 0.75달러의 영향을 미친다.

c. 사업별 평가 가치 합산 분석법

어떤 기업들은 단일 사업에만 집중한다. 이런 기업들의 사업 모델은 집중형이고 상대적으로 성격을 구분하기 쉽다. 홈

표 4.3 DCF 민감도 분석

내재 주가

		매각 멀티풀				
		4.0x	4.5x	5.0x	5.5x	6.0x
WACC	9.0%	$37	$41	$44	$47	$50
	9.5%	$37	$40	$43	$46	$49
	10.0%	$36	$39	$42	$45	$48
	10.5%	$35	$38	$41	$44	$47
	11.0%	$35	$37	$40	$43	$46

디포와 맥도날드가 대표적이다. 정반대편에는 대기업들이 있는데, 이들은 하나의 기업 우산 아래 서로 거의 연관성이 없는 사업들을 갖고 있다.

많은 기업들은 이 두 종류 기업군의 중간에 위치한다. 대부분 기업들은 투입물, 원재료, 고객, 최종 시장이 비슷할 수 있지만 성장률과 이익률은 각기 다른 여러 사업 부문을 보유하고 있다. 이런 기업들의 경우에는 종종 각 사업 부문을 개별적으로 평가하는 SOTP 방식이 도움이 된다.

SOTP 방식을 활용하면 기업 전체 가치와 사업 부문별 가치 사이에 밸류에이션 차이가 있는지 판단할 수 있다. 경우에 따라, 특정 사업 부문의 가치가 기업 전체로 합산되어 거래되는 가치보다 유의미한 수준으로 더 높은 경우를 발견할 수 있다. 이는 시장이 해당 기업의 특정 사업 부문 내재 가치를 잘못 해석했다고 가정한다면 매수 기회라는 뜻이다. 이런 사업 부문이 하나 이상 분할 또는 매각될 경우 가치가 실현되는 촉매 역할을 할 수 있다.

기본적인 SOTP 방식은 밸류에이션 기법 중 유사 기업 접근법을 사용한다. 각 사업부에 맞는 유사 기업을 찾은 뒤 이들의 배수를 적용하는 것이다. 이는 분할을 고려 중인 사업부서의 가치를 평가할 때 주로 쓰는 방식이다. 각 사업 부문의 가치를 합산하여 전체 기업의 내재 가치를 계산하게 된다.

'믹스 매치'된 접근법도 SOTP 방식에 적용할 수 있다. 예를 들어, 하나 이상의 사업부가 매각될 것이라는 가정을 세웠다고 해보자. 이 경우, 전에 발생한 거래나 레버리지 매입 분석이 해당 사업부의 가치를 평가하는 데 사용될 수 있다.

SOTP 분석을 IPO 시점의 델파이 가치평가에 사용하기에는 적합하지 않았지만, 록우드 홀딩스에는 이 방법이 유효했다. 2011년 당시 록우드 홀딩스는 4개의 다양한 사업 부문을 보유한 선도적인 글로벌 특수 화학 기업이었다. 표 4.4에 나와 있듯이, 록우드 홀딩스의 SOTP 분석 결과 2011년 말 기준 내재 주식 가치가 60달러로 산출됐다. 이는 당시 주가

표 4.4 록우드 SOTP 분석

록우드 홀딩스
부분가치합(SOTP)

기업명	2012E EBITDA	목표EV/ EBITDA 배수	내재기업가치	% 합계
사업 부문				
전문 화학	$350	8.5x	$2,975	44%
기능성 첨가제	165	8.0x	1320	19%
이산화 티타튬	175	5.0x	875	13%
파인 세라믹	185	9.0x	1665	24%
부문 합산 EBITDA	$875	7.8x	$6,835	100%
법인 차감	-45	7.8x	-352	
총연결기준 EBITTA	$830	7.8x	$6,483	

부채 차감	-1729
소수주주지분 차감	-311
현금 가산	358
내재 주식 가치	**$4,801**

희석 주식 수	80
내재 가치 주가	**$60.00**
현재 주가	$39.37
상승 여력	52%

39.37달러에 비하면 50% 이상 상승 여력이 있음을 뜻했다.

그로부터 2년 동안 록우드는 고급 세라믹과 이산화티타늄 사업 및 성능 첨가제 사업 부문의 일부를 매각했다. 이 후 2014년 7월 록우드의 잔여 사업부가 앨버말 코퍼레이션에 주당 거의 80달러에 매각되었다. 록우드 주주들은 2011년 12월부터 2배의 수익을 거뒀다. 분명한 것은 SOTP법을 사용하여 시장이 인식하지 못한 사업 부문의 내재 가치를 발견할 수 있었다는 것이다.

d. 순자산가치 분석

순자산가치NAV 분석은 여러 개의 고유한 금융 또는 유형 자산을 보유한 기업의 가치평가에 사용된다. 부동산 투자신탁REITs, 석유 및 가스 탐사, 생산 회사, 금융 지주회사가 대표적인 예다.

NAV는 기업이 보유한 자산의 시장 가치를 반영한 다음, 부채를 차감하는 것이다. 여러 사업 지분을 보유한 지주회사의 경우, 모회사 주가와 보유 지분의 시장 가치 사이에 단절이 발생할 수 있다.

대표적인 예로는 여러 개의 공공 및 민간 기업 지분을 소유한 리버티 미디어(이전 LMCA)가 있다. 표 4.5를 보면, 2012년

12월 LMCA의 주가는 105.56달러로 보유 자산의 시가 대비 11% 할인된 수준임을 알 수 있다. 가격 할인의 이유는 복잡성, 내재된 과세 대상 소득, 경직된 거래 유동성, 그리고 아이러니하게도 이러한 시장 할인이 순자산가치를 어떻게 하락시킬지에 대한 불확실성이 있었다. 결국 LMCA는 핵심 자산인 스타즈Starz Entertainment, 아트란타 브레이브즈Atlanta Braves, 시리우스 XM Sirius XM 지분을 분할함으로써 리버티 주주들에게 상당한 가치를 창출했다. LMCA를 갖고 있던 투자자들은 2019년 연간 평균 15%의 수익을 얻었다.

또한 기업이 보유한 자산의 시장 가치와 명시된 장부 가치 사이에 차이가 있을 수 있다. 이는 종종 회계 목적의 감가상각법 대비 자산의 실제 내용 연수 차이 및 배당과 자사주 매입의 순효과로 인한 경우가 많다.

부실 또는 파산 시나리오에서 자주 사용되는 청산 가치 분석법은 NAV가 변형된 버전이다. 청산가치 분석은 기업이 청산하거나 강제로 매각되는 상황을 가정하여 보유한 자산의 매도 가격을 계산하는 것이다. 청산 가치에서 기업의 총부채를 차감하고 남은 잔여 가치가 주주들에게 돌아간다. 강제 매각의 역학을 감안했을 때, 청산 가치를 분석할 때는 자산의 시장 가치에서 유의미한 수준으로 할인이 적용된다.

표 4.5 리버티 미디어의 순자산가치

(단위: 백만달러, 1주당 데이터 제외)

리버티 미디어(LMCA)
순자산가치(NAV)

기업명	티커	보유 지분율	보유 주식수	주가	보유 가치	주당 순자산	순자산 내 비중
연결기준 자산							
스타즈 엔터테인먼트		100%			$6,483	$6,483	15%
애틀랜타 브레이브스 (MLB)		100%			550	4.41	4%
트루 포지션		100%			200	1.6	1%
기타					350	2.81	2%
소계					$3,250	$26.06	22%
상장된 주식							
시리우스	SIRI	50%	3,248.70	$2.76	$8,966	$71.90	61%
라이브 네이션	LYV	26%	48.7	8.77	427	3.43	3%
타임워너	TWX	1%	9.4	44.77	421	3.37	3%
타임워너 케이블	TWC	1%	2.4	64.97	228	1.83	2%
바이콤	VIAB	1%	5.0	51.30	256	2.06	2%
기타					476	3.82	3%
소계					$10,775	$86.40	73%
자본구조							
부채					($540)	($4.33)	−4%
현금 및 현금등가물					1,025	8.22	7%
기타					300	2.41	2%
소계					$785	$6.30	5%
NAV					**$14,810**		**100%**
희석 주식수					125		
1주당 NAV					**$118.76**		
현재 가격					$105.56		
NAV 대비 프리미엄(할인)					−11.1%		

II. 바이아웃 밸류에이션

투자자들은 기업 매수 또는 M&A 맥락에서 밸류에이션을 검토하기도 한다. 종종 특정 인수자들을 염두에 두고 그들이 밸류에이션 대상 기업을 전략적으로 인수하기 위해 얼마나 지불할 것인지 평가한다. 또한 사모펀드인 인수자가 해당 사업에 얼마까지 지불할 것인지를 따져본다. 매수 평가는 특히 투자 가설에 M&A가 포함된 기업 또는 산업 분야에 적합하다.

바이아웃 밸류에이션의 주요 기법으로는 과거 거래 분석(선례 분석)과 LBO 분석이 있다. 선례 분석은 과거 거래에서 유사 기업 매수에 지불한 배수를 참고하여 밸류에이션을 도출한다. LBO 분석은 사모펀드가 해당 기업 인수를 위해 지불할 수 있는 가격을 조사하고, 요구 수익률 기준을 충족시키는 것이다. 상장된 인수 기업의 경우, 인수 거래가 EPS에 미치는 추정 효과를 측정하는 증가/(희석) 분석도 중요하다.

이론적으로는 델파이의 밸류에이션이 저렴하고, 상장 후 레버리지가 낮은 점에서 인수 가능성이 있다고 볼 수 있다. 그러나 실제로 델파이 주주들은 주가 상승세를 인지하고 주식 매각을 서두르지 않았다. 더군다나 대침체 직후에 잠재적 인수자들이 공격적으로 M&A를 해 올 가능성이 낮았다. 더 가능성이 높은 M&A 시나리오는 델파이가 계속 포트폴리오를 업그레이드하는 것이었다. 즉, 비핵심 사업부를 매각하거나 우량 사업 부문에 볼트온 인수를 추진할 가능성이 있어 보였다.

과거 거래 분석

유사 기업과 마찬가지로 과거 거래는 배수에 기반한 밸류에이션 접근 방식을 사용한다. 그러나 여기서 사용되는 배수들은 과거 M&A 거래에서 유사한 기업이 인수될 때 지불된 가격을 의미한다. 유사 기업과 마찬가지로 과거 거래들도 쉽게 비교하고 벤치마킹할 수 있는 포맷에 표시되어 있다.

과거 거래 분석의 기본은 먼저 적절한 유사 기업 인수 거래를 찾는 것이다. 유사 기업과 마찬가지로, 최적의 비교 가능한 거래는 피인수 기업의 펀더멘털이 분석 기업과 비슷해야 한다. 일반적으로 직전 3개년 이내 발생한 최근 거래가 가장 관련성이 높다.

표 4.6에는 2009년과 2011년 사이 발표된 자동차 공급업체 M&A 거래 내역이 나와 있다. 대침체와 드물었던 M&A 활동을 감안할 때, 큰 규모의 거래는 거의 없었고 상장 기업 거래는 단 한 건뿐이었다. 평균 EBITDA 배수는 6.5배였고, 발표된 시너지가 조정된 배수는 6배였다. 여기서 시너지란 M&A를 통해 얻게 되는 재무 및 전략적 이득으로, 주로 비용

표 4.6 과거 거래 검색 결과

(단위: 백만 달러)

과거 거래 분석

발표날짜	인수자/피인수기업	거래 유형	매수 대가	기업 가치	EV/EBITDA 실제	EV/EBITDA 시너지 반영	EBITDA 이익률
7/28/11	GKN plc/게트라-엑슬 비즈니스	공식적/비공식	현금	$482	5.6x		13%
7/28/11	스털링 그룹/스테룸	LBO/비공식	현금	$483	5.7x		17%
4/8/11	코어스 그룹/세이지 오토모티브 인테리어	LBO/비공식	현금	$484	5.0x		12%
12/17/10	보그워너/할덱스 트랙션 시스템	공식적/비공식	현금	$485	8.3x		15%
10/15/10	칼라일/후크	공식적/공식적	현금	$486	7.3x	6.2x	20%
12/16/09	메탈사/다나-구조용 제품	공식적/공식적 sub	현금	$487	6.8x		6%
'11/2/09	포레시아/엠콘 테크놀러지	공식적/비공식	현금	$488	7.0x	5.8x	2%
	평균값			6.5x	6.0x		12%
	중간값			6.8x	6.0x		13%

절감과 이익 성장 기회를 뜻한다. 이 배수들은 대침체를 겪은 기간임을 감안했을 때, 과거 거래 배수에 비해 다소 낮게 책정되어 있었다.

정상적인 시장 상황에서 과거 거래들의 배수는 비교 대상 기업의 배수보다 높은 경향이 있는데, 이는 2가지 이유 때문이다. 첫째, 인수자는 일반적으로 다른 기업을 구매할 때 '통제 프리미엄'을 지불한다. 이 프리미엄은 일반적으로 30~40% 범위지만, 훨씬 더 높을 수도 있다. 그 대가로 인수자는 타깃 기업의 사업과 미래 현금흐름에 대한 통제권을 가지게 된다. 둘째, 전략적인 인수자들은 종종 더 높은 가격을 지불한 만큼 거래에서 시너지를 만든다.

최적의 비교 가능한 인수 거래를 찾아낸 다음에는 각 거래의 상황과 맥락을 파헤쳐야 한다. 이를 통해 지불된 배수와 현재 분석 중인 주식과의 관련성을 더욱 잘 해석할 수 있다. 특정 거래 관련 배수에 영향을 미치는 요인들은 많다. 그중에서도 거래 당시의 거시 경제 및 자본 시장 환경, 매수 과정 역학, 시너지, 구매자가 전략적 인수자인지 혹은 사모펀드인지 여부 등이 있다.

인수자와 피인수자의 M&A 동기가 우호적인지 적대적인지 여부와 인수 대가(예: 피인수 기업 주주에게 주식과 현금을 섞어서 지불)도 관련이 있다. 일반적으로 현금 대가만 지불하는 경우가 주식 대가 거래보다 프리미엄이 높다. 피인수 기업 주주들이 현금으로 미리 보상받고 합병 기업의 미래 가치 상승에 동참할 기회를 포기하는 것이다.

핵심 거래 배수들

EV/EBITDA 배수는 과거 거래 분석에서 가장 중요한 부분으로, 현재 주가가 아닌 주당 제시 가격에 기초하여 기업가치를 평가한다. 위에서 언급하였듯이, 제시 가격은 주로 현재 주가 대비 상당한 프리미엄이 붙어 있다. 은행권 같은 특정 산업의 경우 P/E와 P/B 배수가 더 적합할 수 있다.

투자자들은 종종 기대 시너지 효과를 반영하여 조정한 거래 배수를 본다. 이러한 접근 방식은 타깃 기업의 개별 EBITDA에 시너지를 더하여, 거래 배수가 낮아지고 매수자 관점이 부각된다.

$$EV/EBITDA = \frac{\text{기업 가치}}{\text{EBITDA}}$$

$$\text{시너지를 반영한 } EV/EBITDA = \frac{\text{기업 가치}}{\text{EBITDA+시너지}}$$

레버리지 바이아웃 분석

레버리지 바이아웃Leveraged Buyout, LBO이란, 상당한 금액의 부채를 사용하여 기업 인수 대가를 조달하는 방식이다(일반적으로 부채 비중 60%~70%). 나머지 자금은 사모 회사에 기여된 지분으로 조달한다.

LBO 분석은 사모 투자자가 잠재적 목표 기업의 밸류에이션을 평가하는 데 사용된다. 주식 시장 투자자는 사모 투자자들이 특정 상장 기업을 인수 타깃(일명 '비공개' 후보)으로 삼을지 여부를 결정하기 위한 밸류에이션 평가 방식을 이해해야 한다. 많은 경우에 내재된 LBO 가격은 해당 종목 밸류에이션 하한가를 의미한다. LBO 후 실적이 저조한 기업을 매각해야 하는 내재된 리스크를 고려한다면, LBO 분석은 숏포지션 평가에도 유용한 정보를 준다.

실제로 대부분의 상장 기업은 비공개 후보가 될 가능성이 낮다. 규모, 가격, 사업 프로필, 높은 레버리지 여력 및 실행 가능성 중 어떤 것을 함께 고려해보아도 잠재적인 장애물로 작용한다. 델파이가 LBO될 가능성은 단순하지 않았다. 낮은 밸류에이션은 인수 기업에게 매력적일 수 있지만, 기업 규모나 다사다난했던 과거, 경기를 타는 점은 인수의 방해 요인이었다. 더군다나 2011년은 시장이 여전히 세계 대침체 이후 회복 중에 있었다. 그렇기에 최근 파산한 자동차 공급업체를 리레버리지해 주는 것은 사모 투자자들과 자금 조달원에 있어서도 우선 순위가 아니었다.

현금흐름 할인과 마찬가지로 LBO 분석은 5년 추정 모델을 기반으로 한다. 그러나 인수 가격, 재무 구조, 차입금 조건, 출구 가격 배수에 대한 가정 등 복잡한 사항들이 추가된다.

LBO 레버리지는 일반적으로 신용 상태, 산업, 규모, 시장 조건에 따라 부채/EBITDA가 4.5배에서 6.5배 범위에 있다. LBO의 구조와 부채 비용 또한 이러한 요인들에 의해 좌우된다. 예를 들어, 투기 성격이 짙은 경기를 타는 산업의 경우 구독 기반 산업에 비해 레버리지가 낮고 가중 평균 차입 이자율이 더 높다. 일반적으로 인수 가격의 25% 이상을 최소 지분으로 해야 하며, 나머지가 부채로 조달된다.

LBO 분석의 출구 가격 배수는 비교 대상 기업이 산업 주기의 중반을 지나고 있거나, 정상적인 수준에서 거래된다는 것을 가정한다.[4] 기본적인 LBO 가정을 세우고 나면, 사모펀드 수익률을 만족시킬 수 있는 인수 가격을 계산할 수 있다. 사모 기업들은 주로 10% 중반 이상의 연간 수익률(내재 수익

---

4. 보수적 관점에서, 출구 가격 배수는 일반적으로 진입 배수랑 같거나 낮다고 가정한다.

률 또는 IRR)이나 혹은 5년 이내 투자 종료 시 2배의 현금 수익률을 내는 것을 목표로 한다. 투자 종료는 기업 매각이나 IPO를 통해 이루어진다.

어떻게 레버리지 바이아웃이 수익을 창출하는가?

LBO는 부채 상환과 기업 가치 성장 조합을 통해 수익을 얻는다. 부채 상환의 경우 EV/EBITDA 배수가 일정하다고 가정할 때, 부채가 1달러 줄면 자기자본 가치는 1달러 증가한다. 후자의 경우 기업 가치 성장은 EBITDA가 높아지거나, 배수 증가로 나타난다. 표 4.7를 보면, IRR과 현금 수익률 계산을 포함하여 LBO가 수익을 얻는 과정이 설명되어 있다. 아래와 같이 가정해보자.

- 사모펀드가 10억에 한 기업을 매수했고, 이는 EBITDA 1억 달러의 10배였다.
- 인수 대금은 35%(3억 5,000달러)는 지분 투자로, 65%(6억 5,000달러)는 차입으로 조달했으며, 레버리지 6.5배이다.
- 해당 기업이 연간 FCF를 5년 동안 5,000달러씩 창출하며(누적 기준 2억 5,000달러), 그것으로 차입금을 상환한다.
- 해당 기업을 5년차 종료 시점에 15억 달러에 매각한다

표 4.7 LBO를 통한 수익 창출

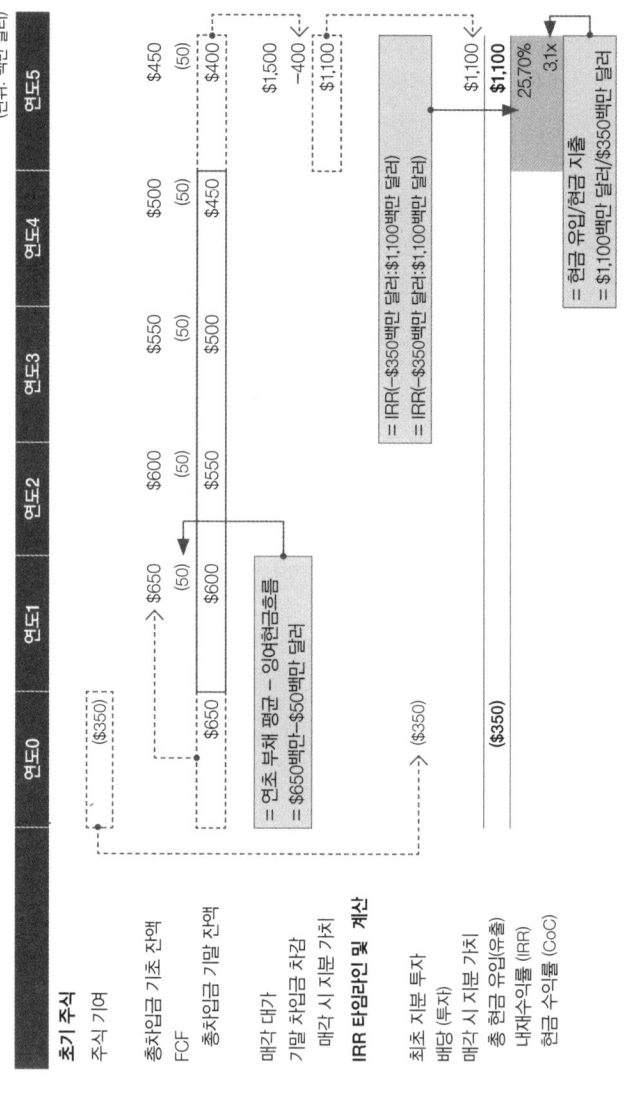

(단위: 백만 달러)

(출구 가격 배수는 10배로 동일하며, 5년차 EBITDA는 1억 5,000만 달러로 가정한다).

5년 뒤, 초기 부채 금액 6억 5,000만 달러는 연간 5,000만 달러씩 발생하는 FCF로 상환하게 되면 4억 달러까지 줄어든다. 매각 가격 15억 달러와 부채 잔액 4억 달러를 고려하면, 사모펀드는 종료 시점에 11억 달러를 벌게 된다. 3억 5,000만 달러 초기 투자 자본을 기준으로 했을 때, IRR은 25.7%(MS 엑셀상 IRR식 사용), 현금 수익률의 수익은 3.1배가 된다.

증가/(희석) 분석

증가/(희석) 분석은 M&A에 관련된 종목의 투자 기회를 조사하는 데 중요하다. 이 분석법은 인수 기업의 재무 구조를 바탕으로 M&A 거래가 인수 기업의 EPS에 미치는 추정 효과를 계산한다. 만약 추정 EPS가 낮다면, 해당 거래는 희석적인 성격이다.

타깃 기업에 지불된 상한 가격은 배수와 마찬가지로 중요하다. 그러나 투자자들이 던지는 첫 번째 질문은 해당 거래가 기업의 가치 증가를 가져오는가, 그 증가분은 얼마인가이다. 희석적 거래는 EPS나 FCF/S를 낮추고, 이로 인해 주주 가치를 감소시킨다(배수가 상수라고 가정할 때). 결과적으로, 인수자들은 희석적 거래는 피하게 된다.

그렇다면 이런 계산은 어떻게 이루어질까? 통상적인 법칙에 따르면, 100% 지분 거래의 경우 인수자는 자기보다 P/E가 낮은 기업을 인수할 경우, 해당 거래로 인해 가치가 증가하게 된다. 이는 직관적으로 알 수 있다. 어떤 기업이 피인수 기업의 수익에 적용하는 배수를 자신의 수익에 거래되는 배수보다 낮게 적용하여 인수 대가를 지불했다면, 수학적으로 가치가 증가해야 한다.

반대로, 100% 지분 거래에서 인수자가 자기보다 P/E가 높은 기업을 인수할 경우 사실상 희석적인 거래가 된다. 그러나 기대되는 시너지가 엄청나다면 이러한 공식이 깨질 수 있다. 또한, 거래 대금의 대부분을 부채로 조달한다면, 타깃 기업의 순이익 증가가 종종 관련 이자 비용 증가를 초과하여 기업 가치가 증가하게 된다. 투자자들은 인수 가격과 관련한 규율이 있고, 최적의 자금 조달 방식으로 상당한 거래 시너지를 예상하고 기업 가치를 극대화시킬 인수 기업을 찾는다.

표 4.8은 100% 현금 대가(차입금 사용), 현금 대 지분 50% 대 50%, 100% 지분 투자의 경우를 비교하여 증가(희석) 계산을 보여주고 있다.

표 4.8 증가/(희석) 분석

(단위: 백만달러, 1주당 데이터 제외))

추가/(희석) 분석

인수대상 기업 가정	
주당 제시 가격	$25.00
현재 주가	$18.50
프리미엄 %	35%
희석 주식수	200
인수 가격	**$5,000**
목표 EBIT	$350
시너지	$50

인수기업 가정			
인수기업 주가	$350		
인수기업 부채비용	6.00%		
인수기업 세율	25%		
	100% 현금	**50% 현금/ 50% 주식**	**100% 주식**
현금	$5,000	$2,500	–
주식	–	$2,500	$5,000
인수기업 EBIT	$1,000	$1,000	$1,000
인수대상기업 EBIT	350	350	350
시너지	50	$50	$50
PF EBIT	**$1,400**	**$1,400**	**$1,400**
거래전 이자비용	(150)	(150)	(150)
이자비용 증분	(150)	(150)	
세전이익	**$950**	**$1,100**	**$1,250**

법인세율 25%	238	275	313
PF 순 이익	**$713**	**$825**	**$938**
거래전 순 이익	**$527**	**$527**	**$527**
거래전 희석주식수	100	100	100
발행된 신규주식수	–	50	100
PF 희석주식수	**100**	**150**	**200**
PF 희석 EPS	$7.13	$5.50	$4.69
거래전 희석 EPS	5.27	5.27	5.27
증가/(희석)금액 – $	$1.86	$0.23	$0.58
증가/(희석)비율 – %	35%	4%	11%
증가/희석	증가	증가	증가

촉매

촉매란 실적 개선이나 거래 배수 확대(소위 '재평가'), 혹은 두 가지가 동시에 발생하여 주주 가치를 창출할 가능성을 가진 이벤트를 뜻한다. 현명한 투자자는 촉매와 이로 인한 시장의 반응을 예측하고자 한다. 즉, 촉매가 발표되기 전 혹은 주가에 반영되기 전에 매수를 시작하는 것이다.

일단 촉매가 발생하면, 이것이 일회성 주가 급등인지 아니면 기업의 펀더멘털 재평가 및 장기적인 실적 상승으로 이어질 것인지를 구별해야 한다. 일회성 급등이란, 지속 가능하지 않은 단기적인 실적 확대(예: 경쟁업체 이슈나 날씨 영향 등) 때문일 수 있다. 이러한 주가 급등은 일시적일 수 있으며, 몇 달 내에 하락세로 돌아설 수 있다. 펀더멘털 재평가란 보다 강력한 기반을 전제로 한다. 즉, 전략적 M&A나 포트폴리오 재정비, 주요 비용 절감, 주주 친화적 자본 배분, 혹은 블록버스터급의 신제품 출시 등이 있다.

아래에서 주식 가격 상승을 일으키리라 예상되는 이벤트 차원에서 촉매를 논할 것이다.

- 실적
- 투자자의 날
- M&A
- 기업 분할과 사업부 매각
- 구조조정와 턴어라운드
- 자사주 매입과 배당금
- 리파이낸싱
- 경영진 교체
- 행동주의 주주
- 신제품과 고객
- 규제

이는 1단계의 내용과는 다른데, 1단계에서는 이미 공식 발표된 기업의 이벤트들을 스크리닝했었다.

델파이의 투자 가설에는 수많은 잠재적인 촉매들이 포함되어 있었다. 대표적으로 실적 개선 가속화, 자본 수익률, 포트폴리오 정비, 인수, 그리고 파산 기업 오명의 퇴색 등이 있었다. 유망한 차세대 제품들도 출시를 앞두고 있었다. 기민한 투자자라면 파산 과정에서 주요 주주들이 시행한 아키텍처와 적극적이고 성취욕이 높은 이사회가 주가 부양을 위해 적절한 조치를 취할 것이라는 사실에 확신을 가질 수 있었을 것이다. 어떤 촉매들은 성과가 나타났지만, 그렇지 않은 촉매들도 있었으며, 생각지도 촉매들도 있었다.

실적

실적이 발표될 때 주가는 큰 폭으로 상승 또는 하락할 수 있다. 왜 그럴까? 시장이 추정한 기업 실적은 얼추 맞아야 하지 않을까? 대부분의 경우, 실적 발표 후의 기업은 실적 발표 전과 달라지지 않는다. 그렇다면 이러한 큰 주가 변동이 일어나는 원인은 무엇일까?

이유는 간단하다. 기업들은 경쟁 환경에서 끊임없이 진화하고 성공을 향해 달린다. 적어도 현재 가지고 있는 전략들을 실행할 책임이 있다. 기업의 실적이란 이런 전략을 확인(혹은 부정)하는 의미가 된다. 어떤 의미에서 실적이란 기업의 분기 성적표다. 예상 실적 수준에 부응하지 못하면 투자자들의 호응을 얻지 못하지만, 견조한 실적을 내면 보상을 받는다. 기업의 전략이 실패할 경우는 강한 비난을 받는데, 특히 이런 실패가 장기적인 구조적 문제로 여겨질 때 더욱 그렇다.

월등한 기업 실적이 투자 가설에서 가장 중요하다는 것은 이미 앞서 충분히 설명했다. 강력한 추진력과 꾸준한 실적 성장이야말로 장기적으로 주가가 크게 오르는 데 필요한 모든 것이다. 실적주들은 기본적으로 전통적인 주식 투자자들의 포트폴리오에서 중추적인 역할을 한다.

종목을 고르는 입장에서 기업의 분기 실적을 전년도 동일 기간 실적과 애널리스트의 추정치와 비교할 필요가 있다. 5단계에서는 이러한 중요한 작업을 도와줄 수 있는 분석 템플릿을 제공한다.

2012년 1월 26일 델파이의 2011년 4분기 실적은 매우 중요했다. IPO 후 첫 실적 발표이자, 처음 발표한 실적 가이드였다. 4분기 매출은 39억 달러(전년 대비 +6.8%)[5]로 시장 컨센서스에

---

5. 전년 대비는 전년 동일한 날짜 대비.

부합하는 수준이었다. 하지만 EBITDA 5억 3,000달러(전년 대비 +55%)와 EPS 0.88달러(전년 대비 +287%)는 시장 컨센서스를 크게 상회한 수준으로, 경영진의 강력한 추진력과 비용 절감을 입증했다.

2011년 한 해 동안 델파이는 매출액 160억 달러, EBITDA 21억 달러, 그리고 EPS 3.49달러를 기록했다. 이는 2010년 대비 상당한 증가였으며, 시장 기대치를 훨씬 상회한 수준이었다. 주가는 이를 호재로 받아들여 실적 발표 당일 4.7% 상승으로 마감했다.

또한 기업들은 실적 발표 때 다음 실적 가이던스(가이던스를 제공하는 경우)를 제공 혹은 업데이트하기도 한다. 가이던스 업데이트는 기존 내용을 확인하거나, 상향 또는 하향 조정하는 방식이다. 어떤 경우에는 5개년 매출 목표 100억 달러, EBITDA 이익률 15%처럼 기업의 매출과 수익의 장기 목표를 내놓기도 한다. 일반적으로 주식 시장이 미래 지향적(선행적)임을 감안했을 때, 실적 가이던스가 오히려 실적보다 중요할 수 있다. 새로운 가이던스나 조정 발표는 중요한 촉매가 된다. 가이던스 변화가 비교적 작음에도 불구하고 주가 변동폭은 클 수 있다.

실적 가이던스 뿐만 아니라, 실적 발표 컨퍼런스에서는 경영진이 주요한 기업 이벤트, 신규 사업 개발, 기업 전략의 변화 등 그 자체로 촉매가 될 것들을 발표한다. 시장은 이러한 새로운 정보에 빠르게 반응해 주가 상승, 하락 또는 보합세 등 최초 평가를 내놓는다. 시간이 흐를수록 투자자들은 기업이 이러한 새로운 이니셔티브들을 제대로 시행해 나가는지를 체크한다.

투자자의 날

종종 기업들은 투자자의 날을 개최하여, 현 주주들과 잠재적 주주들에게 직접 기업에 대한 자세한 내용들을 알려준다. 투자자의 날은 보통 몇 시간에 걸쳐 진행되는 대규모 공개 이벤트로, 제품 데모나 공장 투어(현장에서 열리는 경우)가 포함되기도 한다. 투자자의 날은 주로 부서장, 사업개발팀 임원이 포함된 고위 경영진이 진행한다. 투자자의 날에 참석하면 기업의 비즈니스 및 전략적 방향에 대한 포괄적인 개요를 들을 수 있다. 투자자의 날을 성공적으로 치르면 기업의 스토리가 재구성되면서 주가가 상승할 수 있다.

델파이는 IPO 후 불과 5개월만인 2012년 4월 첫 투자자의 날을 개최했다. 그리고 기업 전략 업데이트, 자본 배분 계획 논의, 기업 인수 및 신규 상업적 노력, 실적 가이던스 제공을 위해 앞으로 매년 투자자의 날을 열기로 결정했다. 2013년 경영진은 EBITDA 수익률을 현재 14% 미만에서 2016년까지 16%로 끌어올리겠다는 계획을 내놓았다. 또한, 장기적으로 영업 현금흐름 중 자사주 매입/인수에 45~55%를, 배당금에 10~15%를, 그리고 자본적 지출의 35~40%에 배분하는 계획을 발표했다. 주가는 이틀간 9.4% 상승하며 호조를 보였다.

2016년 4월에 열렸던 투자자의 날 또한 주목할 만한데, 2020년까지 매출 성장 가속화와 EBITDA 수익률 18.5%를 목표로 제시했다. 또한 경영진은 회사의 포트폴리오 재편 전략을 논의하고 15억 달러의 자사주 매입 승인을 발표했다. 2013년 이벤트와 마찬가지로 델파이 주가는 이후 며칠간 6.7% 상승하며 긍정적인 반응을 보였다.

M&A

1단계에서 논의한 바와 같이, 다양한 M&A 시나리오는 의미 있는 촉매 역할을 할 수 있다. 이벤트 중심의 투자자와 행동주의 투자자들은 M&A 거래가 수익으로 이어질 수 있는 종목들을 찾는다. 이를 위해서는 해당 산업에 대한 심층 조사를 통해 가능성 높은 M&A 조합인 잠재적 인수자 및 피인수 기업 후보를 찾아야 한다. 특히 최근 상당한 프리미엄 가격에 인수된 하위 섹터에 관심을 가져야 한다. 이는 종종 동종업계 종목들의 주가 상승 랠리를 일으키는 촉매제가 된다.

상장 후 불과 6개월 만인 2012년 5월 델파이는 FCI의 모터 구동식 차량 부문Motorized Vehicles Division을 약 9억 7,500만 달러에 인수하겠다고 발표했다. 이는 EBITDA 7배와 시너지 반영 후 4.5배에 불과했다. 델파이의 성공적인 M&A 실행에는 CFO인 케빈 클락이 크게 기여했다. 클락은 인수를 많이 하던 기업인 전 직장 피셔 사이언티픽에서 M&A 경험을 쌓았으며, 이러한 입증된 능력을 근거로 델파이 이사회는 2010년 그를 합류시키기로 결정했다.

모터 구동식 차량 부문 인수를 통해 델파이는 고성장, 고마진 커넥터 시장에서의 기존의 강력했던 입지를 더욱 강화하는 한편, 고객 기반을 다변화하고 아시아 지역으로 사업을 확장했다. 재무적 관점에서 이 거래는 매출 성장을 가속화하고 전체 이익률을 향상시켰으며, 시너지 효과를 포함해 EPS를 5% 이상 증가시켰다.

델파이의 주가는 M&A 발표 다음날 2.7% 상승했으며, 그다음 날에도 시장에서 딜의 긍정적인 면이 반영되어 추가 5% 상승했다. 2012년 말까지 주가는 M&A 발표일 기준 38% 상승했다. 분명 투자자들은 행복했을 것이다.

3년 뒤인 2015년 7월, 델파이는 영국의 공공 케이블 관리 솔루션 제공업체인 헬러만타이툰 그룹HellermannTyton Group을 인수하며 다시 시장의 주목을 받았다. 18.5억 달러의 인수 가격은 향후 12개월 EBITDA 12.3배(시너지 조정 후 9.1배)를 나타내며, 헬러만타이툰의 전일 종가 대비 약 45% 프리미엄 수준이었다. 지불 배수가 높았던 것은 M&A가 전략적으로 반드시 필요했기 때문이다. 헬러만타이툰은 델파이의 가장 큰 사업부문인 전기 아키텍처 시장에서 기존의 강력한 입지를 더욱 강화시켰다. 초기에는 주가 반응이 거의 없었지만, 결국에는 주가에 이런 호재는 반영되었다. 2015년 말 델파이의 주가는 거래 발표일 대비 11% 상승했다.

헬리만타이툰 인수 거래와 더불어, 2015년 델파이는 제품 포트폴리오 기술 업그레이드를 위해 몇 가지 추가 인수/투자를 공개했다. 델파이는 LiDAR 센싱 기업, 자율 주행에 중점을 둔 소프트웨어 사업, 연비에 중점을 둔 기술 기업에 투자했다. 이로 인해 델파이는 자율 주행, 능동 안전 시스템, 인포테인먼트 및 사용자 경험 분야의 최전선에 자리 잡았다.

기업 분할와 사업부 매각

투자자는 종종 시장에서 적절하게 평가되지 않는다고 여겨지는 사업이나 부서를 가진 기업을 타깃으로 삼는다. 기본 전제는 2개 이상의 독립적인 사업 부문의 SOTP 가치가 기업 가치보다 높다는 것이다. 이론적으로 봤을 때, 이런 기업의 사업 부문이 분할되면 시장은 존속 법인과 분할 또는 매각되는 신설 법인의 밸류에이션을 따로 제대로 하게 된다.

이상적으로는 잠재적으로 분할 또는 매각 가능한 사업 부문이 있는 기업들을 미리 파악해두는 것이 좋다. 해당 부문의 분할, 매각이 발표될 때 해당 종목의 주가 상승에 동참할 수 있기 때문이다. 많은 투자자들은(행동주의 투자자들을 포함해서) 특히나 이런 상황을 목표로 삼는다.

최초에 델파이의 투자 가설을 세울 때, 기업이 비핵심 사업 부문을 매각하는 등 포트폴리오 최적화를 할 경우 주가 상승의 잠재적 촉매가 될 것이라고 가정했었다. 실제로 2015년 2월에 델파이는 열 시스템 부문을 독일 자동차 공급업체인 말레에 7억 2,500만 달러 또는 EBITDA 9.5배에 매각한다고 발표했다. 열 시스템 부문은 성장률이나 이익률이 전사 평균보다 낮았다. 또한, 구조적 성장 영역을 더욱 집중 공략하려는 기업 전략과도 맞지 않았다. 발표 후 매각 거래가 널리 알려지면서 몇 주 동안 델파이 주가는 9% 상승했다.

2년 후, 델파이는 또 다른 딜을 진행했는데, 이 거래는 더욱 혁신적이었다. 2017년 5월, 델파이는 파워 트레인 시스템 부문의 비과세 사업 분할을 발표했으며, 분할 신설 법인의 사명을 델파이 테크로지스로 하고 티커는 그대로 DLPH를 쓰게 되었다. 분할 법인(모회사)은 앱티브(티커는 APTV, 지식, 적응성, 추진력이라는 함축적 의미를 지닌다)로 사명을 변경했고, 더 높은 성장률과 높은 거래 배수를 가진 전기/전자 아키텍처, 전자과 안전 부문을 보유하게 됐다. 이로 인해, 앱티브는 전기화 및 커넥티드/자율 주행 차량에 관심 있는 투자자들을 위한 기술 중심의 단일 사업 기업이 되었다. 한편, 델파이 테크놀로지스는 매출 성장을 가속화하고 지속적인 가치 사슬 이전을 목표로 하는 새로운 경영진과 자본 계획을 갖게 되었다.

분할 거래 발표 직후 주가는 11% 급등했고, 연말까지 29% 상승했다. 많은 증권사 리서치센터 애널리스트들은 한동안 기존 델파이의 가치를 SOTP 기준으로 평가했는데, 이는 각 사업부별 성장률과 이익률이 달랐기 때문이다. 이들의 분석에 따르면, 델파이의 각 사업 부문들은 주당 100달러 이상의 가치가 있으며, 분할 발표 전 주가보다 50% 정도 높은 수준이었다. 아니나 다를까 2017년 후반 분할 거래가 종료되기 전 주가는 100달러를 넘어섰다.

구조조정과 턴어라운드

턴어라운드 상황이란 기업 내 문제가 있지만 회복 가능성이 있는 방안을 주가 상승 촉매로 갖고 있는 기업에 해당된다. 리스크를 감안했을 때, 기업의 회생 전략에 대해 강한 확신을 가질 수 있어야 한다.

델파이는 전형적인 턴어라운드 사례이다. 비대해진 비용구조, 과도한 부채 부담 및 기존의 부채들로 인해 회사는 파산했다. 이는 결과적으로, 델파이의 자산이 과소평가된 상태로 투자가 이어졌고, 이런 상황은 회사 재무 실적에 영향을 미치기 시작했다.

챕터11 파산 보호의 내용에 따라, 델파이의 이사회와 주주들은 CEO 로드니 오닐과 함께 회사를 탈바꿈하기 위한 전략을 고안했다. 여기에는 포트폴리오 정리, 부담스러운 UAW 계약 파기, 제조 부문의 BCC 이동, 구조적 성장 기회에 대한 재집중이 포함되어 있었다.

2009년 델파이가 상장한 이후에도 턴어라운드는 멈추지 않았다. 앞서 언급했듯이 이사회와 경영진은 꾸준한 발전과 전사적 차원의 린lean 문화를 조성할 수 있도록 도왔다. 회사의 운영 개선 및 효율성 증대를 위한 끊임없는 노력 자체가 델파이의 기업 문화로 자리잡게 된 것이다. 2014년 말, CEO

오닐이 임기 1년을 남겨둔 때, 델파이의 EBITDA 이익률은 15% 이상으로 IPO 시점 대비 200bps 향상되었다. 신임 CEO 케빈 클락의 지휘하에 EBITDA 이익률은 2017년 말 추가로 200bps 올라 거의 17%에 달하게 되었다.

자사주 매입과 배당금

앞서 논의한 바와 같이, 장기간에 걸쳐 자사주 매입이나 배당 지급을 하는 기업은 매력적인 투자 대상이다. 그러나 기존에 해오던 주주 친화적인 자본 배분 전략을 계속하는 것 자체가 촉매는 아니다. 진정한 촉매는 역동적인 자사주 매입 프로그램이나 배당 정책을 새롭게 시행할 것이라 기대되는 경우다. 자본 배분의 중대한 변화는 주가 급등의 분수령으로 작용할 수 있다. 예를 들어, 최소 유동 주식 수의 5% 이상을 자사주 매입하는 등 규모가 큰 경우에는 특히 흥미롭다.

행동주의 투자자들은 종종 가치 창출의 수단으로 자본 수익률에 집중한다. 일반적으로 현금 보유액이 많고 긴급한 자본 사용처가 없는 기업들이 타깃이 된다. 행동주의 주주들은 유의미한 수준으로 주식을 매수한 후(지분율 5% 이상), 기업이 자사주 매입이나 대규모 일회적 또는 정기적 배당 지급을 실시하도록 경영진을 압박한다.

델파이는 강력한 FCF 프로필, 적극적인 이사회 및 주요 주주들 덕분에 자사주 매입이 잠재적인 촉매로 여겨졌다. 상장 후 2개월밖에 지나지 않은 2012년 1월, 델파이는 2011년 4분기 실적 발표와 함께 3억 달러의 자사주 매입 프로그램을 발표했다. 그 후 2012년 9월 시가총액이 약 100억 달러였던 때, 추가적으로 7억 5,000만 달러의 신규 자사주 매입 승인 소식이 이어졌다. 이 소식으로 주가는 3.5% 상승했다.

그 뒤 2013년 2월 투자자의 날, 델파이는 정기적으로 분기 배당을 실시하겠다고 발표했다. 오닐의 말을 인용하면 "당사는 강력한 대차대조표와 상당한 현금흐름을 통해 오늘 이러한 주주 친화적 행동을 할 수 있었습니다. 기존에 승인된 자사주 프로그램과 더불어 현금 배당 지급을 시작한다는 것은 당사의 사업에 대한 신뢰와 주주 가치 향상에 대한 약속을 계속 반영하는 것입니다." 델파이의 주가는 다음날 이틀 간 9.4% 상승했다.

리파이낸싱

리파이낸싱도 기업 가치 재평가의 촉매가 될 수 있다. 일반적인 시나리오는 공격적인 차입, 심한 경기 변동, 또는 차입 비율이 높은 LBO로 인한 자본 구조 문제가 아니었다면 어려움을 겪지 않았을 기업들이다. 대차대조표가 강화되면 기업이 회복되는 촉매 역할을 한다. 어려움을 겪는 종목이 큰 수익률을 가져다 줄 수도 있다.

'클린 업clean-up' 리파이낸싱에는 다양한 방법이 있다. 아마 가장 간단한 방법은 유동성을 얻을 수 있는 새로운 또는 확장된 신용 공급을 받는 것이다. 또는 이자율이 높은 부채를 낮은 이자율로 대체하여 수익과 FCF를 높이는 방법이 있다. 이와 비슷하게, 채권단과 협상을 하거나 만기가 더 긴 새로운 차입금으로 기존 차입금을 상환하여 만기를 연장할 수 있다. 극단적인 경우는 부채 자본 스왑을 통해 부채 부담은 낮추고 채권자에게 주식 가치 상승 기회를 줄 수 있다.

파산에서 벗어난 델파이의 대차대조표는 충분한 유동성을 갖춘 건전한 상태였다. 연간 이자 비용은 2007년 7억 5,000만 달러에서 IPO 시점까지 1억 2,500만 달러로 감소했다. 2011년 말 델파이의 회사채 이자율은 6%였으며, 이는 채권 시장에서 델파이의 신용도가 개선되었음을 뜻했다.

경영진 교체

어떤 투자자들은 새로운 경영진이 변화를 주도할 수 있는 상황을 찾아본다. 기업의 경영에 문제가 있었거나, 방향이 잘못된 것이거나, 아니면 새로운 인재가 필요한 경우일 수도 있다. 동종업계에 비해 확연히 실적이 저조하다면 이런 경우인 경우일 가능성이 높다.

단지 신규 임원 채용 소식이 있는 기업만 찾는 것으로는 충분하지 않다. 기업의 행보가 실제로 달라져야 한다. 예를 들어, 현재 CEO가 은퇴를 앞두고 있다거나 이사회에 변화가 일어나리라는 분명한 신호가 있어야 한다. 행동주의 주주가 새로운 CEO나 CFO를 변화를 위한 아젠다의 중심에 세울 수도 있다.

외부에서 임원을 채용한다면 혁신적인 변화가 일어날 가능성이 더 크다. 이는 구조조정이나 턴어라운드를 위해 전문적인 기술이 요구되는 상황에서 특히 그렇다. 변화의 주인공은 종종 같은 산업 내에서 나오고, 이들은 뛰어난 이력을 갖고 있다. 아마도 가장 주목할만한 것은 이사회나 행동주의 주주들이 주식 가치 창출이라는 분명한 아젠다를 가지고 경영진 교체를 주도했을 때다.

우리는 이미 2007년부터 델파이 CEO 로드 오닐의 임기를 논의했었다. 몇 년 뒤인 2014년 9월, 투자자들은 CEO가 케빈 클락으로 바뀌는 시점에 델파이를 재평가했다. 앞서 언급했듯이, 이사회는 2010년 클락의 높은 잠재력을 보고 그를 채용했기에, 오늘이 은퇴 시점이 다가오자 이사회와 투자자들 모두 클락을 합당한 후계자라고 확신하게 되었다. 클락은 회사의 성장, 탁월한 경영, 포트폴리오 최적화에 계속 주력할 것으로 기대되었다.

한 리서치 보고서는 다음과 같이 요약했다. "기업 가드의 변화: 전설적인 CEO가 마이크를 겸손한 록스타에게 넘겼다. 우리는 절제된 방식의 자본 배분과 비전으로 오늘날의 델파이를 만드는 데 중요한 역할을 한 케빈 클락이 이끄는 경영진을 매우 신뢰한다." 이런 경우, 종목을 그대로 보유하는 것이 바람직했다.

행동주의 주주

행동주의 투자자들은 촉매 작동하리라고 예상하고 주식을 사지 않고 참을성 있게 기다린다. 이들은 그 촉매가 결실을 맺는데 '적극적인' 역할을 하는데, 이는 기업의 지분을 상당 부분 사들인 후 변화를 요구하는 것이다. 저명한 행동주의 투자자로는 아이칸 엔터프라이즈의 칼 아이칸, 트라이언 파트너스의 넬슨 펠츠, 자나 파트너스의 베리 로젠슈타인, 엘리엇 매니지먼트의 폴 싱어, 스타보드 밸류의 제프 스미스가 있다.

델파이에는 행동주의 주주는 사실상 없었지만, IPO 당시 델파이 투자자들 중에는 턴어라운드 실적을 가진 적극적인 투자 방식의 펀드들이 포함되어 있었다. 실버 포인트, 엘리엇, 폴슨, 오크트리가 합쳐서 지분의 45%를 소유했다.

실버 포인트와 엘리엇은 부채의 자본 전환을 통해 델파이 주식을 받았다. 이들은 기업과 핵심 거버넌스 통제를 오랜 기간 가까이서 지켜보았기에 델파이 혁신에 주도적 역할을 담당할 수 있었다.

실버 포인트와 엘리엇은 새로운 전략 계획을 개발하고 실행하기 위해 경영진과 협력하는 데 직접적인 역할을 했다. 거버넌스 측면에서 그들은 2009년에 자동차, 기술, 운영, 자본 시장 및 기업 구조조정에 배경이 있는 세계적인 수준의 이사회를 구성했다. 새로운 이사회는 주주 가치를 적극적으로 추진하기 위해 사모펀드 같은 권한이 주어졌다. 새 이사들은 IPO 전 상당한 지분 참여를 했고, 일반적인 상장 기업의 기준을 아득히 넘어서는 수준의 강력한 이사회를 구성했다. 이를 통해 주주들의 주가 상승 목표와 이사들의 인센티브 사이에 강력한 연결 고리가 생기게 되었다.

실버 포인트와 엘리엇은 또한 전문가들을 채용하여 경영진이 회사의 주요 혁신 사항, 비용 절감, 실적이 저조한 사업 부문의 개선을 돕도록 했다. 대표적인 것이 새 이사회가 사모펀드와 상장 기업 경력이 있는 케빈 클락을 CFO로 영입한 것이다. 앞서 언급했듯, 클락은 후에 로드 오닐의 후계자가 되었다. 주요 주주들과 이사회는 자본 구조, 자본 배분, 수익화에 관련된 기업 전략을 주도했다. 2011년 4월 이들은 GM의 델파이 지분을 43억 달러에 환매하도록 조율했다. 불과 몇 달 후인 2011년 여름과 가을에 걸친 유럽 재정 위기를 기회로 삼아 1억 8,000만 달러의 자사주를 추가로 매입했다. 이러한 움직임은 지분 가치 창출과 성공적인 IPO를 위한 기업 포지셔닝에 집중하는 델파이의 문화를 보여주었다. 그 후, 델파이는 스스로 좋은 의미의 행동주의가가 되어 주주 자본을 쉬지 않고 지키는 미래지향적인 청지기가 되었다.

기술적 관점에서 봤을 때, 핵심 주주들이 결국 지분을 매각할 것이라는 사실은 또 다른 촉매가 되었다. 비록 실버 포인트와 엘리엇은 장기적인 봤을 때 주가 상승이 예상되기에 IPO 시점에서 지분을 매각하지는 않았지만, 시간이 지나면 이들의 지분은 결국에는 기관 투자자들의 손으로 옮겨갈 것이다. 일반적으로, 주주 기반이 오래 지속될수록 오버행 overhang(과잉 주식 물량)이 없어져, 주식 가치가 더 높게 평가된다. 지분율이 높은 주주들이 주식을 매각할 때 그 우량 기업의 주식을 매수하면 시간이 지날수록 수익을 얻을 수 있다는 것은 입증된 사실이다.

신제품과 고객

주요 신제품의 출시가 성공적이면 상당한 신규 매출과 수익으로 이어질 수 있다. 진정한 게임 체인저는 기존 제품의 판매를 잠식하지 않고 경쟁을 건너뛴다. 신제품을 발표하면 보통 새로운 성장 구간에 대한 기대로 인해 주가가 상승한다.

대규모 고객 유치도 신제품 출시와 유사하다. 상당한 금액의 신규 계약 체결은 현재 추정 컨센서스에 반영되지 않은 매출과 수익이 추가로 상승할 수 있다는 것을 뜻한다.

델파이의 핵심 전략은 '안전, 친환경, 연결성'과 관련된 신제품을 출시하는 것이었다. 2014년 델파이는 자율 주행 및 자율 주행 차량에 관심을 돌려 라스베이거스에서 열리는 연례 세계가전전시회Consumer Electronics Show, CES 행사에서 최신 제품의 성능을 선보였다. 여기에는 360도 레이더와 긴급하게 충돌을 예방하는 자동 브레이크 플랫폼이 포함되었다. 또한 2015년 델파이는 최초로 해안에서 해안으로 자율 주행 시험을 시작했다.

더 앞선 기술, 더 높은 성장, 더 높은 마진을 가진 신제품에 집중한 델파이는 투자자들에게 인정받았다. 수익성 향상에 대한 기대로 델파이의 P/E 배수는 2017년까지 2011년 IPO 당시 대비 거의 3배로 증가했다. 이는 과거에 구식 자동차 공급업체가 아닌 블루칩 산업주들이 받았던 배수 수준이었다.

규제

규제 환경의 의미 있는 변화는 기회와 리스크를 동시에 가져온다. 예를 들어, 새로운 운송 또는 인프라 관련 법안이 발표되면, 골재, 시멘트, 혼합 콘크리트 기업 주가에 촉매로 작용할 수 있다. 마찬가지로, 새로운 차량 배기가스 관련 규준이 나오면 공급업체들의 차량당 마진이 높아질 기회가 된다.

리스크 측면을 살펴보면, 에너지, 금융 서비스, 의료, 미디어, 통신과 같이 민감한 산업을 염두에 두어야 한다. 에너지 분야에서 석탄 기업들은 온실 가스에 관한 EPA 규정에 의해 큰 피해를 입었다. 그러나 이 규제는 청정 에너지 기업들이 이 자리를 대체할 기회이기도 했다.

독점 금지 규제는 모든 산업에서 고려해야할 사항이다. 9,000만 달러 이상의 모든 사업 결합 거래는 법무부의 승인을 받아야 한다.[6] 따라서 M&A 활동과 관련한 어떤 투자 가

---

6. 2019년 2월 20일 기준으로 매년 개정되는 법률이다.

설이나 촉매가 있다면, 규제를 살펴보고 승인을 얻을 가능성을 따져봐야 한다. 2015년에 컴캐스트Comcast/타임워너케이블Time Warner Cable 인수 미승인 건은 주목할 만한 사례다.

규제 때문에 승인에 실패한 또 다른 사례는 2018년 1,170억 달러 규모의 브로드컴Broadcom의 퀄컴Qualcomm 인수 거래인데, 이때의 명목은 국가 안보 문제라는 것이었다. 이 거래는 미국의 외국인투자위원회Committee on Foreign Investment in the United States, CFIUS의 권고에 의해 저지되었다.

델파이의 경우 앞서 언급했듯이 규제가 주요 성장 동인이 되었다. 주요 사업 활동 지역에서 배출 가스 및 안전 관련 기준이 점점 더 엄격해지자 기업 주가의 촉매제가 되었다. 새로운 기준은 회사 제품을 소개하고 차량당 콘텐츠를 늘릴 수 있는 기회였다. 또한, 기존 고객과 신규 고객 모두의 충성도를 높였다.

촉매들은 델파이의 주가를 어떻게 견인했는가?

이런 유의미한 촉매들이 델파이 주가 상승에 명확한 지표가 되자 주가는 2011년 IPO 이후 2017년 분할 시점까지 거의 5배 가까이 상승했다(그림 4.2 참조). 어닝 서프라이즈, M&A, 자사주 매입, 배당금, 호평을 받은 투자자의 날, 강력

그림 4.2 델파이 주가와 과거 거래량 추이

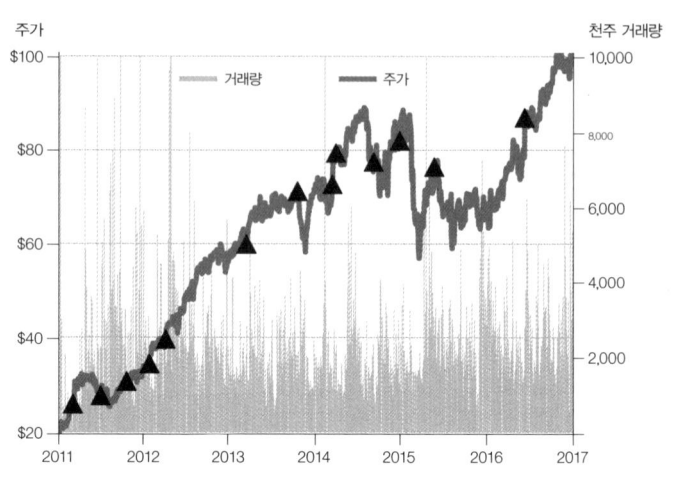

한 장기 가이던스 제공 등이 복합적으로 작용했다. 성공적인 CEO 교체와 분할 거래 또한 델파이의 놀라운 주가 상승을 뒷받침했다.

목표 주가 산출

이제 밸류에이션과 촉매를 이해했다면, 이제 어떻게 이를

표 4.8 그림 4.2 부가 설명

날짜	주가 반응	이벤트
1/26/12	+4.6%	4분기 실적 발표와 2012년 가이드던스 모두 시장 전망치를 상회함
5/24/12	+7.6% (2일 간)	FCI의 모터 구동식 차량 부문의 인수 발표
9/13/12	+3.5%	700만 달러 규모의 자사주 매입 승인
12/18/12	+10.3% (6일 간)	S&P 500 편입, 전/후 추가 매입
2/26/13	+9.4% (2일 간)	투자자의 날, 첫 분기 배당(수익률 1.8%)과 장기 자본 배분 계획 발표
2/4/14	+8.1% (7일 간)	13년 4분기 실적(시장 전망치 상회)과 2014년 호전되는 가이던스를 확인
9/9/14	−0.3%	CEO 로드 오닐이 2015년 3월 은퇴와 기존 CFO였던 케빈 클락의 CEO 승계
2/4/15	+7.9% (4일 간)	14년 4분기 실적(시장 전망치 상회)와 강력한 바이백과 2015년 가이던스 발표
2/19/15	−0.3%	MAHLE로 발생한 터미널 시스템 세그먼트 매출액 발표
7/30/15	+7.7%	헬러만 타이튼 인수 발표
11/18/15	+8.4% (6일 간)	바클레이즈 자동차 컨퍼런스, 당해년도 실적 기대치 발표
4/13/16	+6.6% (2일 간)	투자자의 날, 2020년 매출액 CAGR 8~10% 성장 및 EBITDA 이익률 18.5%를 목표로 제시
5/3/17	+10.9%	파워트레인의 분사 및 새로운 연결/자동으로 중심되는 회사 변화 발표

활용하여 상승할 주식 종목을 고를 것인지를 알아야 한다. 그다음 해야 할 중요한 일은 목표 주가를 설정하는 것이다. 목표 가격 설정은 지금까지 수행한 포괄적인 실사와 밸류에이션 작업의 절정이라 할 수 있다.

목표 주가란, 투자자가 세운 투자 가설대로 이루어졌을 때 해당 종목의 미래 예상 가격을 뜻한다. 목표 주가는 그 주식을 매수할 것인지, 공매도할 것인지, 지켜볼 것인지 혹은 아예 후보에서 제외할 것인지에 관한 최종 투자 결정을 내릴 때 핵심적인 요소다. 목표 주가 없이는 해당 종목의 상승 잠재력, 리스크와 보상의 트레이드오프를 적절하게 계산하기 어렵다.

목표 주가에는 지금까지 수행한 핵심적인 시장 가치, 내재 가치, 바이아웃 가치 분석이 반영된다. 또한, 재무 추정치와 주요 촉매들도 반영된다. 대부분의 경우, 목표 주가는 EV/EBITDA, P/E, P/FCF 혹은 이들의 일부 조합으로 계산한 배수를 기반으로 하며, 해당 기업과 가장 유사한 비교 가능 기업이 주요 비교 대상으로 사용된다.

일반적인 시장 상황에서의 기본 목표 주가 이외에 시장이 강세일 때와 약세일 때 목표 주가도 함께 계산한다. 위험/보상 분석은 간단하다. 잠재적 보상이란 현재 주가와 일반적인 목표 주가와의 차이를 백분율로 계산하여 측정한다. 강세 시나리오에서의 목표 주가는 해당 주식의 추가 상승 여력이 어느 정도인지를 생각할 수 있게 해준다. 잠재적인 위험은 현재 주가와 약세 시장에서의 목표 주가의 백분율 차이로 계산한다.

델파이의 목표 주가 분석은 표 4.9에 나와 있다. 우리는 델파이의 기본 목표 주가를 2013E의 EV/EBITDA, P/E, P/FCF를 가지고 산출했다. 2013E는 자동차 시장이 회복되고 델파이가 IPO 이후 추진한 전략들이 시행되는데 충분한 시간이 흐른 시점이기에 밸류에이션의 기준 연도로 정했다. 즉, 2013E는 보다 '일반적인 성과'를 반영할 수 있는 시점이었다.

델파이가 구조적 성장주들과 비슷한 가격 수준에서 거래되어야 한다는 투자 가설을 근거로, 높은 배수를 가정하여 기본 목표 주가를 계산했다. 기본 EBITDA, EPS, FCF/S의 경우, 3단계에서 수행한 재무 추정치를 근거로 했다(표 3.6 참조). 동일한 추정치를 사용해 표 4.2와 같이 DCF를 계산했고, 이를 통해 내재 주가는 약 40달러로 계산되었다. 이 방식은 간단한 검토 목적으로 유용했다.

P/E의 경우 2013E의 EPS 4.36달러에 기본 배수 10을 곱했더니 목표 주가가 43.64달러로 나왔으며, 이는 델파이의 IPO 당시 주가에 98% 프리미엄이 붙은 수준이었다. EV/EBITDA 기준으로는 2013E EBITDA인 24억 달러에 6배수를 곱하

표 4.9 목표주가 산출

(단위: 백만달러, 1주당 데이터 제외)

델파이 목표주가

	기본 가정	강세 가정	약세 가정
현재 주가	$22		
EV/EBITDA			
EBITDA(2013E)	$2,433	$2,433	$2,433
거래배수	6.0x	8.0x	3.5x
기업가치	$14,596	$21,407	$6,386
차감: 총 부채	(2,173)	(2,173)	(2,173)
차감: 소수주주지분	(462)	(462)	(462)
가산: 현금	1,355	1,355	1,355
주식가치	$13,316	$20,217	$5,106
희석 주식수	328	328	328
목표주가	**$40.57**	**$61.32**	**$15.55**
상승여력/(하락리스크) vs 현재 가격	84%	179%	−29%
연간 수익률	36%	67%	−16%
P/E			
EPS(2013E)	$4.36	$5.50	$3.75
거래배수	10.0x	12.0x	5.0x
목표주가	**$43.64**	**$66.00**	**$18.75**
상승여력/(하락 리스크) vs 현재 가격	98%	200%	−15%
연간 수익률	41%	73%	−8%
FCF 수익률			
FCF/S(2013E)	$3.26	$4.08	$2.45
목표 수익률	8%	5%	15%
목표주가	**$40.79**	**$81.58**	**$16.32**
상승여력/(하락 리스크) vs 현재 가격	85%	271%	−26%
연간 수익률	36%	93%	−14%

여 목표 주가가 40.57달러가 되었다. 또한, 2013E FCF/S인 3.26달러에 FCF 수익률 8%를 적용했더니 내재 목표 주가는 40.79달러로 산출되었다.

강세 및 약세장 시나리오에서는 재무 성과와 배수에 대한 가정을 모두 조정했다. 예를 들어, 강세 시장에서는 미국과 중국의 매출량 증가, 이익률 증가, 자사주 매입 증가로 인한 빠른 매출 성장을 고려했다. 그 결과 2013E의 EPS는 5.5달러가 나왔다. 여기에 배수를 12로 높여 곱한 결과, 강세 시장에서 델파이 목표 주가는 66달러로 200% 상승 여력이 있다는 계산 결과가 나왔다.

반대로 약세 시장의 경우, 유럽과 미국의 매출량 감소, 중국 시장의 성장 둔화, 비용 증가를 가정했다. 이로 인해 2013E EPS는 3.75달러였다. 배수의 경우, IPO 시점 수준, 즉 생산량 연계 종목들의 배수와 비슷한 수준으로 유지될 것으로 가정했다. 성장이 저조하고 수익성이 낮은 델파이를 가정하여 P/E 5배를 적용하면 목표 주가는 18.75 달러로 산출되어, 15% 하락 가능성이 계산되었다.

- 한 기업의 가치평가를 하기 전에 먼저 그 기업의 사업과 기본 재무 상태를 파악해야 한다.

- 밸류에이션 작업은 해당 종목이 오늘 주가를 기준으로 매력적인지를 판단하는 데 필요하다.

- 사업과 재무 실사 테스트를 거뜬히 통과한 종목일지라도 밸류에이션 테스트에서 탈락될 수 있다.

- 성장 기대치는 가치평가에서 매우 중요하다. 투자자들은 높은 성장이 기대되는 종목에 높은 거래 배수로 보상하는 경향이 있다.

- 어떤 기업의 밸류에이션이 매력적으로 보이더라도, 다시 한번 살펴봐야 한다. 종종 주식이 저렴한 데에는 이유가 있기 때문이다.

- 높은 실적 성장과 거래 배수 증가를 통해 종목의 가치를 유의미한 수준으로 재평가되게 하는 촉매를 찾아라.

- 매년 수익 성장을 하는 종목들은 전통적인 주식 투자자들이 항상 찾는 종목들이다.

- 결국 밸류에이션 작업은 다소 보수적인 목표 주가를 산출해야 하며, 이를 근거로 투자 결정을 내리게 된다.

5단계
투자 결정과 포트폴리오 관리
방아쇠를 당길 시간

지금까지 매력적인 투자 아이디어를 식별하고 검토했으며, 이제 의사 결정을 내릴 차례다. 해당 주식을 매수할지, 공매도할지, 지켜볼지, 탈락시킬지 정해야 한다. 하지만 먼저 한걸음 뒤로 물러서서 어떻게 여기까지 왔는지를 돌아보자.

1단계는 아이디어 발굴 단계로, 잠재적인 투자 기회를 체계적으로 발굴할 수 있는 분석틀을 살펴보았다. 여기서 가치 평가, 재무 지표 그리고 M&A, 분할, 주주 환원을 포함한 다양한 기업 이벤트를 근거로 아이디어를 스크리닝하는 방법을 배웠다. 또한 주요 거시적, 구조적 테마를 식별하고, 그 수혜를 보는 종목들도 고를 수 있게 되었다.

2단계는 최고의 아이디어를 찾는 단계로, www.investinglikethepros.com에 나온 아이디어 검토 분석틀과 투자 기록 템플릿을 기반으로 잠재적인 투자 종목 리스트를 정리했다. 투자 가설 세우기, 사업 평가, 경영진 능력 측정, 리스크 평가, 기업의 재무 및 시장 밸류에이션을 중점으로 예비 조사를 수행하는 방법도 배웠다. 이러한 초기 작업을 기초로 기회를 계속 분석할 필요가 있는지를 결정했다.

3단계는 사업과 재무 실사 단계로, 기업에 대한 좀 더 심층적인 조사를 수행했다. 사업 모델, 특히 핵심 가치 동인과 리스크에 대해 제대로 공부했다. 재무 측면에서는 주요 재무제표를 검토하여 기업이 돈을 어떻게 벌고 성장하여 지출하는지를 분석했다. 요약하면, 기업이 앞으로 어떻게 사업을 지속할지에 대한 의견을 갖게 되었다.

4단계는 기업 가치평가와 촉매를 살펴보는 단계로, 기업 가치가 얼마인지를 결정했다. 또한 그 기업의 가격이 저렴한지 혹은 비싼지를 절대적 기준과 동종업계 대비 상대적 기준을 적용하여 판단했다. 유사 기업 비교법과 DCF를 주로 사용했으며, 필요한 경우 M&A 기반 밸류에이션 방식을 함께 적용했다. 또한, 주식 재평가를 유도할 수 있는 잠재적 촉매도 확인했다. 이 작업은 목표 주가를 산출하면서 마무리되었다.

이제 5단계인 투자 결정 및 포트폴리오 관리 단계에서는 최종 결정을 내릴 시간이다. 일단 종목을 매수하거나 공매도 하기로 결정했다면, 거기서 끝이 아니다. 처음 세운 투자 가설과 목표 주가가 좋게 혹은 나쁘게 바뀔 수 있는 상황을 살펴 해당 포지션을 지속적으로 모니터링해주어야 한다.

만약 해당 종목이 오늘 기준으로 매수 또는 공매도의 매력이 없다면, 좀 더 지켜봐야 하는 경우일 수도 있다. 이런 종목들은 향후 투자 후보들이다. 추후에 해당 종목의 밸류에이션이나 펀더멘털에 변화가 생기거나 어떤 촉매가 구체적으로 나타나는 경우, 다시 투자를 검토할 수 있다. 만약 그 종목을 그냥 탈락시키기로 결정한다면, 사실 이상적으로는 그런 결정을 좀 더 이른 단계에서 내렸어야 한다.

또한 각 포지션은 포트폴리오 전체 차원에서도 관리가 필요하다. 이를 위해 우리는 기본적인 포트폴리오 구성 및 위험 관리 기술을 이야기해 볼 것이다. 포트폴리오 구성이란 특정 투자 목표, 전략, 리스크 허용치에 맞추어 투자할 종목들을 모으는 것을 뜻한다.

이에 따라, 위험 관리를 할 때는 포트폴리오의 위험과 보상 균형을 어떻게 가져갈지를 결정해야 한다. 포지션의 규모, 투자 가설, 산업 집중도, 지역 집중도, 레버리지 수준을 특히 주의해야 한다. 또한, 통화, 원자재, 금리 같은 거시적 요인에 대한 노출도 관리해야 한다. 주요 위험 관리 도구로는 위험 노출한도 설정, 손실 제한, 차익 실현, 헷징, 스트레스 테스팅 등이 있다.

투자 결정 내리기

기업에 대한 실사와 가치평가가 완료되었다. 이제는 투자 결정을 할 시간이다. 이를 위해서는 새롭게 공부한 분석 기술에 대한 믿음과 이를 행동에 옮길 용기가 필요하다. 훌륭한 투자자는 오랜 기간 일관되게 안전한 투자 결정을 내릴 수 있는 능력이 입증된 사람이다.

매수

지금까지 여러 단계를 밟으면서 주어진 종목에 대한 확신을 갖게 되었다. 우선 그 기업의 사업, 재무, 밸류에이션에 대한 확신이 필요하다. 또한, 지금 현재 주가에 매수하는 것이 매력적인 타이밍이라는 믿음이 있어야 한다. IPO 당시 델파이는 이 모든 것에 해당되었다. 분명히 현재 가격은 주기적으로 구조적 성장을 할 수 있는 매수 시점이었다.

좋은 기업, 나쁜 주식의 함정에 빠지고 싶은 사람은 없을 것이다. 너무 비싼 가격에 매수하거나 타이밍이 안 맞으면 훌륭한 기업도 나쁜 종목이 될 수 있다. 마이크로소프트는 2019년 말 시가총액이 1.2조 달러가 넘는 가장 성공적인 기업 중 하나로 인정받고 있다. 그렇다 하더라도 이 종목이 항상 훌륭한 종목이었을까? 1단계에서 논의한 바와 같이, 1999년 후반 40달러의 주가로 정점을 찍은 뒤 마이크로소프트는 박스권을 깨는데 거의 15년이 걸렸다.

4단계에서 언급했듯이 투자를 하기 전 목표 주가를 설정하는 것이 가장 바람직하다. 나름의 원칙을 세우고, 투자 결정 과정에서 감정을 배제하는 데 도움이 되기 때문이다. 성공적인 투자자는 자기 투자 포지션의 매개 변수들을 제대로 이해하고, 상황에 따라 언제든 매도할 준비가 되어 있다.

공매도

이 종목은 매수하면 안 된다는 결론에 도달했다. 그렇다면 공매도의 기회일까? 이 결정을 내리려면 매수 결정과 같은 수준의 노력과 확신이 필요하다. 역설적이지만, 매력적인 매수 종목을 찾다가 스펙트럼의 반대편에 있는 공매도할 종목을 발견하게 될 수도 있다.

어떤 주식을 공매도할 때는 그 주식의 주가가 떨어진다고 믿기 때문이다. 공매도의 메커니즘은 먼저 주식을 빌린 다음 (브로커-딜러의 도움을 받는다) 주식 시장에서 이를 매도하는 것이다. 빌리는 모든 것들과 마찬가지로 빌린 주식은 결국 상환해야 한다. 공매도는 미래에 해당 주식을 더 낮은 가격에 살 수 있다는 가능성에 베팅하는 것이다. 오늘 빌린 주식의 매도 가격과 추후 동일한 주식을 상환하기 위해 매수하는 가격과의 차이만큼 이익을 얻게 된다.

실사 과정에서 해당 기업 또는 동종업계 유사 기업이 시장 점유율이 줄어들고 있음을 발견할 수 있다. 혹은 가격 결정력이 변하거나 저가의 신기술과 같은 사업 모델에 구조적인 문제가 발견될 수 있다. 심지어 시장에서 과도하게 높은 이익 추정치로 높은 프리미엄이 붙은 가격에 거래되지만 펀더멘털은 부실한 유사 기업을 발견할 수도 있다. 루이 파스퇴르처럼 다른 것을 찾다가 우연히 놀라운 발견을 하게 되는 것이다.

일반적으로, 최종 후보 종목들은 몇 가지 흔한 범주에서 나오게 된다. 대체제 상품이나 노후화, 구조적 압박, 소비자 선호도 변화, 산업 주기상 정점, 규제 변화와 같은 외부적 요인이 있을 수 있다. 또한, 주로 회계 부정과 같은 스스로 자초한 악재들, 잘못된 경영, 과도한 부채 수준의 대차대조표, 잘못된 M&A 등도 있다. 일반적인 위험 신호로는 갑작스러운 경영진 교체, 비정상적인 수준의 대규모 내부자 주식 매각, 또는 연속적인 기업 인수 등이 있다.

제품 노후화의 전형적인 예로는 인쇄에서 디지털 미디어로의 전환, 오프라인 상점에서 전자 상거래로의 전환, 기존 카메라를 대체한 모바일 기기들이 있다. 부지런한 공매도 투자자들은 엘론, 선에디슨, 타이코, 월드콤 같은 종목들에서 회계 부정을 발견하여 보상을 얻었다.

많은 투자자들은 전략적으로 공매도를 활용한다. 즉, 헤지 전략의 일부로 사용하거나, 공매도 기회가 눈에 띄었을 때 선별적으로 사용하는 경우다. 그러나 공매도를 주요 전략으로 삼아 꾸준히 수익을 내는 프로들은 거의 없다. 왜 그럴까? 주식 시장은 시간이 흐를수록 뚜렷한 상승 곡선을 그리기 때문이다. 1929년 이래 S&P 500는 재투자된 배당을 포함하여 연간 수익률 11%를 기록했다. 또한 공매도는 금융가에 뿌리 깊게 박혀 있는 기관 투자자들의 롱포지션에 대한 편견을 거스르는 일이기에 승산이 낮다. 간단히 말하자면, 떨어지는 종목보나 오르는 종목에서 이익을 얻으려는 투자자들이 더 많다는 뜻이다. 이런 상황 속에서 공매도로 수익을 내려면 고도의 투자 기술과 주식을 제대로 고르는 능력이 필요하다.

더군다나 잘못된 공매도로 잃게 될 손실 금액에는 제한이 없다. 매수 포지션의 경우, 주당 25달러에 어떤 종목을 샀는데, 그 기업이 파산한다면, 총예상 손실은 최대 25달러일 것이다. 그러나 그 종목을 공매도했다면, 이론적으로는 주가 상승에는 한계점이 없다. 따라서 가능한 잠재적 손실 금액도 무제한인 것이다.

보류

어떤 주식은 사업이나 재무적 기준을 충족하더라도 밸류에이션 평가에서 탈락할 수 있다. 이런 종목들은 우량 기업이지만 현재 가격이 저렴하지 않은 경우다. 또 가격은 지금 저렴한데 사업적, 재무적 관점에서 그다지 매력이 없는 종목들도 있겠다. 그러나 이런 종목들이 향후 좋아져서 장기적으로 수익을 가져다 줄 가능성이 보이는 경우가 있다.

이런 종목들은 보류 카테고리에 배치되어야 한다. 표 5.1에서 볼 수 있듯이 보류 시트 템플릿에는 이 종목들의 적합한 밸류에이션 배수와 기타 재무 지표들이 나와 있다. 아마 가장 중요한 부분은 목표 주가 칼럼이다. 목표 주가에는 해당 종목

표 5.1 보유 종목 시트 – 잠재적 아이디어

보유 종목 시트

3/1/2012

회사명	현재 주가	목표 주가	상승여력 %	차입금/ EBITDA	EV/EBITDA			P/E			FCF 이익률		
					12E	13E	14E	12E	13E	14E	12E	13E	14E
아마존	$180.04	$225.00	25%	0.7x	25.4x	18.1x	13.5x	64x	44x	33x	3.6%	4.8%	6.5%
셀라니즈	$48.41	$55.00	14%	2.7x	9.1x	8.5x	8.1x	11x	10x	9x	4.5%	7.6%	8.2%
차터	$63.24	$85.00	34%	4.7x	7.4x	7.0x	6.6x	의미 없음		16x	7.4%	11.1%	15.8%
다나허	$52.88	$55.00	4%	1.4x	10.7x	9.7x	8.8x	16x	14x	12x	7.4%	8.2%	8.8%
구글	$622.40	$750.00	21%	0.2x	19.4x	16.4x	14.1x	15x	13x	11x	6.3%	7.4%	8.5%
일리노이 툴 웍스	$55.88	$60.00	7%	1.1x	8.3x	7.9x	7.5x	13x	12x	11x	7.4%	8.1%	8.8%
마스티 카드	$420.43	$500.00	19%	0.0x	11.6x	10.1x	8.8x	19x	17x	14x	5.1%	6.5%	7.5%
프라이스라인	$637.32	$675.00	6%	0.3x	16.7x	13.0x	10.5x	24x	18x	16x	4.8%	5.8%	6.7%
락우드	$54.00	$67.50	25%	1.9x	6.6x	6.1x	5.8x	12x	10x	9x	7.1%	9.9%	11.3%
샤윈윌리암스	$103.56	$115.00	11%	0.9x	11.3x	10.6x	10.0x	18x	16x	15x	5.1%	6.1%	6.7%
시리우스	$2.23	$3.00	35%	2.6x	14.7x	12.9x	12.1x		28x	28x	4.6%	6.5%	8.7%
타임 워너	$37.46	$47.50	27%	2.9x	8.2x	7.7x	7.3x	11x	10x	8x	8.0%	10.5%	12.4%

에 대해 4단계에서 논의했던 일반적인 밸류에이션 작업을 한 결과가 나와 있다. 이 시트에 있는 종목이 설정한 목표 주가에 가깝게 유의미한 수준으로 주가가 하락한다면(예: 12개월 이내 25% 이상 할인), 다시 이 종목을 검토할 준비가 되어 있어야 한다.

이상적으로는, 항상 그 기업을 모니터링하고 비즈니스와 해당 산업 동향에 대해 최신 정보를 알고 있어야 한다. 주가가 큰 하락세를 보이는 경우, 이런 가격 할인에는 근거가 없으며 기존 투자 가설이 그대로 유지되고 있다는 확신이 필요하다. 또는 기업 전망이 향상되어 목표 주가를 올릴 수도 있다. 이런 경우 그 종목에 대한 투자를 다시 고려할 만큼 충분한 상승 여력이 있어야 한다.

모든 아이디어를 검토하여 잠재적으로 핵심 포지션들을 모은 데이터베이스를 구축하게 된다. 어떤 경우에는 매수하게 되기까지 몇 년이나 추적을 하게 될 수도 있다. 깊은 대침체에서 빠져나온 일부 투자자들은 수년 동안 지켜보던 우량 기업 주식을 상당한 저가에 매수할 수 있었다. 오랜 시간 동안 검증된 가치 투자의 전략은 양질의 투자 아이디어를 비축해 두었다가 기회가 왔을 때 사들이는 것이 핵심이다.

탈락

탈락 카테고리는 간단하다. 여기에는 투자자가 어떤 것도 하고 싶지 않은 종목들이 모인다. 즉, 매수, 공매도, 또는 향후 투자 매력이 없는 종목들이다. 어떤 종목은 탈락시킨 것을 시간이 흘러 감사하게 될 것이고, 어떤 종목은 후회하게 될 수도 있다. 후자의 경우 이 책에 나온 단계를 거쳐 체계적인 분석을 했으므로 당시 결정에 나름의 근거가 있었다고 생각하길 바란다. 결국 투자가 내키지 않았기에 그런 결정을 내렸던 것이다. 나름의 규칙을 갖는 것은 미덕이다. 강제로 포트폴리오에 원하지 않는 종목을 담을 필요는 없다.

어떤 종목을 탈락시키는 결정은 투자의 초기 과정에서 이루어지는 것이 이상적이다. 나중에 가서 그 종목을 탈락시킨다면 거기에 들인 시간은 큰 기회비용이 된다. 이 시점까지 해당 종목이 탈락되지 않고 남아있었다는 것은, 새로 습득한 지식이 향후 투자 기회에 적용될 수 있기 때문이다. 계속 새로운 산업과 기업을 조사하다 보면, 계속 배우게 된다.

투자 모니터링

투자 포지션을 결정했다고 할 일이 끝나는 것은 아니다. 해당 종목을 면밀히 추가 검토하고, 그에 맞춰서 판단할 준비가 되어 있어야 한다. 변경 사항으로 인해 투자 가설이 바뀔 수 있는데, 때로는 이런 일이 갑작스럽게 생기기도 한다.

포지션 모니터링이란 기업의 근본 비즈니스에 영향을 미칠 수 있는 개별 기업 혹은 거시적 이벤트들을 지속적으로 반영, 분석, 종합하는 과정이다. 기업 실사 작업은 끝나는 법이 없다. 항상 투자 가설을 검토하고 다시 테스트해야 한다. 사전에 파악했던 위험들을 항상 주의해야 한다.

매일의 모니터링은 기업 및 산업 관련 뉴스와 리서치 보고서, 관련 경제 데이터를 팔로업하는 것이 기본이다. 분기별로 실적 발표와 SEC 신고 자료, 투자자 행사(개최되는 경우)를 분석한다. 또한 많은 전문가들은 IR 부서나 경영진과 계속 대화를 나눈다. 이는 포트폴리오에 속한 기업과 동종업계 기업들이 참석하는 산업 컨퍼런스에 참석하는 것까지 확장된다.

고객과 공급업체와 대화를 통해서도 산업 역학과 트렌드에 대한 통찰력을 얻을 수 있다. 이런 부지런함을 통해 핵심 가치 동인과 경쟁 환경의 변화를 놓치지 않을 수 있다. 현재 보류 리스트에 있는 종목들 또한 동일한 수준의 모니터링이 필요한데, 그래야만 순간의 매수 기회를 포착할 수 있다.

풀타임 투자 전문가가 아니라면 위에 언급한 작업 중 어떤 것들은 시간이나 자원의 제약으로 인해 어려울 것이다. 그러나 주식 투자를 진지하게 하려면 헌신이 필요하다. 우리가 노하우를 제공할 수는 있지만, 실천은 당신의 몫이다. 우리는 포트폴리오 작업을 위해 매일 일정 시간을 할애하기를 권한다. 최소한 매일 금융 뉴스를 읽고 관심 종목에 대해 알림을 설정해두어야 한다(예: 구글 알리미).

분기 실적

분기별 실적 발표를 검토하고 분석하는 것은 모니터링에 있어 중요한 부분이다. 매 분기마다 미국 상장 기업들은 10-Q 또는 10-K와 함께 직전 3개월 및 연간 누계 기간에 대한 전체 재무 업데이트 및 논평을 제공하며, 공개적인 컨퍼런스콜[1]을 한다. 경영진은 또한 이런 포럼을 통해 투자자들에게 실적 가이던스와 회사 전망, 핵심 전략 이니셔티브, 산업 동향에

---

1. 분기별 컨퍼런스콜의 시간과 액세스 코드는 기업 웹사이트에서 제공된다. 컨퍼런스콜은 주로 인터넷으로 방송되며, 다시 듣기가 가능하고, 다양한 금융정보서비스회사에서 대본을 기록한다.

대한 업데이트를 제공한다.

실적 검토 작업은 기업의 분기 및 YTD 실적을 전기 보고기간 실적과 증권사 컨센서스 그리고 당신의 추정치와 비교하는 것이 핵심이다. 분기별 과거 트렌드는 특히 계절적 영향을 덜 받는 기업들에게 있어 유용하다. 마찬가지로 직전 분기 실적이 추정치를 상회했는지 혹은 못미쳤는지를 추적해보면 유의미한 추세를 발견할 수 있다.

실적 컨퍼런스콜을 들은 후 컨퍼런스 대본과 실적 발표 후 나오는 증권사 리서치 보고서를 검토하라. 특히 핵심 성과동인에 대한 경영진 의견의 내용과 어조를 주의 깊게 들어야 한다. 모든 종목에는 투자자들이 보는 핫 이슈들이 있다. 어떤 주식은 그것이 매출 성장일 것이고, 다른 주식은 이익률일 수 있다. 그럼에도 불구하고, 기업 전망과 가이던스가 가장 중요하다. 어떤 기업이 매출이나 EPS가 기대치를 상회했는데도 경영진 가이던스가 매력적이지 않아 주가가 내렸다 해도 놀랄 필요 없다.

또한 10-Q(또는 10-K), 특히 이사의 경영 진단 및 분석 의견을 상세히 검토하여 해당 분기에 대한 자세한 내용을 파악해야 한다. 재무제표 주석 또한 유용한 정보를 제공한다. 전문가들은 주로 IR이나 경영진에게 팔로업 콜을 요청해 실적이 우수하거나 저조한 주요 분야를 명확히 파악한다. 이 콜은 재무 모델 가정을 테스트하는 데도 사용된다.

표 5.2와 5.3은 손익 계산서와 현금흐름표 항목에 대한 분기 및 연간 실적 비교 템플릿이 나와 있다. 비교 시트에는 특정 기업이나 산업에만 해당하는 영업 활동 매트릭스나 세분화된 재무 정보(공시되는 경우)도 포함시킬 수 있다.

아래의 실적 템플릿은 IPO 이후 첫 번째 실적 발표 기간이었던 2011년 12월 말 종료되는 4분기 델파이 재무 정보를 사용했다. 연간 템플릿은 2011년 12월 말 종료되는 전체 회계연도에 대한 재무 정보를 참고했다.

델파이의 2011년 4분기 매출액은 39억 달러(전년대비 +6.8%), EBITDA는 5.3억 달러(전년대비 +55%), EPS는 0.88달러(전년대비 +287%)로 컨센서스 추정치를 쉽게 능가했다. 같은 발표에서 2011년 매출액 160억 달러(전년대비 +16%), EBITDA 21억 달러(전년대비 +30%), EPS 3.49달러(전년대비 +82%)를 보고했다. 이러한 역동적인 성장률은 최저 수준에 가까웠던 회사의 판매량이 반등하고, 원가 절감 이니셔티브로 인한 개선, 운영 레버리지가 반영된 것이다. 파산에서 벗어난지 약 2년 뒤, 새로워진 델파이의 실적은 회사가 놀라운 수준으로 변화됐음을 보여주었다.

표 5.2 분기 실적 비교 템플릿

(단위: 백만달러, 1주당 데이터 제외)

2011년 4분기 실적 요약

	11년 4분기 보고 실적	10년 4분기 보고 실적	10년 4분기 대비 증감 (금액)	10년 4분기 대비 증감 (비율)	상회/하회	컨센서스	나의 추정치
손익계산서							
매출액	$3,900	$3,652	$248	6.8%	상회	$3,879	$3,898
매출총이익	$679	$606	$73	12.0%	상회	$561	$550
이익률(%)	17.4%	16.6%	0.8%	4.9%	상회	15.0%	14.1%
EBITDA	$530	$342	$188	55.0%	상회	$419	$435
이익률(%)	13.6%	9.4%	4.2%	45.1%	상회	10.8%	11.2%
순이익	$290	$75	$215	266.7%	상회	$179	$217
이익률(%)	7.4%	2.1%	5.4%	262.1%	상회	4.6%	5.6%
희석 주식수 (1)	328	328			동일	328	328
EPS	$0.88	$0.23	$0.65	266.7%	상회	$0.54	$0.66
손익계산서							
영업현금흐름	$468	$287	$181	63.1%	하회	$487	$456
자본적지출차감	176	219	−43	−19.6%	상회	167	175
매출액 대비 %	4.5%	6.00%	−1.5%	−24.7%	상회	4.8%	4.5%
잉여현금흐름	$292	$68	$224	의미없음	하회	$301	$281
FCF/매출액	$0.89	$0.21	$1	의미없음	하회	$0.92	$0.86
주주환원							
자사주 매입	$109	$0	$109		하회	$136	$100
배당금	93	2	91	의미없음	상회	55	0
주주환원 총계	$202	$2	$200	의미없음	상회	$175	$100
시가총액 대비 %	2.9%	0.0%				2.5%	1.4%

(1) 비교를 위해 IPO시점의 실제유통주식수를 반영하여 조정함. 10년 4분기의 보고 EPS는 $0.11였음.

표 5.3 연간 실적 비교 템플릿

2011년 연간 실적 요약

	11년 보고 실적	10년 보고 실적	10년 대비 증감 (금액)	10년 대비 증감 (비율)	상회/하회	컨센서스	나의 추정치
손익계산서							
매출액	$16,041	$13,817	$2,224	16.1%	상회	$16,020	$16,039
매출총이익	$2,655	$2,049	$606	29.6%	상회	$2,633	$2,526
이익률(%)	16.6%	14.8%	1.7%	11.6%	상회	16.4%	15.7%
EBITDA	$2,119	$1,633	$486	29.8%	상회	$2,011	$2,044
이익률(%)	13.2%	11.8%	1.4%	11.8%	상회	12.6%	12.7%
순이익	$1,145	$631	$514	81.5%	상회	$1,035	$1,072
이익률(%)	7.1%	4.6%	2.6%	56.3%	상회	6.5%	6.7%
희석 주식수 (1)	328	328			동일	328	328
EPS	$3.49	$1.92	$1.57	81.5%	상회	$3.15	$3.27
손익계산서							
영업현금흐름	$1,377	$1,142	$235	20.6%	하회	$1,392	$1,356
자본적지출차감	630	500	130	26.0%	부합	641	629
매출액 대비 %	3.9%	3.60%	0.3%	8.5%	부합	4.0%	3.9%
잉여현금흐름	$747	$624	$105	16.4%	하회	$752	$727
FCF/매출액	$2.28	$1.96	$0.32	16.4%	하회	$2.29	$2.21
주주환원							
자사주 매입	$4,747	$0	$4,747		하회	$4,763	$4,738
배당금	93	27	66	244.4%	상회	78	0
주주환원 총계	$4,840	$27	$4,813	의미 없음	상회	$4,818	$4,738
시가총액 대비 %	68.5%	0.4%				59.6%	67.0%

(1) 비교를 위해 IPO시점의 실제유통주식수를 반영하여 조정함. 2011년과 2010년의 보고된 EPS는 각각 $2.72, $0.92 였음.

표5.4 재무제표 비교 템플릿

(단위: 백만 달러)

2011년 연간 실적 요약

	11년보고 실적	10년보고 실적	10년 대비 증감 (금액)	10년 대비 증감 (비율)
자본구조				
재무지표				
EBITDA	$2,119	$1,633	$486	29.8%
이자비용	123	30	93	의미없음
자본적지출	630	500	130	26.0%
부채잔액				
현금	$1,372	$3,266	−$1,894	의미없음
담보차입금	1,103	242	861	의미없음
총차입금	2,103	289	1,814	의미없음
순차입금	731	(2977)	3,708	의미없음
신용 통계				
EBITDA/이자비용	17.2x	54.4x	의미없음	
(EBITDA−CAPEX)/이자비용	12.1x	37.8x	의미없음	
담보차입금/EBITDA	0.5x	0.1x	0.4x	
총차입금/EBITDA	1.0x	0.2x	0.8x	
순차입금/EBITDA	0.3x	(1.8x)	2.2x	
운전 자본				
유동자산				
매출채권	2,459	2,307	152	6.6%
재고자산	1,054	988	66	6.7%

기타 유동자산	616	555	61	11.0%
유동자산총계	$4,129	$3,850	$279	7.2%
유동부채				
매입채무	$2,397	$2,236	161	7.2%
유동부채	$1,208	$1,265	−57	−4.5%
유동부채총계	$3,605	$3,501	$104	3.0%
순 운전 자본	$524	$349	$175	50.1%
운전 자본 비율				
매출액 대비 NWC %	3.3%	2.5%	0.7%	29.3%
매출채권 회전일(DSO)	56	61	(5)	−8.2%
평균재고보유기간(DH)	29	31	(2)	−6.2%
매입채무 회전일(DPO)	65	69	(4)	−5.8%

주요 대차대조표 지표들도 추적 가능하다. 표 5.4에서 볼 수 있듯이, 델파이의 레버리지는 2010년 말 0.2배에서 2011년 말 1배까지 증가했다. 이는 주로 GM이 보유한 43억 달러 지분을 재매입하기 위한 차입금 증가로 인한 것이었다. 순액 기준으로, 델파이의 레버리지는 현금 보유량이 많음을 감안했을 때, 여전히 0.3배에 불과했다. 회사의 커버리지 비율은 17.2배로(자본적 지출 조정 후 12.1배) 매우 건전한 수준이었다. NWC로 측정한 운전 자본 집약도는 2.5%에서 3.3%로 약간 증가했는데, 이는 고속 성장하는 기업에게는 흔한 일이었다. 대체적으로 델파이의 대차대조표는 훌륭한 상태였다.

포트폴리오 구성

지금까지 우리는 오르는 종목을 찾는 데 집중했다. 하지만 각 포지션들은 더 넓은 포트폴리오의 수준에서 고려해야 한다. 투자 비중이 높은 종목은 위험/보상 프로파일 측면에서 다른 종목 대비 상대적으로 점수가 높아야 한다. 또한, 잠재적 촉매가 있을 타이밍도 반영되어야 한다. 간략히 말하자면, 가장 확신이 가는 종목들이 포트폴리오에서 가장 높은 비중을 차지해야 한다. 동시에, 전반적인 투자 전략, 목표, 리스크 허용 범위를 고려해야 한다.

성공적인 포트폴리오를 짜려면 노출 수준에 주의해야 한다. 가장 중요한 것은 각 포지션별 규모인데, 여기에 따라 각 종목으로 인한 손익 금액이 정해진다. 간접적인 노출 또한 고려해야 한다. 여기에는 특정 산업, 지역, 투자 테마, 통화, 원자재, 이자율, 레버리지가 포함될 수 있다. 처음 포트폴리오를 구성할 때는 자기도 모르는 사이 원자재나 통화 움직임에 방향성을 가진 투자를 하지 않도록 명심해야 한다.

특정 부문에 노출이 높아도 괜찮은 경우가 있다. 대표적인 예로는 특정 주식이나 특정 산업, 지역 관련 주식 비중을 높이는 것이다. 마찬가지로, 만약 가까운 장래에 경기를 타는 종목들이 높은 수익을 낼 것으로 예상된다면, 해당 투자 테마 관련 주의 비중을 높일 수 있다.

아래에서는 주요 포트폴리오를 구성할 때, 고려해야 할 사항들을 논의한다.

- **투자 목표**
- **위험 허용 수준**
- **포지션 규모**
- **섹터와 지정학**
- **투자 테마**
- **통화**
- **원자재**
- **금리**
- **레버리지 수준**

투자 목표

처음 포트폴리오를 구성할 때 가장 중요한 것은 투자 목표를 명확히 정하는 것이다. 먼저, 목표 수익률부터 정해야 한다. 목표가 절대 수익률의 극대화인가, S&P 500이나 MSCI 선진국MSCI World 지수[2] 같은 벤치마크 수익률을 넘는 것인가?

2자리대의 연간 수익률, 절대적 위험 조정 수익률, 수익 창출, 원금 보장 중 어떤 목표를 달성하는 데 중점을 두고 있는가? 구체적인 목표가 무엇이든 간에, 포트폴리오는 그 목표에 맞춰 구성되어야 한다.

또한 이러한 투자 목표에는 투자 기간도 반영되어야 한다. 3~5년 이상의 장기적 투자에 중점을 두는가? 만약 그렇다면, 그 기간 동안 잠재적 하락이 나타나도 종목을 계속 보유할 생각일 것이다. 매월, 매 분기별로 잦은 매매를 선호하는가? 이 경우라면, 변동성이 높거나 유동성이 낮은 종목은 피해야 한다. 개인 투자자의 필요 유동성, 은퇴 시기, 수익률 목표가 투자 기간을 정하는 데 도움이 된다. 만약 외부 자금을 관리하여 정기적인 보고 및 상환이 필요한 경우에는 상황이 더 복잡해진다.

위험 허용 수준

위험 허용 수준은 투자 목표와 직결되어 있는 사항이다. 소득 중심 또는 원금 보전 전략은 본질적으로 투자 수익 극대화 전략보다 위험이 낮다.

---

2. 2019년 기준, MSCI World 지수는 선진 시장 국가 23개 증시의 종목들로 구성되어 있으며, 각국의 시가총액의 85%를 차지한다.

또한, 자기 자신에게 정직해야 한다. 예를 들어, 매수 집중 포트폴리오는 시장의 어느 방향으로든 극적인 변동성을 겪을 수 있다. 투자자의 기질과 신념 수준이 이런 전략을 견뎌내는 데 매우 중요하다. 또한, 변동성이 심한 기간에도 기존 전략을 고수할 수 있는 인내 자본patient capital이 필요하다. 영국의 경제학자 존 메이너드 케인스John Maynard Keynes의 명언처럼, "시장은 용납될 수 있는 것보다 더 오랫동안 비이성적인 상황일 수 있다."

또한 포트폴리오를 신중하게 짜려면 특정 포지션의 베타beta라고 불리는 변동성을 고려해야 한다. 예를 들어, 스몰캡인 생명공학 종목이라면 예외 없이 블루칩 소비재 종목 대비 베타가 높다. 주어진 포지션에서 잠재적인 폭락(또는 드로 다운, 최고점에서 최저점으로 하락하는 퍼센트)을 감당할 수 없다면, 고베타 종목 노출을 최소화하는 것이 좋다. 보유 종목 중 하나가 큰 폭의 하락세를 보일 경우, 당황하지 말고 냉정을 유지해야 한다. 변동성은 오히려 투자 기회일 수 있다.

포지션 규모

포지션 규모에 접근하는 방식은 투자자마다 크게 다를 수 있다. 어떤 투자자들은 몇 가지 포지션에 집중 투자해야만 규모 있는 수익을 창출할 수 있다고 생각한다. 만약 확신이 드는 몇 가지 종목이 있고, 이런 투자 철학을 가지고 있다면 그 종목들을 밀어주는 것이 일리가 있다. 에이브럼스 캐피털Abrams Capital의 데이비드 아브람스David Abrams와 바우포스트 그룹Baupost Group의 세스 클라만 같은 경우 이런 철학의 지지자들이다. 그러나 다른 이들은 포트폴리오를 보다 광범위하게 다각화시키는 것이 좋다.

몇 개 포지션에 집중하든, 다각화된 포트폴리오를 구성하든, 포지션 규모를 정할 때는 각 포지션이 다른 포지션 대비 어떤 장점이 있는지 잘 파악해야 한다. 만일 투자 규모 결정을 제대로 못할 경우, 포트폴리오가 위험에 처하거나 큰 상승 기회를 놓칠 수 있다.

그렇다면 종목별 매수 비중은 어떻게 해야 할까? 5%? 10%? 아니면 1%의 '리서치' 수준의 포지션이어야 하나? 이 시점에서 특정 주식에 대한 확신 수준은 어느 정도인가? 향후 주가를 의미 있게 올릴 만한 임박한 촉매가 있는가? 위험/보상 사항들은 다른 아이디어와 어떻게 비교되는가? 4단계에서 수행한 목표 주가 산출은 각 포지션들의 상대 평가와 이를 근거로 규모를 결정하는 데 있어 필수적이다. 이를 통해 가장 좋은 종목의 비중이 가장 큰 포트폴리오를 구성할 수 있다.

전술적 관점에서 보면, 시장 혹은 특정 종목이 일시적인 하락세일 때 추가 매수의 기회를 잡고 싶다면 자금을 전부 투자하지 않고 여유 자금을 남겨두어야 한다. 초기에 특정 포지션을 최대 한도까지 매수해버린다면, 패닉장 같이 향후 주가가 하락하는 경우 매수 기회를 놓치게 된다. 시간을 두고 한 종목을 매수하는 경우는 해당 종목의 투자 가설에 확신이 설 때 좀 더 보유량을 늘릴 수 있다.

이와는 달리, 처음부터 최대 한도로 매수하는 것이 정당화되는 상황도 있다. 진입 가격이 매력적이라는 강한 확신이 들거나, 곧 촉매가 나올 예정이어서 타이밍이 중요한 경우다.

섹터와 지정학

포트폴리오 내 각 포지션의 규모와 마찬가지로, 많은 투자자들은 특정 산업과 지역 노출 한도에 대한 지침을 가지고 있다. 예를 들어, 테크 산업 투자 비중을 투자금의 20% 이하로 제한할 수 있다. 또는 유럽 지역에 대한 투자 노출에 상한을 둘 수도 있다.

포트폴리오 내에서 비중이 높은 포지션과 나머지 포지션들과의 상관관계도 고려해야 한다. 만약 자동차 OEM이 가장 높은 비중을 차지한다면, 포트폴리오의 나머지는 자동차 부문에 투자하는 것을 제한할 수 있다. 이렇게 함으로써, 경제나 자동차 경기가 불황인 경우에 포트폴리오 수익이 타격을 덜 받게 된다. 단, 오해는 하지 말아야 한다. 특정 산업이나 지역에 대한 확신이 강한 경우, 비중을 높이는 것은 괜찮다. 단지 위험 요인을 고려하고 이를 관리할 필요가 있다는 뜻이다.

과도한 종목에 쏠린 포트폴리오의 위험을 보여주는 사례는 계속 발생해왔다. 2014년 말부터 2015년까지 에너지 산업에 막대한 투자를 한 투자자들은 유가 급락으로 큰 타격을 입었다. 다른 상징적인 사례들로는 1990년대 후반 인터넷주, 2008년 은행주, 2011년 유럽 관련 주, 2015년 특정 제약주, 2017년 소매업 관련 주 등이 있다.

투자 테마

투자 테마란, 특정 기업의 전략이나 특징에 중점을 둔 아이디어를 뜻한다. 예를 들어, 조사해보니 매력적인 금융 환경과 시장 상황을 감안했을 때, M&A 플랫폼 실적이 오를 것으로 볼 수 있다. 또 다른 테마로는 턴어라운드, 가치주, 성장주, 실적 급성장주 또는 산업 주기 저점 투자가 있다.

특정 산업이나 지역에 집중하는 경우와 마찬가지로, 특정 투자 테마에 대한 과도한 투자 역시 위험할 수 있다. M&A 전략의 경우, 부채 시장 붕괴로 인해 하룻밤 사이에 거래가 중단될 수 있다. 주기 저점에 초점을 맞춘 전략은 타이밍이 정확해야만 한다.

특정 테마에 대한 투자가 인기를 얻게 되면 대중들이 몰려드는 경향이 있다. 소위 패스트 머니fast money는 들어올 때나 나갈 때나 이동이 빠르다. 따라서 이런 종목들이 처음에는 매력적일 수 있지만, 시장 상황이 악화될 경우에 매우 취약하다. 문제 상황이 기업 관련인지 시장 전체적인 것인지는 중요하지 않다. 확신이 약한 투자자들은 바로 주식을 매도할 것이다. 상황이 잘못되었을 때, 마지막까지 그 주식을 들고 있고 싶은 사람은 없다.

통화

통화 관련 노출은 지리적 노출과 밀접한 관련이 있다고 할 수 있다. 해외 매출 비중이 높은 종목이 포함된 포트폴리오라면, 환율 변동이 수익과 주가 성과에 유의미한 영향을 미칠 수 있다. 예를 들어, 유로의 급격한 하락은 수익의 상당 부분을 유럽 시장에서 벌어 들이는 미국 기업주들에게 큰 영향을 미칠 수 있다. 이것을 외화 환산 위험이라고 한다.

대표적인 예로 2014년 3월부터 2015년 3월까지 유로/달러 환율이 1.40에서 1.05로 25% 하락한 때가 있다. 이로 인해 당시 수익의 50%를 유럽에서 거둬들이던 미국 소재 기업은 통화 이슈 하나만으로 USD 보고 재무 실적이 12.5% 감소했다.

이런 위험들은 개별 종목 차원에서 사전에 식별하고 분석해야 한다. 다양한 시나리오에서 통화 변동이 실적과 주가 움직임에 미치는 영향을 이해해야 한다. 그런 다음 여러 종목에 걸쳐 숨어 있는 통화 집중도를 포트폴리오 전체적인 차원에서 보아야 한다.

원자재

원자재 종목들은 본래 경기 변동이 심하고 변동성이 크다. 슈퍼 사이클설이나 '이번엔 다르다'라는 생각들에 매혹될 수 있지만, 본래 원자재 사이클은 무시해서는 안 된다. 석유, 합성 수지, 구리 또는 철강 가격의 갑작스런 가격 변동은 여기에 과도하게 노출된 포트폴리오에 큰 타격을 입힐 수 있다.

원자재 가격의 급격한 변동에는 분명한 수혜주와 피해주가 있다. 급격한 유가 하락으로 석유 생산 기업들의 이익은 줄지만, 항공 및 트럭 산업에는 도움이 된다. 마찬가지로 철 가격 상승은 제철소에는 호재가 되지만, 원재료로 철을 사용하는 제조업체에게는 악재가 된다. 이러한 유형의 노출은 해당 포지션 규모를 제한하고 추가 헤지를 통해 완화시킬 수 있다.

금리

금리 변동에 대한 포트폴리오 노출 또한 관리 대상이다. 대침체 이후 경험했듯이, 저금리는 전반적으로 시장에 큰 순풍을 가져올 수 있다. 소비자는 저축보다 지출할 유인이 생긴다. 성장을 위한 자본적 지출, 인수 및 주주 환원을 위해 저금리로 차입이 가능한 기업들 입장에서도 마찬가지다.

반대로 금리 상승을 특징으로 하는 긴축 통화 정책은 특히 경제 성장이 없는 상황에서 역풍을 일으킬 수 있다. 고배당 주식과 변동 금리 부채 비율이 높은 기업은 특히 취약하다. 부채 추동형 성장, 자사주 매입 또는 M&A에 의존하는 스토리들도 부정적인 영향을 받는다. 이러한 주식들의 비중이 높은 포트폴리오를 가졌다면 높은 경각심과 지혜가 필요하다. 금리 변동에 관한 최신 정보에 따라 단호한 의사 결정을 내릴 준비를 갖추고 있어야 한다.

레버리지 수준

레버리지는 양날의 검이다. 적절한 균형을 이룬다면, 주주

가치를 창출하는 엄청난 도구가 될 수 있다. 낮은 이율의 차입금은 유기적 성장뿐 아니라, 가치 창출적 M&A, 주주 자본 환원을 위한 자금을 조달해준다.

그러나 거시적 상황이나 기업 차원의 어려운 시기를 겪을 때는 과도한 부채 부담 때문에 피해를 입거나 치명적인 결과에 이를 수 있다. 레버리지가 높은 대차대조표를 가진 기업들은 대침체 시기에 대거 파산했다. 현금흐름의 급격한 감소와 더불어 차입금 만기 도래 시에 재차입이 어려운 경우, 결국 기업들이 극복하기 어렵다는 것이 입증되었다. 이 시기에 살아남은 기업들일지라도 주주 자본은 심각하게 손상되어 회복하는 데 수년이 걸렸다.

차터 커뮤니케이션를 살펴보자. 수년간 차입금을 통한 자금 조달로 무리한 인수 거래를 해온 결과, 2008년 말 레버리지는 거의 10배가 되었다. 필요한 자본적 지출 규모는 컸고, 인수 관련 차입금 이자 비용 부담으로 인해 기업이 큰 타격을 입었다. 더군다나 대침체 시기에 자본 시장이 얼어붙으면서 회사의 만기 차입금 차환이 불가능해졌다. 2009년 1월, 차터는 결국 이자 지급 불능으로 파산 신청을 했다.

파산 관리에서 벗어난 2009년 11월, 차터의 신용 등급은 크게 개선됐다. 레버리지는 5.5배로 줄었고, 회사는 레버리지를 줄일 수 있는 신빙성 있는 방법을 마련했다. 차터는 전형적인 '좋은 회사, 나쁜 대차대조표' 사례였다. 또한 2008년 말~2009년 초 가히 재앙적 수준이었던 자본 시장 상황을 생각할 때, 차터도 안 좋은 타이밍의 희생양이었다. 좀 더 우호적인 환경이었다면 차입금 차환이 가능했을 것이다.

개별 주식 및 포트폴리오 전체 차원에서 레버리지 수준에 대한 모니터링이 필요하다. 포트폴리오 전체 평균 레버리지가 4배고 시장 평균 레버리지가 2배인 경우, 약세 시장에서 레버리지가 포트폴리오에 미치는 부정적 효과가 더 클 가능성이 있다.

포트폴리오 요약

포트폴리오 구성은 리스크 관리와 함께 진행된다. 포트폴리오의 리스크 관리를 위해서는 투자할 때 부지런히 살펴봐야 한다. 표 5.5 상단의 표에는 상위 10개 포지션의 노출 정도와 레버리지가 나와 있다. 예를 들어, 가장 큰 포지션1은 레버리지 2.8배로 상대적으로 높은 수준이다. 포지션2에서 포지션10까지도 동일하게 추정할 수 있다.

오른쪽 상단에서 포트폴리오는 시가총액과 유동성으로 분류된다. 포트폴리오의 40% 이상이 시가총액 250억 달러 이상인 주식으로 구성되어 있다. 5% 정도만 시가총액이 10억 달러 미만이다. 유동성 측면에서 볼 때, 전체 포트폴리오는 25일 이내에 매도할 수 있다. 이 그룹 중 75%는 5일 이내에 정리 가능하다.

산업별로 보면 노출도가 가장 높은 산업은 통신업, 기술 산업 그리고 임의 투자 종목들이다. 지역별로는 미국이 포트폴리오의 68%를 차지한다. 그러나 미국 달러화 노출도는 미국 기업의 EUR(유럽연합 유로), GBP(영국 파운드), JPY(일본 엔) 노출도로 인해 65%로 약간 낮다.

표 5.5의 포트폴리오 예시를 보면, 몇 가지 중요한 사항이 나와 있다. 첫째, 전체 포트폴리오의 60%를 차지하는 상위 10개 포지션이 상대적으로 집중도가 높다. 이를 상쇄하는 요소는 포트폴리오 내 산업군이 다양하고 유동성이 높다는 것이다. 둘째, 포트폴리오 전체의 레버리지 수준은 적당하지만, 레버리지가 높은 특정 포지션들이 있다. 또한, 환위험 노출도 상당하다. 이러한 잠재적인 핫스팟들을 표시해두면, 미리 포트폴리오를 조정하거나 헤징을 통해 포트폴리오 보호를 할 수 있다.

표 5.5 포트폴리오 스냅샷 템플릿

(단위: 백만달러)

포트폴리오 요약

포지션		레버리지		시가총액	
종목	%	차입금/EBITDA	높음/낮음	규모	%
포지션1	10%	2.8x	높음	250억 달러 이상	40%
포지션2	8%	4.7x	높음	100억~250억 달러	25%
포지션3	7%	1.4x	낮음	50억~100억 달러	20%
포지션4	6%	1.1x	낮음	10억~50억 달러	10%
포지션5	6%	0.0x	낮음	10억 달러 이하	5%
포지션6	6%	0.3x	낮음	유동성	
포지션7	5%	1.9x	낮음	매도일	%
포지션8	5%	0.9x	낮음	1일 미만	20%
포지션9	4%	2.6x	높음	5일 미만	75%
포지션10	3%	2.9x	높음	10일 미만	85%
기타	40%	2.0x	낮음	25일 미만	100%
총/평균	100%	1.9x	낮음	25일 초과	

산업		지역		통화	
산업	%	지역	%	통화	%
커뮤니케이션	20%	미국	60%	미국 달러	65%
임의 투자	20%	캐나다	2%	캐나다 달러	2%
에너지	-	유럽	18%	유럽연합 유로	13%
금융	5%	동아시아	10%	영국 파운드	8%
헬스 케어	2%	남미	2%	스위스 프랑	-
산업재	15%	오스트레일리아		호주 달러	-
소재	8%	아프리카		중국 위안	-
필수 소비재	10%	중동		일본 엔	5%
테크	20%	러시아		홍콩 달러	5%
유틸리티	-	기타		멕시코 페소	2%
총계	100%	총계	100%	총계	100%

포트폴리오와 위험 관리

클라만이 2012년 연말 편지에서 언급했듯이, "우리는 각 투자 종목과 포트폴리오 전체가 잘못될 가능성을 계속 걱정한다. 우리는 리스크 예방 및 관리에 대해 연중무휴 집착하고 있다." 아래에는 이런 작업에 필요한 핵심 도구들을 적어 놓았다.

위험 관리는 개별 주식 차원과 포트폴리오 전체 차원에서 모두에서 이루어져야 한다. 각 포지션을 모니터링하듯 전체 주식 포트폴리오도 모니터링해야 한다. 여기에는 포트폴리오에 대한 전체적인 평가와 하방 위험을 정량화하는 능력이 포함된다. 자기 관리가 철저한 투자자는 최적의 포트폴리오 구성과 손실 방지를 위하여 위험 관리에 대한 지침을 갖고 있다.

펀드의 종류와 전략이 다양한 만큼, 위험 관리에 접근하는 방식도 각각 다르다. 목표 수익률, 위험 성향, 펀드 규모, 투자자 기반, 자본 안정성, 유동성, 예상 보유 기간 등 여러 요소를 고려해야 한다.

효과적인 위험 관리의 첫 번째 단계는 포트폴리오의 주요 핫스팟을 식별하는 것이다. 리스크를 발견하고 이해하지 못하면, 이를 측정하고 줄일 수 없다. 표 5.5에서 언급한 바와 같이, 위험에 대한 노출은 특정 산업, 지역 또는 통화와 관련되어 있다. 다양한 시나리오 별로 주가가 얼만큼 하락할 것인지 정량화할 준비가 되어 있어야 한다.

이상적으로는, 초기 포트폴리오 구성 단계에서 주요 위험을 체크한 뒤, 이에 대한 관리 전략을 동시에 세워야 한다. 이는 조기 경고 시스템을 구축하고 행동을 취할 명확한 임계치를 정하는 것이다. 예를 들어, 투자 가설이 M&A 전략을 기반으로 한다면, 자본 시장이 얼어붙을 경우 특별한 주의를 기울여야 한다. 마찬가지로, 포트폴리오가 에너지 분야에 노출도가 높다면, 유가 변동에 대한 생각이 바뀌었을 때 신속하고 단호하게 움직일 필요가 있다.

따라서 성공적인 투자에는 분석들과 규율이 필요하지만 유연성도 필요하다. 끊임없이 진화하는 역동적인 시장에서 최신 정보에 맞춰 적응하고 포트폴리오를 재평가하는 것이 중요하다. 과거에 가지게 된 견해나 세웠던 기준에 지나치게 집착한다면 포트폴리오 성과가 위태로워질 수 있다.

위험 식별이 효과적인 위험 관리를 위한 첫 번째 단계라면, 두 번째 단계는 이러한 위험을 완화하기 위한 기술을 활용하는 것이다.

- 위험 노출 한도
- 손실 제한
- 차익 실현
- 포트폴리오 재조정
- 헷징
- 스트레스 테스트
- 성과 측정

위험 노출 한도

위험을 관리하는 가장 간단한 방법은 포지션의 달러 금액 또는 백분율에 (노출) 한도를 정하는 것이다. 여기서 위험 노출은 단일 주식과 관련되거나 산업, 지역 또는 투자 테마별로 집계될 수 있다. 어떤 투자자는 포트폴리오의 각 포지션 규모에 대해 명확하고 간단한 규칙을 정해둔다. 예를 들어, 포트폴리오 내 한 종목당 비중이 10%를 넘을 수 없다거나, 특정 산업이 20%를 넘을 수 없다고 정하는 것이다. 어떤 투자자는 위험은 인지하고 있으되, 좋은 종목들은 비중을 높일 수 있는 여지를 두는 좀 더 유연한 규칙을 정한다.

와튼Wharton과 부스Booth 교수의[3] 2012년 연구에 따르면, 헤지펀드의 약 45%가 포트폴리오 내 개별 포지션의 비중에 대해 금액 또는 비율 한도 지침을 명시하고 있다고 한다. 나머지 55% 펀드들은 이러한 한도를 두고 있지 않았다. 분명한 것은, 많은 투자자들이 엄격한 지침이 아니더라도 상식적인 수준으로 지속적인 경계심을 갖고 노출 집중 위험을 관리한다는 것이다.

손실 제한

매수 종목의 주가가 오르지 않고 떨어질 때는 손실을 제한하는 메커니즘이 필요하다. 이는 주가 하락의 기준을 정하는 것으로, 이 지점에서 투자 가설에 어떤 변화가 있는지 다시 검토해보는 것이다. 예를 들어, 10%에서 15% 하락했을 때를 기준으로 정할 수 있다. 4단계에서 정했던 약세 시장에서의 목표 주가가 여기서 특히 유용하다. 이러한 기준을 세우는 것은 처음 매수 가격에 얽매여 앞으로를 위한 올바른 의사 결정을 내리지 못하는 것을 방지해준다. 시장은 당신이 얼마에 그 종목을 매수했었는지 전혀 신경쓰지 않는다.

주식 투자자는 시장의 유동성 덕분에 상장된 주식들을 오늘 샀다가 내일 팔 수 있는 사치를 누린다. 이는 분명한 이점

---

[3]. Cassar, G., Gerakos, J., 2012. *How do hedge funds manage portfolio risk?*

이지만, 무조건 안심해서는 안 된다. 앞서 설명했던 10%, 15% 같은 하락 기준을 지침으로 정해두면 투자자들이 주어진 종목에 대한 투자 가설을 다시 확인할 수 있다. 이러한 지침은 실적이 큰 폭으로 감소하거나, 부정적인 가이던스 조정이 나오거나, 기타 문제가 발생하면 재검토하게 된다.

만약 포지션이 당신의 예상과 반대로 움직인다면, 해당 종목에 대한 확신이 흔들릴 것이다. 이는 모든 투자자들에게 어려운 순간이다. 소중한 종목이 새로운 정보로 인해 싸게 팔리고 있는 것이다. 이러한 상황이 심각한지 일시적인 것인지를 신속히 평가하고 결정을 내려야 한다. 압박을 느낄 것이다. 소위 전문가들이 당신의 종목이 안 좋다고 말하고 있다면 어떻게 할 것인가?

어떤 결정을 내리든, 절대로 기존 투자 가설에 부합하는 정보만 골라서 보는 등의 확증 편향에 빠지지 않도록 해야 한다. 손실 제한 지침은 이런 편향에 빠지지 않도록 해주며, 만약 투자 가설이 더 이상 '유효하지 않을 경우' 냉정하게 투자를 그만둘 수 있게 해준다. 2017년 말 분할 거래 이후의 델파이를 평가하는 데에도 적절한 모니터링과 위험 평가가 결합된 이러한 지침이 중요했다. 여러 굵직한 이벤트들이 있었고, 우리의 투자 가설을 재검토할 필요가 있었다. 그리고 여러 요인들이 (뒤의 후기에서 논의하듯) 크게 바뀌었다. 다행히도, 우리 시스템은 이러한 상황에 대비시켜 줄 것이다. 만약 보유한 포지션이 예상대로 되지 않는다면, 반드시 '내가 무엇을 놓치고 있나' 끊임없이 자문해보아야 한다.

물론, 다시 평가해보니 해당 종목의 가격이 당신이 평가하는 가치보다 더 할인되어 매력적이 되었을 수도 있다. 이 경우에는 추가 매수가 합리적이다. 실시간 분석과 재평가는 투자 지침을 엄격히 지키는 것과 함께 이루어져야 한다.

차익 실현

고인이 된 투자자 버나드 바루크Bernard Baruch는 "수익 실현을 하면서 돈을 잃은 사람은 없다"고 했다. 적절한 위험 관리는 종종 투자자의 종목이 목표 주가에 도달했을 때 수익 실현의 기회를 잡는 것을 뜻한다. 이것은 특히 주가의 추가 상승이 제한적으로 보일 때 더욱 그러하다.

차익 실현은 어떤 종목이 예정보다 빠른 급등세를 보일 때도 적용된다. 예를 들어, 3년 목표 주가 100달러를 정하고 50달러에 어떤 종목을 매수했는데, 만약 6개월 이내에 주가가 75달러에 도달하면 일부는 매도하는 것이 현명하다. 그러면 해당 종목 주가가 내려갈 때 비축해둔 현금으로 추가 매수를 할 수 있다. 물론, 투자 가설에 긍정적인 변화나 실적 상향 조정이 있는 경우는 차익 실현을 하지 않고 계속 보유하는 근거가 될 수 있다.

목표 주가는 차익 실현에 어떻게 접근해야 할지 알려주고, 우리 자신으로부터 우리를 보호해주기 때문에 중요하다. 투자자라면 자신이 좋다고 생각한 종목에 빠져들기 마련이고, 그 종목의 주가가 오르면 더욱 그렇게 된다. 따라서, 목표 주가에 도달하게 되면, 효과적인 위험 관리를 통해 그 주식의 추가 상승 가능성을 적극적으로 물색할 수 있다. 그러면 업데이트된 정보를 근거로 더 높은 목표 주가를 설정하게 된다.

포트폴리오 재조정

포트폴리오 재조정에는 전반적인 위험 관리에 필요한 상식과 지침이 동일하게 필요하다. 새로운 기업 및 시장 데이터, 노출 한도, 손실 한도 및 차익 실현에 맞추어 항상 포트폴리오를 재조정할 준비가 되어 있어야 한다.

예를 들어, 포트폴리오의 20% 비중만큼 헬스케어 산업에 투자하는 시나리오를 살펴보자. 향후 3년 동안 헬스케어 포지션은 100% 늘어나고, 나머지 포트폴리오 종목들은 변화가 없다. 그러면 헬스케어 산업에 대한 노출이 33%가 된다. 엄격하게 포트폴리오를 재조정할 경우 추가 13%를 어디에 투자할지 결정해야 한다. 물론, 헬스케어 산업에 그 정도 노출이 최선이라 여긴다면 과도한 비중을 유지할 수도 있다.

또 다른 시나리오는, 포지션이 큰 종목을 차익 실현하고 현금을 보유하는 것이다. 먼저 기존 종목 중에 높은 확신을 갖고 있는 종목들에 현금을 할당할 수 있다. 아니면 투자 후보 목록에 있던 종목이나 현재 진행 중인 아이디어 발굴 과정에서 발견한 종목을 신규 매수하여 포트폴리오를 재조정 할 수 있다.

헷징

헷징은 다른 투자를 이용하여 잠재적 손실을 상쇄하도록 포지션을 설계하여 위험을 완화하는 것이다. 실제 헷징에는 여러 가지 형태가 있는데, 주식 포지션 상쇄, 옵션, 지수 선물, 그리고 다양한 유형의 파생상품을 활용할 수 있다. 헷징은 개별 주식이나 시장 전체의 특수한 위험을 상쇄하기 위해 사용된다.

우리는 주식 포지션 상쇄와 풋, 콜 같은 옵션 사용에 중점을 둔다. 중요한 것은 헷징이 항상 필요한 것은 아니며, 또한 비용이 많이 들 수 있다는 점을 유의해야 한다. 신중한 위험 관리로 포트폴리오를 다각화하는 것만으로도 충분할 수 있다.

페어 트레이딩

페어 트레이딩은 한 주식은 매수하고, 주가가 하락할 것으로 예상되는 유사한 주식을 공매도하는 헷징의 한 형태이다. 일반적으로 두 주식은 같은 산업군에 있거나 최종 시장이 동일하다. 어떤 주식을 매수하고, 이를 상쇄할 수 있는 전망이 좋지 않은 주식을 찾는다. 목표는 상승 및 하락 시장에서 매수 종목이 공매도 종목을 능가하여 수익을 실현하는 것이다.

2016년 미디어 부문에서 특히 성공적인 페어 트레이딩 전략은 1) 타임워너Time Warner Inc, TWX[4] 매수와 2) 바이아컴Viacom, VIAB 공매도의 조합이다. 투자 가설은 TWX가 HBO, CNN 및 장기 스포츠 권리와 워너 브라더스 스튜디오를 포함한 필수 프로그램을 소유하고 있음을 근거로 했다. 또한, 온라인 비디오의 확산으로 TWX 콘텐츠의 구매자가 늘어났다. 한편 VIAB는 평균 이상의 구독자 감소, 낮은 등급 및 광고 수익 감소를 보이고 있었다.

---

4. 타임워너 케이블과 혼동해서는 안 된다.

그림 5.1 2016년 TWX와 VIAB에 투자된 1달러

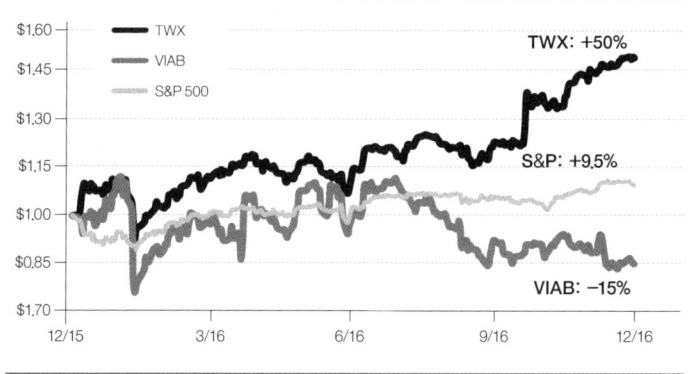

이 페어 트레이딩은 TWX의 주가 상승에 이어 결국에 AT&T의 인수 제안을 유치하면서 성공적임이 입증되었다. 그림 5.1에 나와 있듯이 2015년 말 TWX에 1달러를 투자한 경우 2016년말 1.5달러가 되었다. 동시에 VIAB에 투자한 1달러는 0.85달러로 감소했으므로, 양쪽 거래 모두에서 상당한 초과 수익[5]을 창출한 것이다. TWX 1달러를 매수하고 VIAB 1달러를 공매도한 투자자는 이 거래 조합을 통해 0.65달러를 벌어들였을 것이다.

---

5. S&P 500과 같은 벤치마크 지수 대비 추가 수익.

옵션

옵션은 계약에 의해 미리 정해진 날짜까지 정해진 가격에 주식을 사고팔 수 있는 권리를 제공한다. 콜옵션은 만기일까지 행사가격에 어떤 주식을 살 수 있는 권리를 제공한다. 풋옵션은 만기일까지 특정 가격에 팔 수 있는 권리를 뜻한다. 전형적인 옵션을 기반으로 한 헷지 방법은 매수 포지션의 잠재적 하락을 보호하기 위해 풋옵션을 매수하는 것으로 구성된다.

예를 들어, 현재 주가가 50달러인 주식을 보유하고 있는데 단기 하락 위험이 있다고 생각한다. 행사 가격 50달러인 풋옵션을 1달러[6]에 매수했다고 가정해 보겠다. 주가가 40달러로 떨어지면 50달러에 주식을 팔고 9달러의 수익을 올릴 수 있다(행사 가격 50달러-40달러-프리미엄 1달러). 대신 주식이 만기일까지 50달러 이상으로 유지된다면 프리미엄 1달러만 잃게 된다.

옵션을 사용하여 많은 위험을 감수하지 않고 매수 포지션을 취할 수도 있다. 예를 들어, 주식이 50달러에 거래되고 있고 곧 주가 상승 촉매가 나온다고 가정하여 향후 3개월 내에

---

6. 콜옵션과 풋옵션('프리미엄')의 가격은 일반적으로 블랙숄즈 Black-Scholes 모형에 의해 결정된다. 옵션 가격은 행사가, 만기일, 기초 주식의 변동성 등 다양한 입력값에 따라 달라진다.

60달러까지 상승할 수 있다고 하자. 그러나 촉매가 나오지 않는다면 주가가 40달러까지 떨어질 위험이 있다.

50달러에 주식을 매수하고 20% 하락 위험을 감수하는 대신, 1달러 프리미엄에 행사가 50달러로 3개월 콜옵션을 매수할 수 있다고 가정해 보겠다. 이 시나리오에서 주식이 40달러로 떨어지면 1달러를 잃게 된다. 한편, 주가가 60달러로 상승하면 주식을 50달러에 매수하고 9달러의 수익을 올릴 수 있다(60달러-행사 가격 50달러-프리미엄 1달러).

스트레스 테스트

스트레스 테스트란, 다양한 시나리오 또는 '스트레스'에서 가상의 포트폴리오 실적을 분석하는 데 사용된다. 예를 들어, 달러, 유가 또는 금리의 중요한 변동이 보유 자산에 미치는 영향을 테스트할 수 있다.

이상적으로는, 이를 통해 포트폴리오 구성 단계에서 개별 주식과 전체 포트폴리오에 대한 주요 노출을 식별할 수 있다. 예를 들어, 각 종목의 수익이 에너지 부문에 노출되는 비율을 알아야 한다. 그 뒤, 유가가 몇 퍼센트 변한다면, 각 기업의 EPS와 주가는 얼만큼 영향을 받을 것인지 계산하는 것이다. 우리는 표 3.3에서 자동차 생산량, 유로, 구리 가격 및 유가가 변동할 경우 델파이의 매출과 EBITDA가 어떻게 변할지 계산해보았다.

주가에 미치는 영향을 간단히 계산하는 방식은 P/E를 고정시키고(혹은 감소를 가정하는 경우가 더 많다) 여기에 예상 EPS를 곱하면 된다. 이 작업을 모든 개별 종목에 대해 수행한 후, 이를 합산하여 포트폴리오 전체의 하락 시나리오를 구한다.

스트레스 테스트는 과거 선례를 따라야 한다. 유가를 예로 들면, 역사적 최저점까지(잠재적으로 더 하락하는 경우도) 테스트를 해봐야 한다. 또한, 어떤 종목의 주가가 주어진 유가 임계치에서 어떻게 움직였는지 조사해야 한다. 다른 요소들(예: 환율 또는 금리)에 대한 포트폴리오의 스트레스 테스트도 비슷한 방식으로 진행한다.

성과 평가

포트폴리오의 성과는 측정할 수 있어야 한다. 전문가들은 일반적으로 S&P 500 또는 MSCI 선진국 지수와 같은 지수를 벤치마킹하여 성과를 측정한다. 다른 이들은 투자 전략에 따라 좀 더 구체적이거나 맞춤화된 지수로 벤치마킹한다.

성과가 성공적인지를 측정할 수 있으려면 매일, 매월, 분기별, 연간 등 다양한 간격으로 추적하는 시스템이 필요하다.

실적이 더 긴 투자자도 이에 따라 실적을 벤치마킹한다(예: 3년, 5년, 10년 및 시작 시점부터)(표 5.6 참조). 궁극적으로 투자 성과가 성공적인지는 투자 목표 및 벤치 마크에 비교하여 판단된다.

벤치마크에 근거해 성과를 검토할 때는 성과가 좋은 종목과 나쁜 종목의 핵심 원인을 구별해내야 한다. 이는 승패 전략을 모두 파악하는 데 도움이 된다. 그런 다음 개별 주식, 산업, 또는 투자 테마와 관련하여 포트폴리오를 적절히 재조정할 수 있다. 예를 들어, 턴어라운드 상황인 종목이 일관적으로 수익률이 좋았다면 앞으로 이 종목의 비중을 늘리는 것이다. 또는, 기술주만큼 헬스케어주가 성적이 좋지 않았다면, 이 점을 조정할 수 있다.

장기적으로 성공을 거두려면 적응력과 더불어 진정한 자기 절제와 충실한 기본기가 필요하다. 안일함에 빠지는 것은 금물이다. 1분기, 1년 또는 그보다 길게 성과가 좋았다고 해서, 영원히 그러리라는 보장은 없다.

계속 투자 실적이 좋지 않은 경우에는 잠시 멈추고 한걸음 물러서야 한다. 무엇이 문제이며 왜 이런 결과가 나오는 것일까? 포트폴리오 전략 전반과 위험 관리 과정을 다시 검토하라. 간단히 말해, 1단계로 돌아가서 포트폴리오를 체계적으로

표 5.6 과거 실적 사례 – 펀드 vs S&P 500

*S&P 500 수익률은 배당 후 재투자 가정

연간환산 수익률				연간 수익률		
기간	펀드	S&P		연간	펀드	S&P
1년	25.4%	31.5%		2006	19.3%	15.8%
3년	24.1%	15.3%		2007	4.3%	5.6%
5년	17.0%	11.7%		2008	-28.7%	-37.0%
10년	20.0%	13.6%		2009	38.1%	26.4%
개시일	15.6%	9.3%		2010	11.7%	15.1%
				2011	9.3%	2.1%
누적 수익률				2012	38.8%	16.0%
기간	펀드	S&P		2013	54.4%	32.4%
3년	91.0%	31.5%		2014	8.3%	13.7%
5년	119.0%	15.3%		2015	-1.7%	1.4%
10년	521.0%	11.7%		2016	16.5%	12.0%
개시일	661.0%	13.6%		2017	32.5%	21.8%
				2018	15.2%	-4.4%
				2019	25.4%	31.5%

다시 테스트하고 구성해야 한다. 분석해보니 기존 포트폴리오가 여전히 유의미한 추가 상승 여력이 있다고 판단될 수 있다. 이 경우 최선의 전략은 현 포트폴리오를 전반적으로 유지하는 것이다.

이러한 동일한 자기 성찰적 접근 방식이 개별 주식에도 적용된다. 포지션이 종료되면 원래 투자 가설과 실제 종목 성과를 비교해보라. 무엇이 틀렸고, 무엇은 맞았는지에 대한 정직한 평가도 포함된다. 이러한 자기 절제적인 접근은 미래에 성공적인 투자로 이끌 것이다. 과거의 실수를 피할 수 있고 성공한 공식들은 다시 사용할 수 있다.

요점 정리

- 투자 결정에는 확신이 필요하다. 숙제를 완료했는지 확인해야 한다.
- 좋은 기업, 나쁜 주식의 함정에 빠지지 말 것. 올바른 진입 가격과 타이밍이 중요하다.
- 일단 포지션을 시작하면, 실사는 멈추면 안 된다.
- 포지션 사이즈는 각 종목의 상대적인 위험/보상 프로파일이 반영되어야 한다. 가장 확신을 갖는 종목의 비중이 가장 높아야 한다.
- 포트폴리오 구성은 투자 목표와 위험 허용치를 반영해야 한다.
- 핵심 위험에 대한 노출을 미리 파악하고 이에 따른 위험 관리 전략을 세워라.
- 핵심 위험 관리 도구로는 노출 한도 설정, 차익 실현, 포트폴리오 재조정 등이 있다.
- 투자 가설이 깨진 경우, 과감히 손절할 수 있어야 한다.
- 포트폴리오 평가를 통해 제대로 투자되고 있거나 혹은 도움이 필요한 투자 과정 및 투자 전략이 무엇인지 파악할 수 있다.

후기
델파이 오토모티브는 어떻게 되었는가?

책 전반에 걸쳐 우리는 델파이 오토모티브라는 기업의 사례 연구를 가지고, 5단계 프로세스에 걸친 아이디어 소싱, 기업 실사, 가치평가를 하고, 궁극적으로 주식 포지션을 관리하는 법을 살펴보았다. 우리는 2011년 11월 델파이가 첫 상장되던 때 투자자로서 결정을 내릴 시간으로 거슬러 올라갔다.

다음으로 2017년 12월 기업 분할로 절정에 이른 후 몇 년간 델파이의 엄청난 성공을 살펴보았다. 이 기간 동안 투자자들은 거의 5배의 수익을 얻었다. 같은 기간 동안 동종업계 자동차 공급업체들과 S&P 500의 수익률은 2배 정도였다(그림 PM1 참조).

IPO 시점에서 델파이에 투자하겠다는 결정을 내린 이유는 여럿인데, 요약하자면 가격 주기상 구조적 성장주를 매수할 수 있는 기회였기 때문이다. 글로벌 자동차 시장 회복은 초기 단계였고, 델파이는 '안전, 친환경, 연결성'을 중심으로 한 강

그림 PM.1 델파이 주가 vs 자동차 부품업체 vs S&P 500

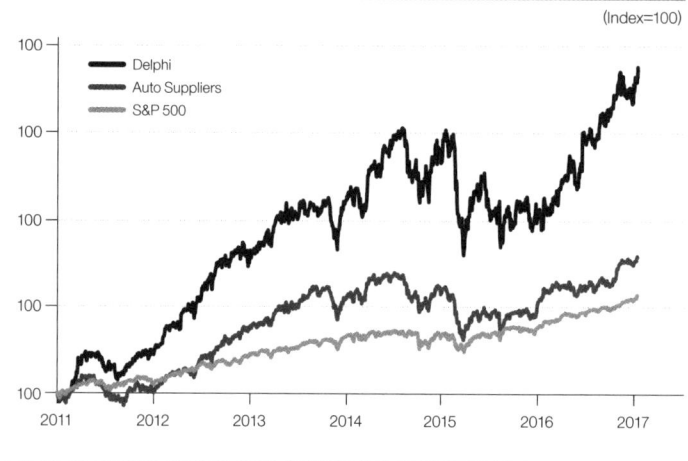

력한 구조적 성장 스토리를 갖고 있었으며, 중국 시장에서 급성장할 수 있는 기회가 있었다. 이 모든 것은 원가가 낮은 글로벌 거점을 갖고 있던 점과 적극적인 이사회와 경영진이 주주 가치 창출을 위해 노력한 덕분이었다. 이는 기대 이익 상회, 주식 재매입, 그리고 가치 증진 M&A 등 수많은 촉매를 창출했다.

주가 실적에서 분명히 나타나듯이, 델파이 오토모티브가 앱티브와 델파이 테크놀로지스로 분할된 2017년 12월까지 핵심 투자 가설의 씨앗들이 굳게 뿌리내렸다. 그 당시 EPS는

표 PM.1 델파이 밸류에이션 변화 과정 (IPO에서 분할까지)

	@IPO		@분할
EPS	$3.25	오가닉 성장 마진 확대 자사주매입 M&A	
	X		X
P/E	6.75x	구조적 스토리 주기적 회복 경영 포트폴리오 최적화	15.5x
	=		=
주가	$22		$103

 IPO 때 약 $3.25에서 $6.75로 증가했다. P/E 배수도 약 6.75배에서 분할 시점에 15.5배로 확장됐다(표 PM.1 참조).

 동시에 기업 분할은 투자 가설 재평가가 필요한 절정의 거래였다. 우선 독립적인 사업 모델과 전략, 경영진이 있는 2개의 신생 기업이 생긴다는 점에서 어떤 분할 거래든 기업 분석을 새롭게 할 필요가 있었다. 앱티브의 포지션이 능동적 안진, 인포테인먼트, 전기 아키텍처, 자율 주행 분야의 첨단 비즈니스를 중심으로 프리미엄 자동차 기술을 가진 단일 사업 기업임을 고려하면, 델파이의 케이스는 더욱 그러했다. 한편, 델파이 테크놀로지스는 주로 글로벌 파워트레인 엔진 믹스와 관련 있는 파워트레인 자동차 부품업의 대표적인 단일 사업 기업이었다. 너무나 다른 2개의 투자 가설이었다.

더욱이, 지난 6년 동안 델파이 주가가 22달러에서 100달러 이상으로 급격히 상승했으므로, 차익 실현, 재조정, 그리고 기타 매도 결정 등을 하는 것이 제일 중요했다. 표 PM.1을 보면, P/E 배수는 주기적으로 정점에 있었으며, 역사적 평균 대비 상당한 프리미엄이 붙은 가격이었고, 다른 자동차 부품업체에 비해서도 확실한 프리미엄이 있는 수준이었다. 자동차 산업 주기는 후기 단계로 약해지는 상황이었고, 무역 긴장은 고조되고 있었다. 투자 가설을 전반적으로 재검토할 여러 가지 이유들이 있었다.

분할 이후, 2019년 그리고 이후

산업

2018년 글로벌 자동차 시장은 둔화되기 시작했다. 글로벌 자동차 생산 추정치는 수요 감소, 미중 무역 분쟁의 역풍, 새로운 유럽 배기가스 배출 테스트 기준의 영향으로 연중 내내 하향 조정되었다. 원자재와 통화도 자동차 기업의 재무 실적에 악영향을 끼쳤다. 연말까지 자동차 생산은 전년 대비 1.0% 감소했으며, 컨센서스는 2019년 추가 하락을 예상했다.

이로 인해 자동차 주들의 주가도 타격을 입었는데, 2018년 공급업체 주가는 평균 20% 이상 하락했다. 자동차 산업 전반에 걸쳐, 매출과 이익 추정치가 연중 하향 조정되었고, 엎친데 덮친 격으로 배수도 축소되었다.

자동차 생산 추정치가 지속적으로 하락세를 보이면서 2019년은 2018년 대비 거의 6% 감소하는 등, 당초 예상보다 더욱 격동적인 한 해로 판명됐다. 가장 큰 원인은 계속된 중국 시장의 약세, 무역 역풍, 그리고 GM 파업의 영향을 포함한 유럽과 북미에서의 부정적인 변화들이었다.

전반적으로 2019년은 자동차 종목들에게 있어 가진 자와 못 가진 자의 스토리였다고 할 수 있다. 강력한 구조적 기회를 잡은 기업들은 실적이 좋았지만, 거시적 압박에 취약한 기업들은 계속 고전했다. 이제 2018~2019년 기간 동안 델파이 오토모티브의 분할로 탄생한 앱티브와 델파이 테크놀로지스가 어떠한 양상을 보였는지 살펴보자.

앱티브(모회사)

분할 거래 후 앱티브는 2018년을 기분 좋게 시작했다. 자동차 연결성, 전기화, 안전 및 자율 주행이 결합된 앱티브의 구조적 성장 스토리는 투자자들의 반향을 불러 일으켰다. 회사 실적은 위에서 설명한 역풍을 맞으며 고전하는 다른 동종 업계 기업들 대비 돋보였다. 앱티브는 실제로 2018년 1분기와 2분기에 가이던스를 상향 조정했다. 6월 중순까지 주가는 20% 이상 올랐다.

그러나 그해 가을, 자동차주에 대한 부정적인 투자 심리가 악화됐다. 앱티브의 강력한 실적과 설득력 있는 스토리 조차도 이를 거스르기에 역부족이었다. 2018년 3분기, 앱티브는 전년 대비 9%의 유기적 매출 성장률을 보였는데, 이는 생산량이 거의 3%가량 감소한 것을 감안하면 대비 12% 증가를 의미했다. 그러나 경영진은 중국 자동차 생산의 예견된 둔화를 감안해 4분기 가이던스를 하향 조정했는데, 그럼에도 불구하고 앱티브의 유기적 매출 성장률은 6%로 시장보다 8~9% 높은 수준이었다.

2018년 말 앱티브 주가는 원래 2018년 전체 가이던스를 능가하는 실적이 나왔음에도, 6월 중순 정점 대비 하락했다. 기업 펀더멘털 수준에서 봤을 때 강력한 구조적 성장 스토리는 변함없었고, 이는 다른 자동차 공급업체와 차별된 점이었다. 결국 이 스토리는 2019년 시장에서 보상받았다.

광범위한 거시적인 자동차업계의 역풍에도 불구하고, 앱티브는 2019년 주식 시장의 사랑을 받았다. ESG(환경, 사회, 거버넌스)와 테마에 의존하는 투자자들은 앱티브 주식을 계속 보유했는데, 이는 현재까지 입증된 엡티브의 세속적 포트폴리오와 사업 주기 전체에 걸쳐 기록한 더 나은 실적 때문이다. 앱티브는 자동차주 중에 가장 많은 투자자들이 보유하는 종목이 되었다. 시장 변동성이 컸던 2019년 상반기 말이 되어갈 무렵, 앱티브 경영진은 투자자의 날을 개최해 회사의 지속가능한 장기적 성장과 수익 목표 달성, 그리고 향후 5년에 걸쳐 확장될 매력적인 비전을 다시금 공고히하여 호평을 받았다. 많은 공업 및 자동차업계 종목들이 고전했던 2019년 2분기 앱티브 실적이 훌륭하게 발표된 뒤로는 회사의 스토리에 대한 신뢰도는 더욱 높아졌다.

2019년 9월, 앱티브는 현대 자동차와 함께 조인트 벤처를 결성해 자율 주행 기술을 생산 준비 차량에 적용시키기로 발표했다. 기업 가치를 향상시키는 포트폴리오 거래를 잘해온 회사의 명성에 오토2.0 포지셔닝이 더해져, 앱티브의 위상은 더욱 굳건해졌다. 연말 시점에 앱티브의 주가는 주당 95달러였으며, 분할 전 델파이 오토모티브의 주가인 103달러에 가까워졌다. 이는 미국 내 자동차업계 종목들 대비 우수한 실적이었으며, 2018년 4분기의 하락폭을 만회하고도 남았다.

델파이 테크놀로지스(분할 회사)

파워트레인 시스템 부문이 분할되어 신설된 델파이 테크놀로지스는 거시적 역풍이 더욱 두드려졌다. 델파이 테크놀로지스의 제품 포트폴리오와 지역적 노출로 인한 부정적인 요인들이 실적에 부담을 주었다. 디젤 엔진 물량 감소, 새로운 유럽 배기가스 테스트 기준으로 인한 생산 일정 연기, 중국 현지 시장의 갑작스런 둔화는 동종업계 대비 델파이 테크놀로지스에게 더욱 불리한 영향을 주었다.

상기 내용들은 실행력, 가이던스, 그리고 주식 시장 투자자들과의 의사소통 측면에서 어느 정도 회사의 잘못이라 할 수 있다. 2018년 1분기 이후 실적 추정치를 처음으로 상향한 후, 경영진은 다음 2분기를 연속으로 하향 조정했다. 당연하게도, 이러한 (잘못된) 가이던스는 기존 투자자들의 부정적인 반응을 더 악화시켰다.

아마도 가장 큰 피해는 이중 위험에 처한 순간이었던 2018년 10월 5일의 발표였다. CEO[1]의 갑작스러운 퇴사 사실을 공개함과 동시에, 델파이 테크놀로지스는 2018년 온년 전망치를 크게 하향 조정했다. 주가는 발표일 하루만에 거의 13%나 폭락했다.

2018년 11월 7일 있었던 공식적인 3분기 실적 발표는 경영진이 실망스러운 2019년 전망을 내놓았기에 투자자들에게 전혀 위로가 되지 못했다. 2018년 말 주가는 급락했는데, 이는 기대에 못미치는 실적과 큰 폭의 배수 하락으로 인한 것이었다.

시장의 예상대로, 델파이 테크놀로지스의 2019년은 대체로 2018년의 연속이었다. 회사는 배당금 지급 중단으로 한 해를 시작했고, 투자자들은 회사가 불리한 중국 OEM 노출과 변동이 큰 거시 경제 상황을 헤쳐나갈 수 있는지 의문을 제기했다. 또한 델파이 테크놀로지스가 기존 내연 엔진 차량 제품에서 전기차 등 차세대 제품으로의 전환을 추진함에 따라 수익성 문제도 제기됐다.

그러나 2019년 말이 되면서, 다각적인 내부 구조조정을 기반으로 한 '자조self-help'적인 전략을 실행하는 새로운 리더쉽이 주목받았다. 새로운 전략은 적정 규모의 엔지니어링 투자, 출시 준비의 개선, 판관비 절감, 그리고 핵심 제품 라인의 두

---

1. 델파이 테크놀로지스 CEO는 MVL 인수 때 임명되었으며, IPO 이전의 경영진은 아니었다.

자릿대 성장 등 엄격한 회사 운영에 초점이 맞춰져 있었다. 시장과 델파이 테크놀로지스 모두 2020년을 이러한 전략을 시행하는 중대한 전환기로 보았다.

 2020년 1월, 경쟁사인 보그워너가 델파이 테크놀로지를 33억 달러에 인수하겠다고 발표했으며, 1주당 환산 가치는 17.39달러였다. 이는 거래 발표일 기준으로 델파이 테크놀로지스의 거래전 주가 대비 75% 프리미엄이 붙은 가격이었다. 합병 회사는 기존의 내연 기관 자동차 부품에 대하여 보완 제품과 더욱 완성된 제품 포트폴리오를 갖게 될 뿐만 아니라, 전기 자동차 부품 역량도 향상될 것으로 기대되었다.

 5단계에서 나눴던 이야기에 따르면, 분할 이후 앱티브와 델파이 테크놀로지스는 적절한 위험 관리에 있어 중요한 사례 연구가 된다. 2017년 12월 분할 거래는 기존의 델파이 오토모티브 투자를 기초부터 재검토할 분명한 변곡점이라고 할 수 있다. 큰 투자 수익을 얻으려면 엄격한 포지션 모니터링, 신중한 규모 조정, 지속적인 투자 가설 테스트, 시의 적절한 차익 실현, 그리고 인내심이 중요하다.

감사의 말

이 책이 나오기까지 자문과 도움을 주시고 고생하신 수많은 동료, 지인, 친구 분들께 깊이 감사드린다. 특히 브라만 캐피털의 공동 설립자인 미치 쿠플릭과 롭 소벨에게 감사의 말씀을 전하고 싶다. 투자 은행 분야에서 수년간 근무한 뒤 내(조슈아 펄)가 투자 전문가가 될 수 있도록 기회를 주신 분들이다. 나를 투자 세계로 이끌어주었고, 기술 확장뿐 아니라 수년간 현명한 조언을 제공해주었다. 이분들의 수십년 간의 경험과 지혜는 저의 커리어 개발에 매우 귀중한 도움이 되었다. 저와 저희 가족들은 이분들의 은혜를 영원히 기억할 것이다.

　내(조슈아 펄) 멘토이면서 서로 절친한 사이이기도 한 제프리 샤흐터와 미치 줄리어스는 이 책에 엄청난 영향을 주었다. 두 분의 도움과 격려 없이는 이 책을 완성하지 못했을 것이다. 개인적으로, 나는 이 분들의 행동을 모방하고, 사고 방식을 닮아가며, 그와 같은 삶을 살고자 노력해왔다. 두 분은 어떤 면으로 보나 훌륭한 분들이다.

웨이스 멀티스트레티지 어드바이저스의 레이몬드 아지지가 도와주지 않았다면 이 책은 만들어지지 못했을 것이다. 이 분의 통찰력과 경험 그리고 기초 연구는 무척 귀중하다. 레이 또한 우리가 아는 가장 재능 있는 포트폴리오 관리자 중 하나이며, 가히 3번째 공동 저자라 할 수 있다. 무엇보다, 그는 우리의 절친한 친구다. 크레디트 스위스의 조지프 개스패로 또한 내용 간소화와 최종본 검토 작업 등 책의 편집 및 집필 과정에 결정적인 도움을 주었다. 조는 넓은 인맥을 갖고 있고, 주관이 뚜렷하며, 한다면 하는 성격의 소유자로 일을 처리하는 데 타고난 능력을 갖춘 사람이다. 그는 수년 동안 우리의 진정한 파트너였다.

또한, 명망 있는 종목 애널리스트인 바클레이즈의 브라이언 존슨과 크레디트 스위스의 댄 레비의 중요한 공헌을 강조하고 싶다. 이들은 여러 방면에서 도움을 주었고, 모범적이라 할 만한 수준의 열정, 통찰력, 지지를 보여주었다.

전 델파이 오토모티브의 CEO이자 지금은 은퇴한 로드니 오닐과 역시 은퇴한 잭 크롤 전 회장께 우리 사례 연구에 영감을 주고, 이야기를 이끌어가는데 도움을 주신 것에 특별한 감사의 말씀을 전한다. 앱티브 CEO 캐빈 클락, 회장 라지브

겁터, 이사회의 션 마호니, IR 담당 엘레나 로스만 또한, 책의 내용을 검수하고 현명한 피드백을 주셨으며, 세부 사항에 오류가 없는지 확인해주셨다.

디드릭 세더홈은 델파이의 파산 과정에 대한 깊은 통찰을 제공했고, 많은 관련 핵심 인물들을 만나는 데 도움을 주었다. 공동 창립자 에드 멀과 제프 폴리지로 구성된 실버 포인트 캐피털 팀은 막대한 주주 가치 창출을 목표로 한 노동 집약적 프로세스를 포함하여 델파이의 전사적 배경에 대한 의견을 제공해주었다.

제레미 웨이스텁은 건전하고 디테일한 깨달음을 주었고, 복잡한 개념들을 비전문가가 이해할 수 있도록 풀어낼 수 있게 도와주었다. 투자 은행 시절로 거슬러 올라가, 당시 멘토이자 동료이기도 했던 밀우드 호브 주니어는 건설적인 피드백을 해주었고, 책 저술에 필요한 사람들을 참여시키는데 결정적인 역할을 했다. 15년이 흐른 지금도 그는 우리의 소중한 친구이자 파트너다.

10년이 넘도록 우리가 저술한 모든 책의 집필 과정에서 파트너가 되어 준 와일리의 뛰어난 팀에게도 감사드리고 싶다. 기획 편집자인 빌 팔룬은 우리를 와일리로 인도해 주었고, 그의 비전과 지원은 결코 흔들림이 없었다. 그는 수년 동안 강력한 리더쉽을 발휘했으며, 우리의 좋은 친구가 되었다.

출판사 매트 홀트는 내외부적으로 우리 책을 위해 힘써주었다. 마이클 힌튼, 스티븐 퀴리츠, 마이클 프리랜드, 수잔 세라 그리고 푸르비 파텔은 편집과 제작 측면에서 모든 세부 사항을 처리하고, 원활한 제작 과정을 위해 부지런히 작업해주었다. 마케팅 매니저인 장카를 마틴은 창의력과 예견력으로 우리가 비전을 실현할 수 있도록 해주었다.

또한 가족과 친구들에게 무한한 감사를 전하고 싶다. 마샤, 조너선, 올리비아, 마고, 알렉스. 당신들의 지지와 인내 그리고 희생에 감사를 드린다. 우리 모두 자랑스러워할 수 있는 책을 출판하기 위해 열심히 작업하는 동안에도 당신들은 항상 우리의 마음속에 있었다.

이 책은 아래에 나온 분들의 노력 없이는 완성될 수 없었다.

레이먼드 아지지Raymond Azizi, 웨이스 멀티스트레티지 어드바이저스Weiss Multi-Strategy Advisers

나다브 버스너Nadav Besner, 사운드 포인트 캐피털Sound Point Capital

디드릭 세더홈Didric Cederholm, 라이언 포인트 캐피털Lion Point

Capital

마이아미 차우Maimi Chow, 타임 워너Time Warner, Inc.

크리스토퍼 클라크Christopher Clark, 소로스 캐피털 매니지먼트Soros Capital Management

케빈 클라크Kevin Clark, 앱티브 PLCAptiv PLC

주안 파블로 델 벨리 페로체나Juan Pablo Del Valle Perochena, 오르비스 어드밴스Orbia Advance

마이클 이벨슨Michael Evelson, 킹덤 캐피털 매니지먼트Kingdom Capital Management

브라이언 핑거루트Bryan Fingeroot, 레이먼드 제임스Raymond James

제프 폴리지Jeff Forlizzi, 실버 포인트 캐피털Silver Point Capital

조셉 개스패로Joseph Gasparro, 크레디트 스위스Credit Suisse

조슈아 글래스먼Joshua Glassman, 골드만 삭스Goldman Sachs

그렉 글리너Greg Gliner, 아이언월 캐피털 매니지먼트Ironwall Capital Management

마이클 구디Michael Goody, 스카프 인베스트먼트Scharf Investments

스티븐 고든Steven Gordon, 골드만앤코Goldman & Co.

마이클 그로너Michael Groner, 밀레니엄 파트너스Millennium Partners

라지브 굽타Rajiv Gupta, 앱티브 PLC

팀 하니Tim Hani, 블룸버스Bloomberg

한 희Han He, 오크트리 캐피털 매니지먼트Oaktree Capital Management

밀우드 호브 주니어Milwood Hobbs, Jr., 오크트리 캐피털 매니지먼트Oaktree Capital Management

벤자민 호치버그Benjamin Hochberg, 리 에쿼티 파트너스Lee Equity Partners

칼 헌터Cal Hunter, 반스앤노블Barnes & Noble

로버트 저메인Robert Jermain, 서치원 어드바이저SearchOne Advisors

브라이언 존슨Brian Johnson, 바클레이즈Barclays

미첼 줄리스Mitchell Julis, 캐니언 파트너스Canyon Partners

제니퍼 클라인Jennifer Klein, 시퀀스 캐피털Sequence Capital

잭 크롤Jack Krol, 델파이 오토모티브Delphi Automotive

샤야 레체스Shaya Lesches, 영 주시 프로페셔널Young Jewish Professionals

마샬 르빈Marshall Levine, GMT 캐피털GMT Capital

댄 레비Dan Levy, 크레디트 스위스

조나단 루프트Jonathon Luft, 이글 캐피털 파트너스Eagle Capital Partners

피터 루포프Peter Lupoff, 티뷰론 패밀리 오피스Tiburon Family Office

션 마호니Sean Mahoney, 개인 투자자, 앱티피 PLC

데이비드 마리노David Marino, BGC | MINT E 에쿼티지BGC | MINT Equities

데이브 밀러Dave Miller, 엘리엇 매니지먼트Elliott Management

에드워드 뮬Edward Mule, 실버 포인트 캐피털

라지브 나랑Rajeev Narang, 허드슨 베이 캐피털Hudson Bay Capital

저스틴 넬슨Justin Nelson, J.P 모건J.P. Morgan

로드니 오닐Rodney O'Neal, 델파이 오토모티브

다니엘 라이히고트Daniel Reichgott, 뉴욕 연방준비은행Federal Reserve Bank of New York

에릭 리터Eric Ritter, 니덤앤컴퍼니Needham & Company

엘레나 로스먼Elena Rosman, 앱티브 PLC

제프 샤흐터Jeff Schachter, 크로포드 레이크 캐피털Crawford Lake Capital

호워드 A. 스콧Howard A. Scott, 파크 힐 그룹Park Hill Group

후퍼 스티븐스Hooper Stevens, 시리우스 XMSirius XM

앤 타르벨Anne Tarbell, 트라이언 펀드 매니지먼트Trian Fund Management

제러미 웨이스Jeremy Weisstub, 아레 캐피털 매니지먼트Areh Capital Management

더 읽으면 좋은 책들

Batnick, Michael. *Big Mistakes: The Best Investors and Their Worst Investments.* Hoboken, NJ: John Wiley & Sons, 2018.(마이클 배트닉 지음,《투자 대가들의 위대한 오답 노트: 치명적인 실수를 예방하는 주식 투자 종합 백신》, 김인정 옮김, 에프엔미디어, 2019.)

Benello, Allen C., Michael van Biema, and Tobias E. Carlisle. *Concentrated Investing: Strategies of the World's Greatest Concentrated Value Investors.* Hoboken, NJ: John Wiley & Sons, 2016.(앨런 베넬로·마이클 밴 비머·토비아스 칼라일 지음,《집중투자: 거대한 부를 창출한 대가들의 진짜 투자 비법》, 이건·오인석 옮김, 에프엔미디어, 2016.)

Berntsen, Erik Serrano, and John Thompson. *A Guide to Starting Your Hedge Fund.* Hoboken, NJ: John Wiley & Sons, 2015.

Bruner, Robert F. *Applied Mergers and Acquisitions.* Hoboken, NJ: John Wiley & Sons, 2004.

Damodaran, Aswath. *Investment Valuation: Tools and Techniques for Determining the Value of Any Asset.* 3rd ed. New York: John Wiley & Sons, 2012.

Dreman, David. *Contrarian Investment Strategies: The Psychological Edge.* New York, NY: Free Press/Simon & Schuster, 2012.(데이비드 드레먼 지음,《데이비드 드레먼의 역발상 투자: 버블과 패닉, 높은 변동성에서도 이익을 얻는 법》, 신가을 옮김, 이레미디어, 2017.)

Graham, Benjamin. *The Intelligent Investor: The Definitive Book on Value Investing.* Revised ed. New York, NY: HarperBusiness, 2006.(벤저민 그레이엄 지음,《현명한 투자자 벤저민 그레이엄 직접 쓴 마지막 개정판》, 이건 옮김, 국일증권경제연구소, 2020.)

Graham, Benjamin, and David L. Dodd. *Security Analysis.* 6th ed. New York, NY: McGraw-Hill Education, 2008.(벤저민 그레이엄·데이비드 도드 지음,《벤저민 그레이엄의 증권분석》, 이건 옮김, 리딩리더, 2012.)

Graham, Benjamin, and Spencer B. Meredith. *The Interpretation of Financial Statements.* New York, NY: Harper Business, 1998.(벤저민 그레이엄·스펜서 메레디스 지음,《현명한 투자자의 재무제표 읽는 법》, 최규연·김상우 옮김, 부크홀릭, 2009.)

Greenblatt, Joel. *The Little Book that Still Beats the Market.*

Hoboken, NJ: John Wiley & Sons, 2010.(조엘 그린블라트 지음,《주식시장을 이기는 작은 책》, 안진환 옮김, 알키, 2021.)

Greenblatt, Joel. *You Can Be a Stock Market Genius: Uncover the Secret Hiding Places of Stock Market Profits.* New York, NY: Fireside/Simon & Schuster, 1997.(조엘 그린블라트 지음,《주식시장의 보물찾기: 케이스 스터디를 통해 배우는 주식시장의 특수상황 투자법》, 서지원 옮김, 돈키호테, 2016.)

Greenwald, Bruce C. N., Judd Kah, Paul D. Sonkin, and Michael van Biema. *Value Investing: From Graham to Buffett and Beyond.* Hoboken, NJ: John Wiley & Sons, 2001.

Klarman, Seth. *Margin of Safety: Risk-Averse Value Investing Strategies for the Thoughtful Investor.* New York, NY: HarperCollins, 1991.

Koller, Tim, Marc Goedhart, and David Wessels. *Valuation: Measuring and Managing the Value of Companies.* 6th ed. Hoboken, NJ: John Wiley & Sons, 2015.(Tim Koller , Marc Goedhart , David Wessels 지음,《기업가치평가》, 김종일 옮김, 인피니티북스, 2017.)

Koller, Tim, Richard Dobbs, and Bill Huyett. *Value: The Four Cornerstones of Corporate Finance.* Hoboken, NJ: John Wiley & Sons, 2010.(Tim Koller·Richard Dobbs·Bill

Huyett 지음, 《기업가치란 무엇인가: 맥킨지가 말하는 기업가치 창출의 4대 원칙》, 고봉찬 옮김, 인피니티북스, 2011.)

Lefèvre, Edwin. *Reminiscences of a Stock Operator*. Hoboken, NJ: John Wiley & Sons, 2007.(에드윈 르페브르 지음, 《어느 주식투자자의 회상: 월스트리트의 주식투자 바이블》, 박성환 옮김, 이레미디어, 2010.)

Leibowitz, Martin L., Simon Emrich, and Anthony Bova. *Modern Portfolio Management: Active Long/Short 130/30 Equity Strategies*. Hoboken, NJ: John Wiley & Sons, 2009.

Lynch, Peter, and John Rothchild. *Beating the Street*. New York, NY: Simon & Schuster, 1994.(피터 린치·존 로스차일드 지음, 《피터 린치의 이기는 투자: 월가의 영웅, 피터 린치의 개인 투자자를 위한 주식·펀드 투자법》, 권성희 옮김, 흐름출판, 2021.)

Heins, John, and Whitney Tilson. *The Art of Value Investing: How the World's Best Investors Beat the Market*. Hoboken, NJ: John Wiley & Sons, 2013.

Marks, Howard. *Mastering the Market Cycle: Getting the Odds on Your Side*. New York, NY: Houghton Mifflin Harcourt, 2018.(하워드 막스 지음, 《하워드 막스 투자와 마켓 사이클의 법칙: 주식시장의 흐름을 꿰뚫어보는 단 하나의 투자 바이블》, 이주영 옮김, 비즈니스북스, 2018.)

Marks, Howard. *The Most Important Thing Illuminated:*

Uncommon Sense for the Thoughtful Investor. New York, NY: Columbia University Press, 2013.(하워드 막스 지음,《투자에 대한 생각: 월스트리트가 가장 신뢰한 하워드 막스의 20가지 투자 철학》, 김경미 옮김, 비즈니스맵, 2012.)

Mihaljevic, John. *The Manual of Ideas: The Proven Framework for Finding the Best Value Investments*. Hoboken, NJ: John Wiley & Sons, 2013.(존 미하일레비치 지음,《가치투자 실전 매뉴얼: 세계 현업 전문가 100인이 검증한 실속 투자 길잡이》, 이건 옮김, 북돋움, 2014.)

Montier, James. *Value Investing: Tools and Techniques for Intelligent Investment*. Hoboken, NJ: John Wiley & Sons, 2009.(제임스 몬티어 지음,《100% 가치투자: 주식으로 성공한 소수의 투자법》, 김상우 옮김, 부크온, 2013.)

Moyer, Stephen. *Distressed Debt Analysis: Strategies for Speculative Investors*. Plantation, FL: J. Ross Publishing, 2004.

Nesvold, Peter H., Elizabeth Boomer Nesvold, and Alexandra Reed Lajoux. *Art of M&A Valuation and Modeling: A Guide to Corporate Valuation*. New York, NY: McGraw-Hill Education, 2015.

O'Shaughnessy, James P. *What Works on Wall Street: The Classic Guide to the Best-Performing Investment*

Strategies of All Time. 4th ed. New York, NY: McGraw-Hill Education, 2011.(제임스 오쇼너시 지음, 《월가의 퀀트 투자 바이블》, 이건·서태준·정호탁·주민근·모지환·정창훈·배금일·최준석 옮김, 에프엔미디어, 2021.)

Porter, Michael E. *Competitive Advantage: Creating and Sustaining Superior Performance*. New York, NY: Free Press/Simon & Schuster, 1998.(마이클 포터 지음, 《마이클 포터의 경쟁우위: 탁월한 성과를 내는 기업의 비밀》, 범어디자인연구소 옮김, 비즈니스랩, 2020.)

Pratt, Shannon P., and Roger J. Grabowski. *Cost of Capital: Estimation and Applications*. 5th ed. Hoboken, NJ: John Wiley & Sons, 2014.

Reed, Stanley Foster, Alexandra Lajoux, and H. Peter Nesvold. *The Art of M&A: A Merger Acquisition Buyout Guide*. 4th ed. New York: McGraw-Hill, 2007.

Rittenhouse, L.J. *Investing Between the Lines: How to Make Smarter Decisions by Decoding CEO Communications*. New York, NY: McGraw-Hill, 2013.

Rosenbaum, Joshua, and Joshua Pearl. *Investment Banking: Valuation, LBOs, M&A, and IPOs*. 3rd ed. Hoboken, NJ: John Wiley & Sons, 2020.

Salter, Malcolm S., and Joshua N. Rosenbaum. *OAO*

Yukos Oil Company. Boston: Harvard Business School Publishing, 2001.

Scaramucci, Anthony. *The Little Book of Hedge Funds: What You Need to Know About Hedge Funds but the Managers Won't Tell You*. Hoboken, NJ: John Wiley & Sons, 2012.

Schwager, Jack D. *Market Wizards: Interviews with Top Traders*. Hoboken, NJ: John Wiley & Sons, 2012.(잭 슈웨거 지음, 《시장의 마법사들: 세계 최고의 트레이더들과 나눈 대화》, 임기홍 옮김, 이레미디어, 2008.)

Seides, Tim. So You Want to Start a Hedge Fund: Lessons for Managers and Allocators. Hoboken, NJ: John Wiley & Sons, 2016.

Shearn, Michael. *The Investment Checklist: The Art of In-Depth Research*. Hoboken, NJ: John Wiley & Sons, 2011. (마이클 션 지음, 《더 좋은 주식의 발견: 반드시 챙겨야 할 투자 체크리스트》, 이석 옮김, 한국경제신문사, 2017.)

Sonkin, Paul D., and Paul Johnson. *Pitch the Perfect Investment: The Essential Guide to Winning on Wall Street*. Hoboken, NJ: John Wiley & Sons, 2017.

Staley, Kathryn F. *The Art of Short Selling*. Hoboken, NJ: John Wiley & Sons, 2007.

Swensen, David F. *Pioneering Portfolio Management: An Unconventional Approach to Institutional Investment*. New York, NY: Free Press/Simon & Schuster, 2009.(데이비드 스웬슨 지음, 《포트폴리오 성공 운용》, 김경록·이기홍 옮김, 미래에셋투자교육연구소, 2010.)

Tracy, John A., and Tage Tracy. *How to Read a Financial Report: Wringing Vital Signs Out of the Numbers*. 8th ed. Hoboken, NJ: John Wiley & Sons, 2014.(존 트레이시 지음, 《존 트레이시 재무제표 읽는 법: 투자자 대출기관 경영자 사업가 변호사를 위한》, 최송아 옮김, 중앙경제평론사, 2017.)

Valentine, James. *Best Practices for Equity Research Analysts: Essentials for Buy-Side and Sell-Side Analysts*. New York, NY: McGraw-Hill, 2011.

Whitman, Martin J. *Value Investing: A Balanced Approach*. Hoboken, NJ: John Wiley & Sons, 2000.

Whitman, Martin J., and Fernando Diz. *Distress Investing: Principles and Technique*. Hoboken, NJ: John Wiley & Sons, 2009.

Whitman, Martin J., and Fernando Diz. *Modern Security Analysis: Understanding Wall Street Fundamentals*. Hoboken, NJ: John Wiley & Sons, 2013.

디스클레이머

이 책에 나온 견해

이 책에 나온 모든 견해는 원서의 출판일 기준 저자들의 의견으로, 과거나 현재 고용주 혹은 저자들의 과거나 현재 또는 미래에 관련이 될 수 있는 어떤 법인의 견해와 관련이 없다. 이 책에 나온 정보와 견해는 예고 없이 언제든지 변경될 수 있다. 저자 및 존 와일리앤선즈(John Wiley & Sons, Inc)('발행인')는 이 책에 제공된 정보를 업데이트하거나 수정할 어떤 의무도 갖고 있지 않다.

단순 정보 제공 목적(투자 조언 없음)

이 책에 제공된 정보는 일반적인 정보 제공만을 목적으로 하며, '투자 조언'이나 투자, 재무, 회계, 세무, 법적을 포함한 어떤 종류의 "권장 사항"이 아니고, 어떤 종류의 "마케팅 자료"도 아니며, 그렇게 간주되어서도 안 된다. 이 책은 어떤 주식 종목이나 투자 접근법이 특정 개인의 재무적 필요에 적합한지에 대한 어떠한 권장사항이나 견해도 제공하지 않는다. 각각의 필요와 목적, 상황이 고유하므로 자격증을 가진 재무 자문가의 개인적인 도움을 필요로 할 수 있다.

참조 및 예시는 오직 예시 목적

이 책에 포함된 모든 예시는 예시 목적일 뿐이며, 어떤 종류의 권유 사항이 아니며, 달성할 수 있는 결과를 반영하지 않는다. 이 책에서 언급된 모든 기업은 어떤 종목이나 브랜드, 제품에 대한 보증을 의미하지 않으며, 그렇게 간주될 수 없다.

정보의 정확성

이 책에 나온 정보가 비록 신뢰할 수 있는 출처에서 얻었거나, 편집된 것이라 할지라도, 저자는 특정 목적을 위해 귀하에게 제공되는 정보 및 데이터의 정확성, 유효성, 적시성, 또는 완전성을 보장하지 않으며, 할 수도 없다. 저자와 발행자 모두 정보의 오류, 부정확성 또는 누락으로 인하여 발생하는 어떠한 손실이나 피해에 대하여 어떤 종류의 책임도 지지 않는다.

위험

투자는 원금 손실 가능성을 포함한 위험이 존재한다. 투자자는 투자를 시작하기 전에 자신의 투자 목표와 위험을 신중히 고려해야 한다. 투자를 통해 이익이 반드시 발생하거나, 손실은 발생하지 않는다고 보장할 수는 없다. 모든 투자자는 자신이 선택한 모든 종류의 투자에 관한 위험을 완전히 이해할 필요가 있다. 경제적 요인, 시장 여건, 투자 전략은 모든 포트폴리오의 성과에 영향을 주며, 당신의 포트폴리오 성과가 어떤 특정한 기준에 부합하거나, 이를 상회할 것이라는 보장은 없다.

면책 사항

저자는 계약, 불법행위(과실을 포함하며 여기에 국한되지 않음)에 대해 책임지지 않으며, 또는 이 책에 나온 정보나 내용에서 비롯되었거나 혹은 이와 관련되어, 혹은 그러한 정보, 내용, 또는 견해에 대한 귀하의 신뢰로 인해 야기될 수 있는 어떠한 피해, 비용, 손실에 대하여 책임을 지지 아니한다. 귀하가 하는 모든 투자는 귀하의 독자적인 판단이며, 스스로 책임져야 할 사항이다.

보증 면책 및 책임 제한

저자, 발행인, 그 계열사 또는 기타 당사자는 어떠한 경우에도 직접, 간접, 특수, 결과적, 부수적 또는 기타 모든 종류의 손해에 대해 귀하에게 책임을 지지 아니한다.

지은이

조슈아 펄 Joshua Pearl

롱/숏 주식 자산 매니저이며 브라만 캐피탈Brahman Capital에서 상무 이사를 역임했다. 펀더멘털 기반 접근 방식을 활용하고, 주식시장 및 특수 상황에 중점을 둔다. UBS 투자은행UBS Investment Bank 이사 시절, 고수익 금융, 레버리지 바이아웃 및 구조 조정 업무를 계획했다. UBS 이전에는 모엘리스앤컴퍼니Moelis & Company 및 도이치방크Deutsche Bank에서 근무했다. 인디애나 대학의 캘리 경영 대학원에서 경영학 학사를 취득했다. 조슈아 로젠바움과 함께 투자 업계의 스테디셀러 《투자 은행 업무Investment Banking》을 공동 저술했다.

조슈아 로젠바움 Joshua Rosenbaum

RBC 캐피탈 마켓RBC Capital Market의 상무 이사 겸 산업 및 다각화 서비스 그룹의 책임자이다. M&A, 재무 관리 및 자본 시장 거래 관련 계획, 구성 및 자문 업무를 담당하고 있다. 이전에는 UBS 투자은행 및 세계 은행의 직접 투자 부서인 국제금융공사International Finance Corporation에서 근무했다. 하버드에서 문학사를, 하버드 경영대학원에서 베이커Baker 장학생으로서 MBA를 취득했다. 조슈아 펄과 함께 스테디셀러 《투자 은행 업무》을 공동 저술했다.

옮긴이

이상원
중국 북경대학교 경제학과를 졸업했다. 삼성증권 리서치센터에서 중국 경제 이코노미스트를 시작으로 대기업 지배구조 분야와 조선업, 철강업, 원자재 등 다양한 업종을 담당하는 애널리스트로 활동했다. 톰슨로이터에서 선정하는 베스트 애널리스트에 지주와 조선 각각 1위로 2관왕을 하기도 했으며, 매일경제/한국경제 등 여러 언론에서도 베스트 애널리스트, 베스트 리포트로 선정되었다. 지금은 한화투자증권에서 글로벌 전략투자를 담당하고 있다.

이윤정
연세대학교에서 경영학을 공부하고, 졸업 후 KPMG와 PWC에서 회계사로 일하며 국내외 기업의 외부 감사업무와 조세 컨설팅을 담당했다. 이후 케이블 방송의 경제부 기자로도 활동하다가 영어를 더 공부하고자 한국외국어대학 통번역대학원에서 국제 회의 통역을 전공했다. 지금은 다수 기업들의 포럼 및 국제 행사 동시통역/번역을 진행하고 있고, 전공인 경제경영 관련 서적 번역도 하고 있다.